高速公路桥梁隧道
施工"四新技术"应用研究

张琴光　戴安婵　肖智安　著

吉林科学技术出版社

图书在版编目（CIP）数据

高速公路桥梁隧道施工"四新技术"应用研究 / 张琴光，戴安婵，肖智安著. -- 长春：吉林科学技术出版社，2020.9

ISBN 978-7-5578-7515-2

Ⅰ．①高… Ⅱ．①张… ②戴… ③肖… Ⅲ．①高速公路－公路隧道－隧道施工 Ⅳ．①U459.2

中国版本图书馆 CIP 数据核字（2020）第 174009 号

高速公路桥梁隧道施工"四新技术"应用研究

GAOSU GONGLU QIAOLIANG SUIDAO SHIGONG "SIXIN JISHU" YINGYONG YANJIU

著　　者	张琴光　戴安婵　肖智安
出 版 人	宛　霞
责任编辑	朱　萌
封面设计	李　宝
制　　版	张　凤
幅面尺寸	185mm×260mm
开　　本	16
字　　数	310 千字
页　　数	228
印　　张	14.25
版　　次	2020 年 9 月第 1 版
印　　次	2020 年 9 月第 1 次印刷
出　　版	吉林科学技术出版社
发　　行	吉林科学技术出版社
地　　址	长春市福祉大路 5788 号
邮　　编	130118

发行部电话 / 传真　0431—81629529　　81629530　　81629531
　　　　　　　　　　81629532　　81629533　　81629534

储运部电话　0431—86059116

编辑部电话　0431—81629520

印　　刷　北京宝莲鸿图科技有限公司

书　　号　ISBN 978-7-5578-7515-2

定　　价　68.00 元

前　言

当前，随着社会经济的快速发展，交通运输行业也在不断进步，高速公路桥梁建设必不可少，国家对于交通网的建设力度也在加大。随着国家整体实力的上升，我国对于高速公路桥梁的施工要求越来越严格，再加上，现在的路桥建设条件更加复杂，有很多大跨度桥梁，隧道工程等等，使用传统的施工技术已经达不到现在的质量标准，所以，必须加大施工技术的研究力度，为高速公路桥梁的建设打下可靠的技术基础。

与普通路桥工程不一样，高速公路桥梁施工环境更加恶劣，施工条件更加复杂，施工场地受限更多。此外，高速公路桥梁的结构也更加复杂，所以高速公路桥梁的施工难度比普通路桥要难很多。在一些桥梁施工中，由于施工场地的限制，必须使用相关设备辅助施工，这就要求施工人员必须有更高的专业素养，对新设备、新技术都要有所了解，甚至掌握，一是保证施工的正常进行，二是保证施工的质量，三是确保施工的安全，在满足这三点的要求下，还要尽量节约成本，以此为基本原则，确定最佳施工方案。另一方面，高速公路桥梁施工中涉及的施工工艺比较多，质量要求比较高，直接影响着人们对于其安全性的定位。总之，高速公路桥梁的质量影响甚大，必须严格把控每一个施工环节，保证施工质量与安全。

综上所述，近些年来，随着社会经济的快速发展，对交通运输行业需求也不断增加，促进高速公路建设的不断发展，高速公路工程项目数量越来越多。在高速公路工程建设中，公路的安全是人们关心的焦点，桥梁作为影响高速公路安全的重要因素，加强对公路桥梁施工技术的探讨，掌握施工技术的要点，提高路基桥梁的施工质量，对高速公路行业的发展有着重要意义。

目 录

第一章　高速公路桥梁设计的基本理论

第一节　高速公路桥梁设计常见问题

随着我国基础设施建设的快速推进，在山区修建的高速公路越来越多，而山区高速公路桥梁隧道比例很大，使得桥梁设计显得十分重要。通过分析和研究山区高速公路桥梁的特性及设计中常见的问题，从桥梁上部结构、下部结构和基础三个方面强化桥梁设计，对促进山区高速公路的发展具有十分重要的现实意义。

随着我国对交通基础设施建设的持续投入，高速公路建设逐步由干线网向省际连接段和加密线方向发展，我国高速公路建设逐渐由平原微丘向山岭重丘发展，特别是随着西部大开发战略的实施，山区高速公路的建设工程也越来越多，受山区地形、地貌地质、水文条件的影响，山区高速公路的设计难度也很大，特别是山区高速公路桥梁隧道的比例较大，桥梁设计成为整个高速公路设计的难点和重点。

一、山区高速公路桥梁设计的特点及原则

山区高速公路桥梁设计的特点。山区高速公路的地形、地质、水文条件比较复杂，导致路线选择的制约因素很多，山区高速公路线形表现出平曲线多、平面半径小、纵坡大等特点，使得桥梁的设计也受到约束。山区高速公路通常都是沿河布线，导致斜弯桥的数量众多，其多变的地形和较陡的横坡导致半边桥和高挡墙的数量也很多，使得桥梁设计的工作量剧增。特别是当线路跨越沟壑时需要设置高墩大跨桥，而其形式复杂多样的墩台及繁杂的桥梁基础设计也都使得山区高速公路的桥梁设计显得十分困难。此外，山区高速公路中的小型沟渠也是不计其数，众多的结构形式多样的涵洞、小桥等构造物的设计工作也很烦琐，其成为山区高速公路桥梁的显著特点。

山区高速公路桥梁设计的原则。山区高速公路桥梁设计几乎涵盖了所有的桥梁类型，由于山区地形变化繁多，特别是在一些受地形条件限制较为严格的路段，桥梁有时会采用高墩大跨结构，这对桥墩的力学计算和设计提出了较高的要求。山区桥梁施工受地形的限制，大型施工机具不容易施展，使得大跨径的预制构件在山区桥梁设计中受到很大限制，但对于中、小跨径桥梁设计采用预制构件仍是良好的选择，不仅可以提高施工效率，还可

以节省工程造价。山区高速公路的结构物较多，导致其工程造价远高于平原地区，这是广大欠发达的山岭地区高速公路修建迟缓的重要原因。因此，山区桥梁设计不仅要考虑桥梁技术的可行性，还要从工程所处的地理环境和施工条件等方面综合考虑桥梁建设的经济性。此外，山区桥梁设计时，还要特别注重桥梁与周围自然环境相协调及桥梁施工对环境的影响，尽量避免对山体的大填大挖导致地质灾害的发生。

二、山区高速公路桥梁设计的常见问题

山区高速公路桥梁设计的首要任务是通过对桥梁的结构的分析，选择经济合理的结构方案，但在实际工作中常常会由于设计人员经验不足，只注重计算结构满足规范要求，而忽视对桥梁结构体系、构造、材料、维护、耐久性等方面的要求，导致桥梁结构的整体性不高和经济性欠佳。此外，山区高速公路桥梁设计中还常常出现计算图式和受力路线不明确、混凝土等级过低、保护层的厚度太薄、钢筋的直径过小、件截面过薄等问题，尽管能够满足桥梁计规范的要求，但有些桥梁在使用 5 ~ 10 年就会出现多种病害，这严重影响了桥梁结构的安全性和耐久性。随着我国经济的快速发展，高速公路的交通流量和运输量显著增长，这对桥梁设计与建设提出了更高的要求，而我国桥梁设计标准更新速度较慢，特别是针对山区高速公路桥梁设计的内容过于陈旧，这也成了桥梁设计的隐患之一。此外，桥梁地基基础作为桥梁荷载的传递载体，其安全可靠性对桥梁结构的正常运行至关重要，但实际工程中由于地区地形地貌的限制，桥梁基础地质钻探资料缺乏或不满足设计要求的情况时有发生，为此设计人员应在得到满足设计要求的地质勘探资料后才能对桥梁结构进行设计，确保桥梁结构体系的合理性和安全性。

三、山区高速公路桥梁设计要点

桥梁墩台的选择。桥梁的下部结构主要是墩台，墩台是山区桥梁设计的重点，墩台结构的可靠性直接影响上部桥梁结构的稳定。桥墩的形式多样，小于 40 m 的桥墩一般采用柱式墩和 Y 型薄壁墩两种型式。柱式墩主要有圆柱墩和方柱墩两种，当圆柱和方柱截面积相等时，方柱受力特性优于圆柱，而且当体系为连续刚构时，方柱还可以通过调节两个方向的尺度到调整墩柱受力的目的，而方柱与桩基衔接一般需增设桩帽，对于横坡较陡的山区，这会增加工程的挖方量，容易引起边坡失稳，但圆柱可以与桩基较好地衔接，施工更为简便。因此，平原地区多采用施工方便、外观质量易控制的圆柱墩，而棱角分明、美观的方柱应用较少，在部分山区道路得到一定的应用。Y 型墩的施工较为复杂，一般用于墩高较高的桥梁结构才能显示出其经济性，特别是用于山区地面横坡差异较大、地面情况受限无法采用双柱桥墩的情况。在山区高速公路的桥梁桥墩的选择上还应根据具体地形、上部结构形式、墩高等综合考虑，一般矮桥墩的设计由强度控制，但当桥墩较高时，桥墩随着构件长细比的增大，高墩的刚度减弱，柔度增加，此时就必须考虑桥墩的稳定问题。

桥梁基础设计要点。由于山区地质的复杂多样性，使得桥梁基础设计常常会受到各种不良地质条件的影响，不合理的基础设计常常会诱发地质病害，导致防护加固、地基处理的费用增加，导致工程造价偏高。因此，工程设计人员在山区高速公路桥梁基础设计时，应因地制宜地选择最适宜的基础结构型式，尽量减少对自然环境的扰动。钻孔桩基础和明挖扩大基础是山区高速公路桥梁最常用的两种方式，明挖扩大基础一般用于深度不大于 5 米、基岩稳定、山体平缓的地段，钻孔桩基础宜用于荷载较大、地基持力层位置较深的情况。在山区高速公路桥梁基础设计时应先对地基进行综合处理，对于岩溶地区的基础设计应使结构物尽量避开强岩溶地区和地质构造破碎带，对于桩位处的溶洞应进行逐桩钻探，并根据具体情况采用打穿或挤填等处理方法进行处理。

山区的地形地质情况复杂，使得高速公路桥梁数量众多、型式多样，桥梁设计的工作量剧增。山区高速公路桥梁设计应遵循结构安全、施工养护方便、经济性好、造型优美与自然相协调的原则，根据具体地形从桥梁横断面、桥墩、基础等方面进行综合分析，选择经济合理的结构方案。

第二节　高速公路桥梁设计要点

针对高速公路桥梁设计原则、方案及其注意要点进行了重点分析，包括与环境高适配性、主梁结构设计、桥墩结构设计，以进一步提升桥梁设计水平、保证设计规范性，为桥梁后期施工的有序开展奠定坚实基础。

随着我国社会经济的快速发展，对交通运输功能的要求日益严格，需要对高速公路桥梁进行优化，提高其性能。因此，需要对高速公路桥梁设计入手，做好基础工作，保证设计科学合理，满足运行要求。在设计过程中对周边环境、地质条件等进行综合考量，保证项目建设顺利进行。

一、高速公路桥梁设计的基本原则

首先，需要保证高速公路桥梁的实际使用效果。高速公路桥梁设计需要在满足承载力的基础上减少伸缩缝，必要路段可适当延长里程，同时对构件刚度进行合理设计，保证行车安全与舒适；其次，要保证工程设计方案的经济性，以减少施工养护的难度，因为高速公路桥梁建设项目一般位于偏远地区，地形地势较为复杂，因此在选线过程中可能会遇到诸多阻碍，同时因为高速公路桥梁的结构形式较多，投资金额较大，所以在选择设计方案时应从可行性以及经济性两个方面进行抉择。由于工程施工现场较为复杂，需要做好大量的前期准备工作，如施工场地的布设和防护措施安置等，在条件允许的情况下，可以在小跨径桥梁中采用预制结构，但是大跨径的桥梁受到施工条件的约束在设计时多采用现浇结构形式。在选用施工材料时，尽量做到就地取材。若区域的天气情况不佳，则需加强桥梁的稳定性设计，避免投入运营之后出现塌陷等损坏，影响行车的安全性。

二、高速公路常规桥梁的设计分析

路线起于渝黔交界重庆市南川区福寿场与在建的南川至道真高速公路相接，经道真、正安、绥阳、湄潭、余庆等地至瓮安，顺接在建的省"678网"之第三纵中段瓮安至马场坪高速公路。本项目路线与德习高速在正安相交，与杭瑞高速思遵段在湄潭相交，在瓮安与贵瓮高速公路相交。下面对该工程的设计内容进行阐述。

桩基、承台的设计方案。高速公路桥梁设计的核心在于桩基以及承台的设计，需要选用适宜的成孔施工方法，当前主要分为两种，即机械钻孔和人工挖孔。所以需要对地形、地貌和施工现场等进行全面勘测。一般情况下，对于地形地貌比较复杂的工程来说，如路面地貌复杂且地下水量较少的工程可选用人工挖孔灌注的方式。对于坡度较大的路面来说，可以采用锚索或者锚杆稳定山体，避免桩基坍塌等问题出现。在土方开挖时，若开挖的路面是岩石山体和悬空部分结合，则需要在悬空部分设置半圆模，并做好岩壁的防护工作，安装钢筋网等，也可以浇筑混凝土，在岩壁内模拆除结束后可以在悬空岩壁上加设一个孔口基底，便于后期施工。

立柱、盖梁的设计方案。高速公路桥梁设计中，4根及以上墩柱可构成一个结构体，立柱和地面的间隔距离较大，可在桥梁的下方设置圆形墩柱，这样可以提高桥梁结构的整体稳定程度。在设计桥面时，需注意施工材料的选择，材料性能需符合设计要求，且满足施工标准。例如，需对模板的强度和刚度进行严格检测，在运输施工材料时也需要做好防护措施，避免材料性能发生变化，埋下质量隐患。对于桥梁的盖梁设计来说，一般会预埋牛腿孔，并对结构受力等进行计算验证。

桥台设计。当前，我国高速公路桥梁设计时使用的桥台形式主要有3种，即重力式U型台、主板台以及桩柱式台。其中，重力式U型台式桥台设计方案应用比较普遍，其主要特征为可以实现桥梁与高速公路的顺利过渡。依据相关设计规范，若采用U型台，也需对填土范围进行有效控制，一般范围控制在4～10cm左右。在设计桥台时，需对以下两个方面进行考量：其一，因为高速公路建设地域跨度大，地形较为复杂，其中可能会出现横坡或者是起伏较大的路面，因此这种工程桥梁的上部结构设计就十分重要，因其直接与桥台高度设置相关联，为了保证质量，需适当降低桥台高度，也可适当加长桥身；其二，在设计桥台时，若路面情况比较复杂，坡度较大，则可以选用U型桥台，且需对桥台的台阶进行合理布设，需严格控制桥台内外高度差，在设计桥台时，为了保证台身不会出现裂缝等问题，可采用填石等措施进行处理。

三、高速公路桥梁设计的注意要点

与环境高适配性。高速公路桥梁工程与环境的适配性需要考虑两个方面，即桥梁桩基础的应用和与环境之间的关系。一方面是桥梁桩基础的应用。当前，桩基成孔技术在高速公路桥梁工程中的应用越来越广泛，该工艺施工操作简便，且可有效降低施工成本，因此多被应用于高强度且不透水的地质环境中。但是因为其在基础施工时需要扩大基础面积，施工周期较长，工程量较大，且容易对周边地质造成扰动，也会对周边环境造成不良影响，因此在设计过程中需要对施工工艺进行调整，通常会调整为嵌岩桩结构挖孔工艺，这样可以有效控制梁式桥梁基础结构的施工。另一方面是与环境的协调关系，对于高速公路桥梁工程来说，因为其占地面积较大，且涉及的地形地貌较为复杂，纵横断面的变化较大，这样就会造成工程实际施工时需扩大开挖面。为了实现对开挖施工的有效控制，在设计过程中需要进行工艺调整，提高施工工艺方案的灵活性，从而可在一定程度上保证桥梁结构的稳定性与安全性。

主梁结构设计。就以往工程的建设情况来看，通常主线桥梁的单孔跨径不超过10cm的工程，主梁结构会采用钢筋混凝土结构，其余跨径桥梁结构则选用预应力混凝土结构；若桥梁结构的总长度不超过100m、单孔跨径不超过20m，则主梁结构可以设计为简直体系空心板结构；若桥梁结构总长度超过100m或者是跨径超过20m，主梁结构则选用其他形式。需要注意的是，在设计主梁结构形式时，需要对后期施工的难易程度、施工量等进行考量，为了保证工程建设任务的顺利进行，优先考虑选用先简支后连续的结构形式。对于跨径比较大的桥梁工程，会受到地形地貌和地质条件的影响，对于现浇的要求较高，因此同样会优先考虑采用先简支后连续的结构形式。

桥墩结构设计。桥梁工程桥墩结构形式较多，一般工程中会在柱式墩身上加设梁框架体系，但是需要根据实际情况选用适宜的布置形式，详细内容如下：若桥梁的斜交角小于30°，则可以考虑选用双柱式桥墩；若桥梁的斜交角大于30°，则可以选择三柱式桥墩。对于部分结构设计较为特殊的工程，则需要对墩身结构进行解构，尽量不设计为墩盖梁形式。此外，墩台基础形式也需要根据工程的外部环境进行设置，对结构组成进行统筹优化。如当工程项目的横向起伏变化比较大时，横坡陡峭出桥墩基础则可以设置为桩基形式，而桥台也可以设置为用肋板和挖孔桩形式，也可设置为桩柱式，这样可以实现对工程开挖面积的有效控制。但是，如果工程施工现场的横坡起伏较小但纵向坡度较大时，一般其基础会设置为重力式墩台或者是明开挖基础形式。

我国当前经济发展处于转型期间，高速公路桥梁作为交通运输系统的主要组成部分，会对地区经济发展和规划造成重要影响，因此需根据工程项目的实际情况制定科学的设计方案，从而提升高速公路桥梁性能并延长其使用寿命。另外，可适当借鉴国外优秀设计案例，以实现安全性和耐久性的提升。

第三节　高速公路桥梁设计的安全因素

高速公路桥梁设计的安全对于其建设施工的安全及其使用寿命都有着至关重要的影响。基于这一情况，本节对高速公路建设施工过程中的桥梁设计安全因素进行了分析。希望通过本节的分析，可以对高速公路桥梁设计与建设安全效果的提升有所帮助。

一、高速公路桥梁的安全性构成因素分析

（一）结构构件承载能力的安全性

在高速公路桥梁的使用过程中，无论是负载情况还是超载情况，都会加大桥梁的应力幅度，加剧桥梁的损伤，如果超载严重，甚至会导致桥梁结构的破坏，且破坏的桥梁内部将无法修复。这样的情况将会导致桥梁在正常荷载条件之下出现工作状态的变化，对桥梁使用的安全性造成严重危害。

（二）桥梁结构的整体牢固性

所谓桥梁结构的整体牢固性，就是当桥梁的某处出现损坏情况时，不至于对大范围造成连续性破坏甚至坍塌的一种能力。这种能力主要可以通过良好的结构延续性以及冗余度来进行控制。良好的整体牢固性可以有效应对地震、爆炸、其他自然灾害以及人为因素所酿成的后果，让灾难带来的损失得以显著降低。

（三）桥梁结构的耐久性

无论是结构设计还是施工规范方面，重点关注的都是各项荷载作用之下结构的强度，对于各种环境因素之下的耐久性方面却缺乏足够的关注。不论是在高速公路桥梁的建设过程中还是使用过程中，都很可能受到环境或者是有害物质的侵蚀，受到车辆、地震、风力、疲劳或人为因素等的作用的破坏，加之建筑材料性能的不断退化，都会导致桥梁部分结构出现损伤恶化的情况。虽然我国在 20 世纪 90 年代就开始对高速公路桥梁的耐久性设计加以重视，但大多都是注重于材料方面的耐久性设计，结构设计和施工设计依然有待进一步提升，如注意钢筋保护层厚度、混凝土养护及裂缝控制等。

二、高速公路桥梁设计的安全因素分析

（一）桥梁和路基方案的安全选择

在前期设计阶段，如果路基中心部位的填方高度在 20m 以上，就应该将其与桥梁方案进行比选。但是高速公路桥梁设置选择的界限始终是一个难以把握的问题，而这一问题也会对高速公路的造价带来很大程度的影响。同时，因为高速公路的建设项目工期通常比较紧，往往会直接选择桥梁方案，但就实际的施工而言，如果地质情况很好，且处于隧道和桥梁连接的地段，相对于桥梁方案而言，路基方案可以更好地利用隧道方案，安全且经济。不过在宽阔平坦且运距比较远的施工地段，由于填方路基会花费掉很多的资金，所以此时，出于经济性方面考虑，设计施工中应该选择桥梁方案。

（二）注重桥梁上部构件的设计

在高速公路桥梁的施工过程中，大多数的设计都会选择更具经济性且施工方便的标准化和预制装配化结构。从美观角度来说，小箱梁最优，在市政工程中较常采用，但从整体性上讲，T 梁优于小箱梁和空心板，且相同跨径的前提下小箱梁自重最大，内膜拆除及吊装都不比 T 梁方便。我院近些年在高速公路桥梁设计中，均选择 T 梁或现浇梁，避免采用小箱梁及空心板。

在进行桥梁上部构件的设计过程中，首先应该注意预制构件安装的安全性，如果施工场地不适合预制梁的远距离运输，或受地形条件限制，预制梁吊装的时候反而危险的情况，可以采用支架现浇 T 梁，或直接现浇箱式梁的方法来提升施工安全性。另外平面处于圆曲线上时不宜采用预制梁，原则上预制梁长应小于曲线半径的 1/10 以上。

（三）注重桥梁下部的构件设计

1.注重桥墩的设计

就美观的角度来看，方柱棱角分明，且和上构梁体之间十分协调，视线诱导性很强；就受力方面而言，如果圆柱和方柱的横截面积相同，方柱有着更大的抗弯刚度，所以较圆柱墩的受力性能更为优越，因此墩高在 40 米以上时，可采用方柱墩。而墩高 40 米以下则可选择圆柱墩，因为圆柱的外观质量在施工过程中容易控制，而且更加便于和桩基之间进行衔接，因此在山岭重丘地区的应用十分广泛。

受地形条件限制，有时桥梁下部设计时必须采用独柱墩形式，自从无锡高架桥侧翻事故以后，相关单位开始注意到，当荷载分布较为集中时，偏心荷载引起的失稳效应远超桥梁上部结构稳定效应，造成桥梁支座系统失效，梁体和墩柱之间产生相对滑动和转动，从而导致梁体侧向滑移倾覆触地。城市客货分离后，高速公路上该问题尤其凸显，因此在设

计过程中，应该尽量少采用独柱墩形式，或是墩梁固接的方法进行设计。

2. 注重桥梁桥台的设计

在对高速公路的桥梁桥台进行设计的过程中，通常采用的方法是U型台、桩柱式台和肋板台。其中最为常用的一种方式是U型台，通常情况下，U型台在4m-10m的填土范围之内比较适用。桩柱式台因为有着较小的抗推刚度，所以在台后填土高度不超过5m的情况下比较适用，但是在具体的设计与施工过程中，应该将其长度控制在150m以下。相比较前两者而言，埋置式肋板台有着更广的适用范围，但是在具体的施工过程中应保障其填土高度在12m以下。在填土高度过高且基岩较深的情况下，可以采取U台接群桩基础的桥台形式，并验算台后填土压力及水平推力，必要时在承台和前墙连接位置增设连接钢筋。

3. 注重附属公用构造的设计

附属构造中的安全因素也不容小觑，自从万州公交车坠桥事件发生以后，全国加大了桥梁的防撞设施排查。在新建桥梁设计工作中，混凝土防撞护栏的设置应满足最新的交通安全规范细则，一般情况下，横向钢筋及预埋钢筋间距为20厘米，有时也可以适当加密。如我院在城口至开州高速公路设计后续服务中，对沿线跨越高速公路、河流以及高墩桥梁的防撞护栏横向钢筋均加密至10厘米，相关设计变更也得到业主的大力支持。

综上所述，随着高速公路桥梁建设的不断发展，桥梁设计的安全性也越来越受到人们的关注。因此，在进行高速公路桥梁的设计之中，设计人员不仅仅应该对施工的材料加以高度重视，同时也应该注重其结构体系的设计、构造的设计及其耐久性设计等，并全面考虑各项外在因素对设计与施工质量的影响。通过这样的方式，才可以让高速公路桥梁设计更为合理，保障其安全性和使用寿命，促进我国社会经济的进一步发展。

第四节　山区高速公路桥梁设计特点与方法

以山区高速公路桥梁为背景，对其中存在的一些特殊因素展开针对性分析，由此提出可行的设计准则，并以此为指导围绕上部结构、桥墩以及桥台3大部分展开设计工作。

通常多数山区高速公路会遇到小桥梁施工情况，其又可细分为上部桥梁以及下部墩柱等多个方面的选型问题，这些均是保障山区高速公路桥梁工程质量的基本前提。因此，有必要围绕山区高速公路中的桥梁设计工作展开探讨，从而确定出可行的桥梁结构形式。

一、工程概况

在本节所探讨的山区高速公路项目中，其所在区域为典型的盆地地形，总体上呈现出中间低四周高的基本特点，相对高差达到了 616m。工程所在区域有大量的农田、河流、线路所涉及的范围较广，若基于就地浇筑的方法展开，所带来的效果欠佳，且需要花费更多的成本。对此，以预制施工的方式为宜，借助于机械设备进行操作，可显著提升施工效率。在本项目中，桥梁跨越了一些小型河流，为了保障工程质量，需要使用到标准化预制构件，主要有 T 形桥梁以及空心板 2 大部分。在确定桥梁布设方案时，应该以不影响水面原生态为原则，并对下部基础部分进行扩大处理。

二、山区高速公路的特点

由于山区高速公路所在地形条件较为复杂，有大量的不良地质，为了营造出良好的通行环境，应尽可能绕开障碍物。在设计过程中必然会存在大量的平曲线，诸如小半径、坡度陡度等也是需要考虑的问题。此外，山区高速公路建设中涉及大量的挖方以及填方工程，在此过程中极容易对周边环境造成影响，甚至会带来严重的地质灾害。考虑到上述种种问题，应选择大跨径的桥梁，并基于预制装配工艺展开施工。

三、山区桥梁的设计原则和理念

考虑到山区高速公路建设的特殊性，在展开桥梁设计工作时应充分考虑到如下几点内容：（1）确保桥梁具有足够的安全性与耐久性，二者都是桥梁建设的最终目的，应在最大程度上降低后续维护的工作量，在初期设计阶段需要考虑桥梁的性能要求；（2）注重对生态环境的保护，对于山区高速工程项目而言，其周边普遍存在一些优质的生态系统，因此，在设计时需要考虑到后续施工对环境的影响问题，尽可能做到与自然协调发展；（3）追求经济效益最大化原则，以不影响工程质量为前提，在此基础上确定出合适的材料以及工艺方法。山区桥梁所处环境复杂，所带来的影响因素较多，因此，耐久性问题需要得到工程人员的高度重视，否则，将会增加后续维护的工作量以及投入成本。对我国的桥梁事业而言，多年来存在计算理论落后的问题，主要围绕桥梁的强度以及承载力这 2 大指标而展开，并没有考虑到耐久性等方面，因此在设计工作中需尤为注意。对于多数桥梁工程而言，诸如构件连接处疲劳或是钢筋锈蚀等都是尤为普遍的病害，这必然会对结构的耐久性造成不良影响，而引发上述现象的除了外界因素外，还与桥梁的结构形式以及养护措施等密切相关。因此，这些都是设计工作中需要重点考虑的内容。

四、山区高速公路桥梁的设计特点和方法

桥梁上部结构选型设计。在展开桥梁选型时，需要对各类型桥梁进行对比分析，选取合适跨径的桥梁至关重要，这对于控制工程成本尤为关键。在设计工作中，相关人员应对桥梁的经济跨度有深度的认知，无论是地质条件还是工艺方法等都需要充分进行考虑。对

于山区高速公路而言，其工程量相对较大，主要表现在中小跨径桥梁这一层面，就我国的实际环境来说，空心板梁是较为可行的一种方式。应当明确的是，当前国内的桥梁设计理论尚存在不完善之处，对铰缝空心板并没有全面的认知，在实际操作过程中往往使用到横向板梁来完成对桥面铺装与铰缝的连接处理，此时铰缝不仅要发挥出传递弯矩的作用，还需要兼具传递竖向剪力的功能，这必然会加剧铰缝的损耗程度，随着运营时间的延长极容易出现过早开裂现象，由此带来了单板受力问题，在部分特殊情况下还会引发板梁出现倒塌等危险事故。考虑到山区的实际特点，T梁与箱梁具有较高的可行性，二者在跨径方面也符合工程要求，基于预制的方法能够有效控制成本，进而提升桥梁建设质量。

支座设计要点。在展开桥梁支座部分的设计时，需要以竖向承载性能为基准，由此展开设计工作，避免因支座变形限制而带来的各类病害。由于桥梁多设置为多跨连续形式，有必要在中间桥墩处增设固定支座，加之纵向滑动支座的辅助，将桥梁变形控制在合理范围内。而为了确保中间墩具有足够的稳定性，应对其进行适当的横向偏移，从而提高对车辆偏载效应的抵抗力。

下部墩柱设计。山区桥梁工程对于墩柱提出了较高的设计要求，在对下部墩柱进行设计时需要充分考虑到各类型桥梁的差异性问题，综合考虑工程实况，在此基础上确定最佳的墩柱形式。

五、本工程中所使用的设计方法

上部结构选型设计。对于中小跨径桥梁而言，以板梁、T梁以及小箱梁3部分结构最为关键，受桥梁使用跨径的影响，加之对周边农田的保护需求，此处对T梁以及小箱梁展开对比分析：在T梁施工中，以后张法为宜，此时吊装重量较轻，具有更强的可操作性，也有助于施工控制工作的展开；而使用小箱梁时，虽然也采用了后张拉法进行施工作业，但吊装重量较大，所涉及的工序较为复杂。从性能上考虑，T梁在长期的发展下已经具有较为成熟的工艺体系，在后续的养护工作中所带来的效果也更为良好，对于山区高速公路项目而言更为适用；若使用的是小箱梁形式，其整体性更为良好，但工艺较为复杂，容易对工程质量造成影响。基于上述分析进行对比可知，在本工程中以T形连续梁的形式为宜。

下部结构选型设计。如果桥墩的数量过多，则会大幅度占据区域内的农田面积，同时也加大了桥墩部分的施工难度。对此，本节以山区实际情况为基本出发点，基于下述原则展开下部结构的设计工作：如果墩高H≤15m，当所在区域存在河流但不存在净空限制时，以20m连续T梁为宜；如果H值为15m～40m（含40m），此时宜采用30m连续T形桥梁；如果H＞45m，则需要使用40m连续T形桥梁。就本节所探讨的工程而言，由于存在净空限制，经分析后确定为16m预应力窄幅空心板桥。

耐久性设计。全面提升桥梁的耐久性必须建立在合理结构形式的基础之上，对此做出了如下设计思考：均设置为梁式结构，如果跨径＞13m，则需要采取预应力结构的形式，如果该值达到了 20m，则以先简支后连续的方式为宜，从而得到预应力混凝土结构形式。由于山区桥梁多为小半径曲线形式，为了全面提升其抗扭性以及整体的稳定性，应尽可能避免拼装结构，诸如现浇结构形式的可行性则更高。材料质量会对桥梁的耐久性造成直接影响，因此材料品控工作至关重要，无论是在主梁还是盖梁等区域施工中，都需要使用到高品质混凝土材料，同时混凝土应具有足够的密实性与抗渗水平。还需要注重对环境因素的考虑，做好对沿线自然环境的分析工作，充分考虑到地下水所带来的腐蚀性问题。

综上所述，由于山区高速公路工程具有较强的特殊性，在桥梁工程中设计工作尤为关键，工程人员要充分考虑到沿线的自然环境因素，所设计出的结构应达到与自然环境相适宜的原则，注重对桥梁各结构的优化工作，加大力度进行材料质量控制，创设出高质量的山区高速公路桥梁工程。

第五节　高速公路桥梁设计安全性评价

近年来，我国建筑事业蓬勃发展，高速公路建设规模不断扩大，其安全性问题被高度重视。论文通过高速公路桥梁设计安全性的评价内容、方法和评价结论的分析，对提高高速公路桥梁设计的安全性提出改善措施。

随着经济的快速发展，高速公路交通网的范围不断扩大，遇到的地质地形也越来越复杂，高速公路桥梁工程的建设占据的比例也在逐渐增大。高速公路桥梁设计是高速公路建设中的重要环节，桥梁设计的安全性是设计工作需要考虑的主要问题。

高速公路安全性评价又称高速公路安全审计，在我国起步较晚，虽然对高速公路设计方面有了一些探索，但是对具体的评价单元，如路线、桥梁等，缺乏细致系统的研究。尤其是高速公路桥梁项目，更多的是偏向桥梁结构安全性的研究，对桥梁设计的交通安全性，缺少评价细则，甚至忽视了桥梁设计对交通安全的影响。

一、高速公路桥梁安全性评价办法分析

高速公路桥梁安全性评价的内容主要包括以下两个方面：桥梁结构的安全性和桥梁设计的交通安全性。

桥梁结构的安全性。高速公路桥梁结构的安全性主要是指桥梁结构的整体牢固性和构建的承载能力。桥梁结构的安全性检测和评估，基本理论是对桥梁外观进行检查和通过无损检查结果对桥梁的承载能力进行评定。首先，根据桥梁外观检查结果对其技术状况进行评定；其次，通过对桥梁构件缺损状况的检测评定，了解构件材质强度变异对结构的影响，综合桥梁的技术等级进行评定；然后，从耐久性的角度考虑以上方面对桥梁结构承载能力的影响；最后，运用在役桥梁承载能力评定公式量化评定出桥梁实际承载能力。

桥梁设计的交通安全性。

桥梁自身运行车辆的交通安全性。桥梁自身运行车辆的交通安全是设计阶段桥梁安全性评价的重点，包括桥梁引线和桥梁断面等对车辆运行的影响。

桥梁引线。桥梁设计速度协调性是按桥梁设计速度 V 与桥头路段（引线段）的运行速度的差值进行评价。根据实况分析，检测全线运行平均车速，并与设计速度进行比较，检测运行速度协调性是否良好，线形是否满足运行速度要求等，从而检查评价桥梁引线是否符合国家标准和设计安全性要求。

桥梁断面。桥梁断面的安全性评价主要从桥梁防护栏、桥面铺装、桥面排水等多个方面进行分析。桥梁防护栏安全性评价主要是看防护栏等级是否与周围路况交通环境相符合，以及桥梁护栏在路基连接段等特定区域的连续性。而桥面铺装的安全性评价主要集中在抗滑性能和耐用性上。此外，桥面排水情况也是桥梁设计安全性评价的重要方面。

跨桥线对其相交道路、铁路、通航河流等交通的安全性。

桥梁防护网。桥梁防护网是保护桥下交通安全的有效防护手段。可以有效防止因桥上物品坠落到地面或相交道路和铁路，造成安全隐患。防护网主要的评价点是：防护网的设置地点和防护网的构造。

桥梁墩台。桥梁墩台的设计要和相交道路、铁路等相关联。桥梁墩台的安全性评价要根据桥墩的位置和稳固性，以及桥墩的防护手段等因素评定。桥梁跨度较大，必须在相交道路或河流中设置桥墩时，要检测桥墩的防撞性，并根据实际情况设置桥墩防护装置。

桥下净空。桥下净空区要根据相交道路、铁路、河流等通过的交通工具类型评定，仔细确认桥下净空区是否满足车辆或轮船通行的安全需要。

桥下视距。桥下视距的安全性主要从两个方面进行评定：（1）位于凹形竖曲线路段的桥台和桥面对相交道路车辆、轮船视距的影响。因为竖曲线长度一般较大，所以根据竖曲线长度大于规范要求停车视距的具体情况进行评价。（2）位于平曲线路段的桥梁墩台对平曲线内侧车辆视距的影响，一般使用视距包络图的方法来进行评价。

三、针对高速公路桥梁设计安全性的改善建议

对桥梁结构设计安全性的建议。桥梁结构的选择，要综合考虑地质、环境、构架物等因素，根据实际情况确定上下结构，在满足承载能力的前提下，选出最优桥梁结构。上部构造要处理好跨境与墩高的关系，板或梁与平面曲线半径的关系；而下部构造要注意桥墩、桥台、基础，以及桥墩和桥幅的关系。

目前，我国高速公路的建设范围不断扩大，许多山区也在进行高速公路的架设，在山区中桥梁的应用更加普遍。由于山区地貌特征的特殊性，要求桥梁在设计和施工中，为保证安全性，要考虑得更加全面细致。要根据地区土质特征和气候条件选择施工材料和桥梁结构，同时要遵循技术过硬、安全稳固、持久耐用的原则。

对桥梁自身运行车辆的交通安全性建议。桥梁自身运行车辆的交通安全性影响因素众多。桥梁护栏并非越多越好，要根据桥外交通情况，确定桥梁防护栏的等级；桥梁板面和防护栏的连接要牢固。桥梁中间分隔带防护栏等级的确定与设计速度、行车速度、车型环境等相关，如车型以大型集装箱货车为主，就要提高中央护栏的防撞等级。桥面铺装要根据当地的气候条件、桥面纵横方向等因素，提高桥面的防滑性能；桥面铺装要设立防水层、隔离层，以防止冬季融雪防滑用盐对桥面的腐蚀。桥面铺装要和相结路段相协调。此外，桥面防水排水系统也很重要。桥面排水不及时，行车进程中会减小车轮与地面的摩擦力，使刹车距离增加，车辆易打滑，进而影响行车安全等。

相交道路安全性建议。在进行桥梁设计时，要考虑相交道路和河流情况，要根据相交道路的路宽调整或设计桥宽。桥面跨度较大，在道路中央防护栏区域设置桥墩时，要注意对桥墩的保护，在周边设置防护栏，同时注意检测桥墩的防撞性是否符合标准。对相交的河流、铁路等，要设置防护网，防护网的长度要尽量长。对河流中桥墩的设置，要考虑河流的流量，水流的冲击性等。对桥下净空高度较低的桥梁和相交道路，设明显的限高提醒标志或限高架。

对桥梁引线段的安全性建议。桥梁引线的速度协调性，对于桥梁的总体安全和规划发展很重要。桥梁引线段的速度要与全线运行速度协调，引线段运行速度与设计速度相差不足 10km/h 时，说明引线速度协调性较好。当差值大于 20km/h 时，说明协调性较差，要对引线段的设置和设计进行调整。

高速公路桥梁建设发展中，必然会存在矛盾和问题，我们要做的是发现问题、解决问题，并在下一步的工程建设中预防问题发生。本节对高速公路桥梁设计安全性评价进行分析和总结。总而言之，高速公路桥梁设计的安全性是一个系统时间，我们要结合现实地域情况，在保证安全的基础上，选择经济合理的设计方案，并将后期养护与维修问题考虑到设计中。

第六节　跨越高速公路桥梁设计

利用桥梁跨越高速公路把不同区域的交通进行连通，俨然已经发展为交通建设的热点。于桥梁跨越工程建设时，对其安全性、经济性与高效性有很高的要求，因此需要进行全面的施工设计。同时注意要尽量规避对施工附近的高速造成影响。本节从该项目的设计的要求入手，分别对跨越桥梁总体结构、与区域结构两方面的设计展开相关论述。

伴之我国交通事业的快速进步，人们对高速公路的追求不仅仅局限于已开拓的路线，对舒适度、方便度的需求使跨越高速公路桥梁建设面世。在建设设计中不仅要全面考虑工程项目对质量、安全以及进度的要求，将工程建设的质量、安全指数与成本造价作为设计参考，而且还要减少对现存交通设施的影响。

一、桥梁的设计要求

因跨越高速公路的环境与用途特殊性，对该类型的桥梁设计时具有一定的要求：①对结构的设计需要尽可能精简且功能实用，对后续的工程建造流程进行简化，降低施工难度。②对工程的进度进行控制，工期设计尽可能短，合理加快建设速度，在尽可能短的时间内结束跨越桥梁的建设工作，以免给交通运行带来不便，为建设企业带来不必要的损失。③设计的重点即对周边建设环境的全面预估，着重对水电供应、尘泥防护、梁柱稳定性等几方面要素进行评估，制定出科学的建设技术。

二、桥梁的总体结构设计

合理控制桥梁交叉角度。跨高速桥梁的设计的第一步即合理控制桥梁交叉角度的大小。例如，若是选定斜交的交叉方式，通常情况下，需要使交叉锐角超过70°，如果因为某些不可控因素导致交叉锐角不能达到70°要求，那么最少也要在60°以上。这样做的原因是若在实际中运用高速跨越桥梁，若其交叉角度不足60°，那么将会造成其跨径过长，打破桥梁的数据平衡。如此，一方面因为桥梁质量的不足，容易出现病害，造成桥梁整体建设造价高出设计值，出现不必要的经济损失，同时对损坏桥梁的维修也增加了难度。另一方面，也是更重要的方面，其影响了桥梁在使用过程中的稳定性与安全性，带来许多安全隐患。

合理选择桥梁交叉路段。跨高速桥梁的设计的第二步，要对交叉路段进行合理的选用，要根据建设路段的真实情况进行选择。其选择的原则即"首选普通地段，避免复杂路段"。若是建造的位点处于高速服务区、减速带等特殊地段，那么对桥梁的跨径数值设计就必须加大，另外，考虑到地段的特殊作用，为了不阻碍其发展，桥梁建造中必须进行大片的安全预留地段。这两方面均使桥梁建设的难度大大提升，且不可控因素较多，造价预算不能很准确，为施工带来许多麻烦。因此，要在进行建造位点的选择时，尽可能选定在普通地段。另外，需要注意的是，无论在什么地方建造，都需在桥梁下留出一定的空间，以便在该路段出现病害时可以及时、高效进行修复完善。

对桥梁净高的合理设计。跨高速桥梁的设计的第三步，即对桥梁净高的合理设计。通常来说，该类型桥梁建设设计中净高标准为5m，然而，于实际建设现场可以发现，某些不可控制的因素会造成路面上升，则会影响桥梁的正常使用。比方说，对投入使用的高速进行养护与修建时，就会引起路面高度上升。因此，该部分工作的设计必须控制上跨桥梁所占的总面积，保证其覆盖区的桥梁底部到现使用的高速区域内随意处的净高均超出至少5.5m。另外，桥梁的结构设计中存在一定的弯度，在桥高设计时必须关注不同弯度处的净高达到最终设计的高度。

适当预留车道与行车视距。现阶段，我国高速公路通常均选用双向8车道形式，因此，在桥梁整体设计中还需进行预留车道的操作。预留车道，即需留出一定的桥下净宽，该操作可以有效将高速公路与桥梁的修建分开来，使进行桥梁或是高速公路的修复、养护的同时，不对另一方的运行造成影响，在一定程度上符合了"可持续"的发展理念，节省了一定的能源。但是其在建造期间造价相对较高。

另外，还需在设计中留出合理的行车视距，从而保障投入使用后的行车安全。例如，若在一些不可控的因素影响下，桥梁选定在特殊地段如急转弯、坡度较大等地方进行建造，该部分行车视线极容易被阻挡，则行驶人员无法清晰掌控所行驶的情况，出现事故的概率极大。则需通过调整跨径与净高，保证行车时驾驶员可以有正常的行车视线，防止因行车的关键视角被阻挡而引发的交通事故。

三、桥梁各部分的分层设计

上部设计。在上部结构设计中需要首先考虑外观是否明快和协调，其结构类型的选择很多，如普通 T 梁桥、板式梁桥、刚构桥、拱桥等。其次，在跨高速的桥梁上部结构设计中，通常情况下不会于中分带建设桥墩。桥梁的净跨径需要超过 50m，若是将桥梁设计为左右分离式，则当交角增加时跨径即会减少，桥台就需要设计为错位布置；若桥下高速公路是路堑同时深度较小，即可把桥台设计于坡顶之外；反之，则要设计多跨，于边坡上设计墩台，同时要对原高速公路做防护操作，制定合理的上部建设计划。

下部设计。在下部设计中，第一步需对桥梁基形作出选择。若在该工作中选择不合理，则可能会对现运营的交通造成一定的影响，因此需要合理进行选择。桥梁基形大致可分两类，即深、浅之分。其中浅基础又有刚、柔之分，该类型基础具有在承载力达到设定标准的状态下呈现出施工简便性、高稳定性以及高承受度等特点，然而，其还具有开挖面积过大，对周边高速公路的影响较深等缺陷。若是于较坡度较大的地段进行建设，则对基础承台宽度的设定与实现很困难；若是在填方路段，要实现建设目标，就需设计高度较大的桥台。但是当桥台高度过大，则会出现影响行车实现的严重缺陷，又需采取另外的措施进行弥补，将建设过程复杂化。

附属设施设计。在高速公路上，车辆行驶的速度较大，则加大了安全事故的发生概率，进而出现不必要的损失，甚至威胁生命。因此，对跨高速桥梁设计时，为使其具有高度的安全性，则可以进行一系类的附属设施设计如在其上部结构处进行钢筋混凝土防撞墙结构的建设、在桥梁设施处设置一些防抛网等等。防撞墙的等级为需要达到双 S，根据实际情况还能够在一定程度上加大防撞等级；防抛网数量也可适当加大，防止因小小的坠物引发严重的安全事故，尽可能对交通事故的发生进行规避。

综上，对跨高速桥梁的设计需要从多方面入手，整体结构的设计与分部结构的设计均需得到重视，此外，还需关注一些附属设施的设计。经过多方面的综合设计，保证桥梁建设的高质量与高效率。

第二章　高速公路桥梁设计的具体内容

第一节　高速公路改建工程桥梁总体设计

针对高速公路改建工程桥梁总体设计相关内容进行分析，结合改建方案，提出桥梁总体设计应当遵循的原则。结合总体设计性原则，总结了高速公路改建工程桥梁总体设计措施，其内容有：工程总体设计、主桥结构设计、老桥拼宽设计等。通过对这些内容的分析，为高速公路改建工程桥梁总体设计提供一定理论依据。

伴随交通运输的不断发展，对高速公路桥梁的要求不断提高，部分使用年限较久的高速公路桥梁等，已经难以满足现代交通运输的需求，因此要对部分高速公路进行改建，在改建过程中，需要对相应桥梁进行总体设计，进而满足当下以及未来交通运输的需要。

一、改扩建方案的选择

河北省某高速公路和沿线的主要城市之间相互连接，占据了最大的通道资源，高速公路两侧已经形成现有高速公路产业带。针对现有高速公路改建方案而言，其充分发挥了通道资源的优势，并且在一定程度上减少了占地，吸引了大量的交通量，从而降低了工程造价等。现有高速公路在路面、路基和桥梁方面的使用总体情况较好，但是两侧缺少重要的控制性的地方，具备改扩建条件。

改建之后，高速公路桥梁路面线位和老桥相同，改建桥梁总体长度为1730.58m，采用分离式双幅桥布置方式，针对标准段而言，单幅桥的宽度为18.25m，和s32匝道相连接位置单幅桥宽为22.25m，桥梁总体面积为65968.5 ㎡。

二、桥梁总体设计原则

对桥梁进行总体设计，本着"安全、舒适、和谐、美观"的总体设计理念。对桥长和跨径进行布置，应当和水文的设计相符合，尽可能对河床断面进行压缩，从而确保泄洪、排涝和通行、通航等的需求得到满足。对桥头引导和桥台的布置等和地形、地质等情况相互结合，本着对环境破坏少、桥梁结构和台后填土稳定高的方式，规定桥头路基填土高度在 8m 以下，进而使桥长得以缩短，并且使工程造价得以降低。针对地质条件较好的路段，可以将桥头路基填土的高度进行适当提高。如果桥长在 20m 以下，则不需要为其设置伸缩缝，可以使用桥面连续的形式。对桥面连续形式进行使用的一般是大中桥，结合实际情况，在变形零点附近为桥墩顶设置相对合理的伸缩缝，在桥台位置，对桥面连续方式进行使用，通过这种方式对桥头跳车现象进行有效控制。对结构连续的桥梁，为桥梁桥台位置设置伸缩缝。

除去特殊大桥之外，通常使用中小跨度的预制装配混凝土梁。如果跨径在 25m 以下，可以先对桥梁设置简支，然后对桥面进行连续设计。如果桥梁跨径在 25m 以上，在对其设置相应简支之后，采用连续结构设计方式。

施工场地会对桥梁设计带来一定影响，在立交范围内的主线会变宽，为了使施工更加方便，可以使用预制小箱梁的方式。针对特殊路段，结合地形，选择现浇预应力混凝土连续箱梁。对于柱式墩而言，墩高在 7m 以上时，可以为桥墩设置相应的桩系梁，促使横向的整体刚度有所增加。

三、高速公路改建工程桥梁总体设计措施

工程总体设计。本项目属于一项高速公路改建工程，进行桥梁设计过程中，主要将工作分为主桥部分和引桥部分。其中主桥 2×75m 的连续形式组合箱梁，对其使用分离式双福窍门进行布置，而其中单幅桥总体宽度为 22.25m。针对主桥悬臂下部分位置进行分析，可以为其设置相应的人行通道。第一部分为老桥顶升利用段，桥总长为 524m，可以分为三联实施整体顶升。第二部分为老桥引桥吊开接高利用段，总体长度为 715m，将老桥板调开之后，对桥墩实施接高利用。第三部分为老桥拼宽路段，在标准段单幅桥外侧拼宽在 2.5m。

主桥结构设计。经过详细比较和选择之后，选择箱梁梁高为 4.0m。为了使沿线两侧行人通过需求得到满足，需要在主桥的内侧悬臂下面设置宽 1.25m 的人行道。因为老桥主墩桩基所选择的是 450mm 的截面方桩以及钢管桩成桩方案进行比选，而对于主桥墩而言，可以使用 φ609 mm 钢管桩基础，进而使基础施工更加方便，桥墩采用实体钢筋混凝土结构，同时不存在分离式防撞墩和橡胶缓冲垫。

为了使槽型钢主梁吊装过程的稳定性得到保障，针对边支点、中支、临时吊点和临时支撑点附近均设有由 φ203×10 mm 无缝钢管组成的水平联接撑。对混凝土进行分析，对桥面板进行设计，其宽度为 22.05m，而板的顶部位置所存在的横坡单向 2.0%，可以在板的底部位置以及钢箱梁顶部位置设置平坡，其余位置设置斜坡，同时将桥面板厚度控制在 300mm，使用混凝土为 C50 纤维混凝土。设计工作要结合相应原则进行，如桥面开裂和桥面板宽度等。纵方向上，并不需要设置预应力，对较为普通的钢结构进行使用。横方向的位置，可以使用 0.45m 标准间距，促使大悬臂产生较大的负弯矩拉应力。桥面板的内侧，

不需要设置纵向预应力，从而使施工更加方便。对于主桥而言，围绕中点 12m 范围内，采用双层组合结构，既能够将顶面混凝土桥面板去除，同时能够在钢梁底板位置，设置厚度为 350 ~ 500mm 的双结合混凝土，然后对剪力钉和钢梁底板结合使用。

老桥拼宽设计。本项目，高速公路老桥主要分为两幅桥，单幅桥宽度为 16.55m，对其进行改建，结合远期双向 8 车道一次拼宽的方式。其中的单幅桥宽为 18.25m，对每幅桥外侧进行分析，对其进行拼宽，宽度为 2.5m，为了能够和 s32 高速公路所预留出来的两条匝道之间进行连接，需要在分流口位置进行拼宽，宽度为 6.5m。针对老桥进行拼宽，拼宽位置应当是老桥的外侧部分，采用和老桥相一致的桥跨进行布置。老桥以及拼宽的部位进行结合，确保其保持一致。对标准拼宽位置进行分析，上部分结构和老桥之间保持一致，对 20 ~ 22m 的简支空心板梁进行使用。对于其中的铁路老桥而言，其宽度为 35m 简支 T 梁形式，对其进行拼宽，宽度仅为 2.5m，如果仍然使用 T 梁实施拼宽作业，会降低桥梁自身稳定性，因此要使用 35m 跨简支小箱梁实施拼宽。针对 s32 匝道位置的分合流拼宽而言，可以对其进行划分，分为异型结构，然后对简支现浇梁方式进行使用，从而改变复杂的平面线形。针对拼宽为 2.5m 的位置，在下端采用独柱墩，钻孔灌注基础承接台。变宽位置以下部位，使用双柱墩和钻孔灌注桩，对老桥进行拼宽，连接新老结构，比较并选择多个方案，对这一工程使用"上连下不连"的方式，针对老桥外侧的防撞栏进行分析，将其拆除之后，需要将老桥的边梁进行拆除。

对于部分悬臂，针对板梁内的钢筋以及拼宽板梁，对其进行焊接，并保障其一一对应，针对微膨胀纤维而言，对其进行浇筑，从而使混凝土形成一体。同时，在互相拼接的地方，设置相应凸槽，然后在其中嵌入相应的防水密封胶，针对不均匀沉降部位所具备的压力降低。在老桥基础位置，可以使用预制方桩，拼接下部分结构，降低小桩基对拉桩基带来的影响，同时对钻孔灌注方式进行科学的使用。多选择小桩径，使用压降技术进行桩底处理，科学控制沉降情况。对上部结构进行施工之前，采用基础预压方式，促使工后沉降得以降低。在拼宽独柱墩中，存在较高高度，在横向上，存在较低的稳定性，这种情况下的设计，需要适当限制横向位置，在纵向位置设置老盖梁，并实施"弱连接"，从而使得柱墩横向稳定性得以改善。对这一装置进行使用，主要使用锚栓和预埋钢板，螺栓孔形状为长圆端形，并且对其进行纵向位移，但是不能实施横向位移。通过这种方式，对拼宽盖梁做出横向限位，并实现横向沉降的目的。

进行高速公路改建，桥梁的改建是整个项目中最为关键的内容。对改建方案进行选择，不但和桥梁自身结构安全具有直接关系，同时也对改建项目投资进度带来影响。进行高速公路桥梁改建，需要遵循"安全、适用、经济"的原则，通过对相应的检测资料进行分析，对桥梁整体设计方案进行科学制定。

第二节　高速公路桥梁上部结构设计

　　高速公路桥梁上部结构设计对于桥梁工程质量、安全性、经济性以及美观性会产生较大影响，是桥梁工程设计的重点。首先对桥梁上部结构组成部分进行介绍，然后对高速公路桥梁上部结构设计要点进行分析，并以某高速公路桥梁为研究对象，对桥梁上部结构设计方案进行深入研究。

　　随着中国交通基础设施项目建设水平不断提升，桥梁工程变成十分重要的交通工程，桥梁工程所承担的交通功能也越来越大，对于设计水平的要求逐渐增加。在整个桥梁工程设计中，上部结构设计至关重要，通过优化桥梁工程上部结构设计，可促进桥梁工程使用寿命的增加。因此，对桥梁工程上部结构设计要点进行深入研究意义重大。

一、桥梁上部结构组成部分

　　桥梁工程项目建设为一项系统性工程，在桥梁工程上部结构设计中，首先需要了解桥梁工程上部结构组成，具体包括以下三个方面：第一，桥面，桥面是供车辆以及行人通行的部分，不同桥梁工程桥面有一定的区别；第二，桥跨结构，在桥梁工程中，桥跨结构为承重结构，是桥梁工程设计的核心内容，桥跨的跨越幅度、承受作用都会对桥梁工程桥跨结构的构造形式产生较大影响。第三，支座，桥梁工程支座的作用是将上部结构所产生的支撑反力传递至桥梁工程墩台的中间节点上。

二、桥型上部结构方案设计原则

　　（1）在桥梁工程上部结构设计中，需综合考虑桥梁工程建设环境、地形地貌、高速公路工程通航能力、运行能力、高速公路等级等。比如，如果桥梁工程建设区域地表平缓、河流深度比较浅，则应尽量采用简支梁结构或者先简支后连续梁桥结构，有利于简化施工方式，同时保证结构受力明确。如有些桥梁工程建设区域地形复杂，运输条件比较差，应尽量采用预制结构形式。

　　（2）为了尽量缩短桥梁工程建设工期，降低工程造价，同时保证桥梁工程施工质量，应采用桥梁工程标准化结构形式。对桥梁工程上部构造，应用预制拼装结构以及标准跨径，便于施工。在选择桥梁工程上部结构时，还应注意综合考虑桥梁工程施工环境、施工工期要求、施工场地条件等。

　　（3）在桥型上部结构方案设计时，需要选择多种桥型方案，对各个设计方案进行比较分析，进而选择最适宜的桥梁上部结构设计方案。

　　（4）在桥梁工程设计建设中，需综合考虑桥梁工程抗震性能要求，如果桥梁工程对于抗震性能的要求比较高，则应尽量采用先简支后桥面连续结构，保证桥梁工程结构耐久性。另外，还需综合考虑桥梁工程建设对于周边生态环境的影响，尽量提升桥梁工程上部结构美观性。

三、高速公路桥梁上部结构设计要点

在高速公路桥梁工程设计中，上部结构体系主要有以下 3 种：

（1）拱式体系。拱式体系桥梁工程建设区域的覆盖土层比较薄，如果基岩承载力比较高，则拱式体系桥梁工程可发挥造价低的优势。

（2）先简支后结构连续体系与简支体系。这类桥梁工程上部结构设计方案能够预制装配，同时可进行标准化施工，造价低廉，是高速公路施工中比较常见的形式。常用跨径有 25m、30m、40m 3 种，一般预制空心板的跨径在 25m 以内，建筑高度比较小，被广泛应用于中型桥梁工程、小型桥梁工程项目建设中。另外，T 梁的截面受力合理，经济性能较好，但是，其抗震性以及景观效果比较差，因此，如果桥梁工程建设对于抗震性能的要求比较低，则可采用 T 梁结构形式。

（3）连续刚构及连续梁体系。有些桥梁工程需要跨越 U 形深谷，无法采用装配式结构形式，对此，可采用大跨径连续梁体系方案。当桥梁工程桥墩高度在 30m 以上时，需要注意对墩梁进行加固设计，进而加强桥梁工程上部结构受力。

四、高速公路桥梁上部结构设计实例

工程概况。在某高速公路桥梁工程项目建设中，桥梁工程总长度为 20.1km。根据现场勘察，该桥梁工程建设环境地形复杂，周边建筑工程较多，地质变化较大。对于该桥梁工程上部结构，应采用跨径在 25 ~ 30m 之间的装配式小箱梁、40mT 梁，如果跨径在 20m 以内，则可采用预制空心板。如果采用先简支后连续方式的预制结构方案，则能够保证桥梁工程路面通行的稳定性以及舒适性，同时便于桥梁工程与运行维护。如果 T 梁墩高在 35m 以上，则需要采用墩梁固结形式，如果纵坡比较大，也需要应用墩梁设计方案。另外，还需注意，高速公路桥梁工程建设环境复杂，施工难度比较大，在具体的施工过程中，需要对桥梁工程上部结构设计方案进行调整，比如，如果桥墩高度比较大，则应尽量采用 T 梁结构形式，如果桥墩高度比较小，则需采用现浇混凝土连续箱梁。

上部结构设计方案比较。在该高速公路桥梁工程上部结构设计方案比较时，需将跨径为 25m、30m、40m 的结构尺寸进行比较，同时对 T 梁和装配式小箱梁两种上部结构设计方案进行比较，最终确定最符合实际需要的上部结构设计方案。在部结构设计方案比较时，重点需考虑以下 5 点：

施工便利性。在施工方面，小箱梁施工技术比较复杂，在混凝土浇筑施工过程中，必须保证内模板放置平稳，另外，在端头斜交时，处理难度比较大。T 梁施工工艺比较成熟，结构耐久性较高，与小箱梁相比，施工方式便捷，能够有效提升桥梁工程结构耐久性。

经济造价。在对不同跨径小箱梁与 T 梁结构进行比较时，跨径有 3 种，包括 25m、30m、40m，在经济造价方面，40m 的 T 梁和小箱梁造价相同。另外，25m、30m 的小箱梁与 T 梁相比经济性更好。

功能使用优势。通过对各个结构形式的桥梁工程功能方面分析，T 梁跨中横隔板数量比较多，并且横隔板与主梁进行连接，这样就会影响桥梁工程外形美观度。另外，T 梁的跨径的适用范围比较广泛，尤其是在抗弯刚度方面，桥墩大跨的应用优势十分明显。

结构受力。通过将小箱梁与 T 梁进行比较，T 梁的单幅一孔的整体抗弯刚度比较高。在桥梁工程施工中，如果遇到斜交结构形式，如果采用 T 梁结构形式，则需要设置多个横隔板，因此抵抗受力的效果比较好。另外，在论抗扭刚度方面，单幅一孔的小箱梁的抗扭刚度比较好，由此可见，单片小箱梁的结构稳定性更高，并且施工方式便捷，能够有效提高桥梁工程结构稳定性以及安全性。

墩高影响。在桥梁工程上部结构设计中，桥梁墩高也是十分重要的设计参数。如果桥梁工程墩高比较大，则应尽量采用大跨径上部结构。

上部结构设计方案。在该高速公路桥梁工程上部结构设计中，通过对上述各项影响因素进行综合分析，制定出以下选型原则：如果桥梁工程墩高在 15m 以内，则可采用 20m 跨先简支后桥面连续预制空心板结构；如果桥梁工程墩高在 15 ~ 35m 之间，则可采用 25m、30m 跨先简支后桥面连续小箱梁结构；如果桥梁工程墩高在 35 ~ 60m 之间，则可采用 40m 跨先简支后结构连续（或墩梁固结）T 梁；如果桥梁工程墩高在 60m 以上，则可采用 T 梁方案。

综上所述，主要对高速桥梁工程上部结构设计要点进行了详细探究。在高速公路桥梁上部结构设计中，需综合考虑地形地貌、交通运输条件等进行设计，选择多个设计方案，并结合实际情况选择经济最优方案。

第三节 高速公路桥梁支座设计

为了提高山区高速公路桥梁支座的使用寿命，在支座设计中从选用、施工与养护等方面进行综合考虑，力求改善其受力状况，提高其使用性能。从山区高速公路桥梁支座的结构特点、选用、施工工艺和养护等方面的优化设计进行详细阐述，有效改善了桥梁支座的受力状态，提高了使用性能，延长了使用寿命。

一、桥梁支座的选用优化

充分考虑周边环境的影响。桥梁支座在设计过程中，应充分考虑温度变化、空气湿度、气候变化等多种外界因素的影响，优化支座的结构，增加支座的强度和刚度。设计中可以采用提高支座厚度、选用弹性好的橡胶材料、选用抗老化的支座材料等方法提高桥梁支座的强度和刚度，提高其抵抗外界荷载的变形能力。

桥梁线型对支座变形的影响。山区高速公路线型变化大，很多桥梁位于平曲线上，且其竖曲线变化量较大。在平曲线上的桥梁支座，容易出现较大的滑动变形。试验证明，平曲线段的桥梁支座滑动变形一般为计算变形量的 1.2 ~ 1.3 倍。为了减少桥梁支座的滑动变形，通常设置限位支座，可对桥梁支座的横向和纵向变形进行控制，使桥梁支座的滑动变形与设计状态一致。

增加桥梁墩梁固结跨的数量。如桥梁上部结构采用连续梁施工，为了减少梁的无规则移动，使桥梁上部结构处于稳定的状态，可适当增加桥梁墩梁固结跨的数量，提高桥梁结构的稳定性。

设置防落梁装置。在山区高速公路小转弯半径，大纵坡的桥梁支座设计时，为了避免支座损坏或产生较大位移，导致出现落梁现象，应在部分墩、台顶面局部设置防落梁装置，保证桥梁上部结构的稳定性。

通过采用设置防落梁装置，可有效提高桥梁支座的抗变形能力，控制变形位移。在桥梁支座设计中，通常优先选用弹性好的板式橡胶支座，桥梁支座设计计算时多采用墩梁固结结构形式。在桥梁支座承重能力相同的情况下，可以通过提高板式橡胶支座橡胶层厚度，提高支座的抗变形能力。

二、设计中对支座施工工艺的优化

在山区高速公路桥梁支座设计中，应在设计中结合施工工艺，对不同施工条件下的桥梁支座施工工艺进行优化。在桥梁支座安装和调平施工中，应尽可能地减少安装误差。在桥梁支座施工过程中，应尽可能减小施工偏差，防止出现不容许偏差，改善桥梁支座的工作环境。在桥梁支座设计过程中，应结合施工现场的实际情况，对施工工艺进行优化，具体包括以下几点：

桥梁支座设计中，应结合各类不同类型的固定支座、滑动支座的安装工艺，提出合理的安装方式，改进施工方法；在进行桥梁滑动支座安装时，不同的温度区间，安装时的预留变形值不同。同时，在支座定位前，应采用临时设施进行桥梁支座的纠偏施工。在桥梁支座现场施工时，应确定好桥梁其他构件的相对位置，安排好施工工序，预先确定预制构件和预埋构件的安装顺序。桥梁支座完成施工后，需要对支座安装与误差要求进行检验，对存在的误差进行校正。在桥梁支座设计中应进行说明，安装设计说明进行支座安装，对由于安装误差所引起的安全隐患进行预防，保证桥梁支座体系处于最佳状态。

三、设计中对支座养护管理的建议

桥梁支座属于易损件，橡胶材料在使用过程中也容易老化，应选用合格的支座材料，保证在桥梁设计基准期不损坏。为了减少桥梁支座的磨损，减缓支座的老化速度，必须在设计中对桥梁支座的养护管理进行优化。在桥梁支座日常管理中，应经常对支座构件进行清理、调教和定期检查、维护。

现阶段高速公路桥梁支座养护，常采用搭设临时支架的方式，提高了养护成本。在桥梁支座设计中，应在桥梁墩台位置设置专门的桥梁检测通道。检测通道可以对桥梁支座进行日常检查和维护，提高养护管理工作效率，降低后期维护成本。

第四节 高速公路桥梁钢结构表面涂装设计

为了改善中国大型桥梁的景观，开展了一种创新的绘画桥梁设计。本节着眼于高速公路分支中的桥梁。首先，简要介绍了钢结构防腐涂层系统在实际结构中的作用以及随后的桥梁使用。在此基础上，给出了钢结构的具体结构方案和桥梁涂层，具体施工过程和施工过程中的各种要求详细说明。希望读者能够通过本节更好地了解高速公路钢结构表面涂层的设计。

随着交通运输业的快速发展，中国已成为世界上一个大桥国，但它不是一个全球性的权力桥梁。其中一个原因是中国的桥梁更注重功能和安全，削弱甚至忽视了景观和美学。桥梁不仅要具有结构稳定性、连续性、强度和跳跃能力，还要具有美观的形式和内涵。这需要桥梁的美化，以保护桥梁的主要部分，丰富环境，突出桥梁的结构美感。桥梁与一般环境的协调已成为该地区的新地标。

一、涂装设计的设计原则

根据使用条件和桥梁钢表面涂漆的不同结构的使用条件，可以定义以下涂层设计原则：材料的选择应考虑到大气腐蚀程度和城市污染，并尝试选择耐大气腐蚀和抵抗受污染的优质保护涂层，延长钢结构材料的使用寿命；通常，钢结构涂料的使用寿命可达20年；在选择涂层材料和选择涂层解决方案时，他必须确保他能够安装一个共同的桥梁。建筑的审美要求；涂层或涂层设计的选择应设计成最小化成本并确保成本涂装工程的经济效益。

二、钢结构涂装设计

防腐涂装底层。底部防腐涂层是与钢直接接触的涂层材料。因此，应选择涂层材料以确保钝化腐蚀和阴极保护，即当涂有耐腐蚀土壤的钢暴露于侵蚀性环境时。在侵蚀性介质的影响下，钢可能会腐蚀。在实际结构中，涂层材料有以下几种选择：一是热浸镀锌，总厚度为 80～100 微米，涂层与钢材之间几乎没有粘合；其次，锌的热沉积通常以 100-300 微米的厚度使用，并且涂层与钢之间的粘附力为 6-8MPa；第三，铝的热沉积通常以 100-300 微米的厚度使用，并且涂层与钢之间的粘附力为 10-17MPa；第四，锌含量高的环氧树脂通常 ≤80 微米厚，涂层与钢之间的附着力为 2-3MPa；五，无机富锌，常用厚度 ≤80 微米，涂层与钢的附着力为 4-5MPa；六，富锌水，常用厚度 ≤80 微米，涂层与钢的附着力为 2-3MPa。

封闭涂层和中间涂层。

（1）封闭作用。当将密封涂层施加到钢板上时，即使钢板直接暴露在腐蚀性环境中，由于钢板下层的空隙已经封闭，因此钢板上的腐蚀环境的腐蚀速率可以降低，同时还可以降低下部钢板的电化学腐蚀速率。

（2）隔离作用。密封涂层的涂层可以有效地防止外部防腐环境渗入钢板内层，同时增加顶层涂层的附着力，延缓钢板的电化学腐蚀时间，并使钢板具有更高的耐腐蚀性。密封涂层要求涂层太低而不能很好地渗透到底漆的空隙中，在正常情况下，密封涂层的涂层用中间涂层稀释，实际结构中常用的密封涂层主要包括环氧云铁，环氧铁红等。

（3）中间涂层。中间涂层可以支撑下层和上层，向层溶液中添加中间涂层增加了涂层的厚度，并且是防腐涂层体系的重要部分。

三、桥梁色彩涂装及创新型色彩涂装要点

第一，规格要求：目前，国内涂料技术比较齐全。铁高速公路桥梁上的钢桥防腐涂层具有行业标准。道路覆盖钢和混凝土桥梁结构，各种涂层适用于溶剂型外墙。还有安装标准，但表面颜色效果没有技术要求；第二，涂层材料：桥梁的彩色涂层应具有二氧化碳渗透性，耐碳化性和防腐蚀因素，以及良好的机械性能，能适应结构变形，具有良好的耐候性和耐碱性，实现 20 年的防腐蚀保护，创新的覆盖范围基于相关技术规范和基本规范的要求。同时，强调景观设计的要求，并满足其特殊效果。应相应调整覆盖率，层要求和控制标准；第三，结构的涂装：由于彩色涂层构造的多个阶段，对结构本身表面的要求和每层的构造方法是不同的。传统涂装和创新涂装应更准确地了解施工过程，使工程监理和施工工作有效结合在一起。从项目的概念到关键点的转移和控制，有必要逐步确保预期的最终创新效果；第四，适当的控制：在大规模建造彩色涂层之前，应进行适当的测试。在传统的粘附性试验，酸雨等试验的基础上，进行感官控制和上层效果评价，确定具体的验证要求，并检查具体的创新点。涂料必须符合国家质量控制部门的有关要求，严格控制检验过程。土壤保护分为两个阶段：预干燥和干燥后处理。在土壤层干燥之前保护土壤层是非常重要的。如果在干燥之前土壤层被雨水或灰尘大的灰尘损坏，涂膜就不够了。因此，涂料应该能够在涂漆前充分注意天气变化，以减少天气对土壤层的影响，在土壤层干燥后，

天气变化对涂层形成的保护膜的影响相对较小，此时，人为因素对保护膜的影响更大。如果不采取保护措施，涂层上会有划痕。

四、大桥创新型涂装效果控制要点

第一，在开发创新的配色方案时，有必要研究周围建筑物的颜色、色调和纹理，以匹配环境的颜色范围和纹理效果，以及传达匹配或以上的精神价值。第二，创新的配色方案需要对颜色进行实验比较研究，结果必须符合设计者的意图。第三，施工准备阶段应与涂料制造商对接，以确保样品的准确性。涂料制造商需要按照比例发送新涂料，以便根据性能指标进行各种质量测试以满足性能指标。

本节简要介绍了钢结构表面涂装的设计，并结合实际结构中的问题。随着桥结构涂装技术的进步，出现了越来越多的新技术，新产品和新工艺，这些都将应用于桥梁结构金属结构的表面涂层，作为专业的涂料设计部门，我们可以做的是不断总结过去的施工经验，学习新的涂装知识，以确保涂层技术可以延长桥梁结构的使用寿命。

第五节　高速公路桥梁勘察设计

随着对山区经济发展的重视，山区交通路网也在逐步加以完善，在山区高速公路桥梁的建设中，由于需要考虑更多的自然因素，施工前的勘察设计等环节显得至关重要。本节从山区高速公路桥梁勘察设计的特点出发，分析了山区高速公路现场设计中需要考虑的因素，并探讨了山区高速公路桥梁上部与下部结构设计，从而使勘察结果可以更好地适用于设计方案和施工方案。

随着我国对山区发展的重视，山区高速公路桥梁工程的数量与规模逐步扩大，山区高速公路桥梁建设对于山区经济的发展具有重要的意义。但是在建设中需要考虑更多的因素，由于地形地势条件的复杂性，加剧了工程施工的难度，对于山区高速公路桥梁施工而言，实地勘察对于施工的顺利进行具有重要的作用，能够及时对施工中的不利因素采取必要的处理措施，保证工程施工顺利进行，并确保工程质量。

一、山区高速公路桥梁勘察设计的特点

山区高速公路桥梁勘察设计具有显著的特点：山区地形地势结构的复杂、气候气象条件的多变与不稳定、施工场地较为狭小。具体表现为：山区地势地貌的变化较为频繁，地势垂直高度较大，植被覆盖率极高；山区易发生滑坡、岩崩、岩溶等不良的地质构造；气象条件受到山区地形地势的影响，存在多变性，甚至在强降雨天气下会发生泥石流等现象；山区施工场地有限，施工设备、材料等的运输具有难度。

二、山区高速公路现场设计方案

路线平、纵方案的优化。山区高速公路桥梁施工过程中，复杂的地形地势条件是影响施工顺利进行的关键因素。因此，在勘察设计中，要重视对地形地势的勘察，结合勘察结果，进行整体的工程设计，一方面，要保证山区高速公路桥梁工程的成本；另一方面，又要结合勘察结果，将复杂地势对施工造成的不利影响等加以控制与处理，减少施工中的安全事故。施工开始之前，应该组织专门的人员对施工现场进行实地勘察，结合路基情况，进行路线平、纵方案的优化。优化过程中，要注意以下三点：（1）严格遵循工程的相关要求进行施工，并要符合工程的规范性，选择合适的方案组合；（2）随着交通工程发展速度的加快，勘察技术与设备等也更加先进，勘察设计中要及时发现岩溶等不良地质情况，并对这些不良地质采取必要的处理措施，避免后期对工程施工造成不利影响，如果不是必需的路线，可以及时进行改线等，绕开不良地质路段，分析多种设计方案，得出最优的施工路线方案；（3）施工过程中，要结合勘察情况，使得路线设计的协调性与适应性更强，保证路线平面、纵面等匹配，一旦出现路基不均匀等现象，要及时加以解决与处理，保证交通工程运输的稳定性与安全性。

加强地质调查和现场访问。在山区高速公路桥梁勘察设计中，应该提高地质调查的准确性，尤其是要注重测绘技术的选择与把控，岩溶工点的勘测是测绘工作的重点和难点。在山区高速公路施工中，经常会出现采空区，因此，在工程施工设计之前，应事先进行资料的收集与整理，综合分析路线所涉及采空区的具体情况，尤其是要分析采矿的深度与厚度，避免后期由于对采空区了解不充分而对地基的稳定性带来不利影响。另外，对于山区中的一些矿区，应组织专业人员进行实地勘察与了解，尤其是路线中所涉及的建筑物等。此外，山区地形地势结构复杂，且存在诸多不良地质，从而为勘察与测绘工作的顺利实施增加了难度，有时还需要借助专业的设备等来进行钻探。为了提高勘察的准确性，要进行勘察、观测线的设计等，以便掌握更多的采空区信息，为山区高速公路、桥梁路线的优化与处理提供重要的依据。

三、山区高速公路桥梁上部结构设计

主要形式和特点。山区高速公路桥梁设计中，由于工程的纵向与横向所面临的地势地形具有多变性，常常需要跨越沟谷等，加剧了施工布置的难度，尤其是桥梁墩台设计中，使得边坡的不稳定性加剧，导致整体工程的设计难度加大。因此，如果工程设计中面临较大的沟谷跨越等，则采用双柱式或者多柱式的桥墩设计，如果墩台较高，则使用实体或空心薄壁。但是，这种多柱式桥墩施工的效果与山体边坡的开挖施工紧密相关，如果桥梁跨径较小，也可以采用独柱独桩的下部结构，避免边坡开挖对工程稳定性、安全性的影响。柱式墩结构根据截面形状有圆形与方形之分，对于圆柱墩而言，其工程施工中的外观控制具有较强的可操作性，且能够与桩基实现良好的衔接效果，但是其与桥梁体的协调性较差，而方柱墩则更具有美观性与协调性，就两者的截面特性来说，方柱墩的效用要远远优于圆柱墩。

装配式预制主梁设计。在对装配式预制主梁设计时，由于曲线桥数量众多，且其分布密集，一旦平曲线半径较大时，装配式预制主梁设计中就要采用以直线代替曲线的设计理念。曲线桥梁设计中，梁体布局的方式很多，但还要结合工程的实际情况来进行设计，严格控制主体梁体的预制长度与宽度，还要控制好相关的坡度与角度。在某些特定区域，会使用双支座 T 梁结构；由于双支座施工比较简单，不需要搭建临时支座，因此，施工较容易实现。

小半径曲线现浇箱梁支承设计。在山区高速公路桥梁设计中，现浇箱梁支承设计主要用于小半径曲线桥梁结构中，由于这种设计优势，在预制施工中得到了较为普遍的应用。但在施工中需要加强施工质量的控制，中支点支承采用单点支承，保证预偏心值的准确性，由于这个值往往难以进行预估，需要经过一定的计算来实现。

四、山区高速桥梁下部结构勘察设计

山区高速公路桥梁勘察设计时，必须严格根据施工要求，确保桥墩高度设计的科学性和规范性，一般要通过实地测量与计算才能得到。以某工程为例，桥梁采用双柱式桥墩设计，桥墩高度达到了 60m，结合勘察结果，桥梁墩柱采用突变截面形式，墩顶 40m 直径 2m，下部 20m 墩径 2.5m，上部采用 40m 跨径的 T 梁，实现了良好的工程施工效果，保证了通行的顺利与安全。

山区高速公路桥梁的建设带动了山区经济文化的发展，为山区周边等地创造了较大的经济价值。但是，山区高速公路桥梁施工中面临着较为复杂与恶劣的地形地势条件，加剧了施工的难度，因此，施工之前的勘察设计对于整体工程效果具有重要的意义。通过采用较为先进的勘察技术与测量手段，能够在一定程度上提高工程的质量，克服自然条件对工程施工的不利影响，促进山区高速公路桥梁设计的科学性，保证工程效益的实现。

第三章　高速公路桥梁施工技术

第一节　高速公路桥梁加固施工技术

对高速公路桥梁当前的使用现状及需要加固处理的原因进行了分析，探讨了高速公路桥梁加固施工技术，包括增加桥梁各部分的截面面积、体外预应力加固方法、利用辅助构件提升桥梁抗力、塞缝灌浆法、有黏结预应力加固技术。

在我国高速公路交通网络中，桥梁起到了重要的作用。受到传统施工技术以及理念的影响，我国早期的高速公路桥梁结构整体质量以及承载性能不高，加之自然环境等外部因素的影响，高速公路桥梁很容易出现损坏或者裂缝问题。处理这些问题的主要手段就是对高速公路桥梁进行加固，重视养护工作。通过加固施工技术的应用，高速公路的破损和裂缝问题就可以得到解决，从而使承载能力和运输能力得以恢复，其使用寿命也有了可靠的保障。同时，还有很重要的一点就是提高高速公路桥梁的经济效益，降低各项成本开支，从而缓解政府财政压力。

一、高速公路桥梁使用现状及需要加固处理的原因

高速公路桥梁当前的使用现状。高速公路桥梁在投入使用后，应制定合理的维护计划，定期进行维修保养。因为高速公路桥梁基本都是在室外建造，自然环境会对高速公路桥梁造成影响，同时高速公路桥梁在施工中会受到车辆的反复碾压，因此桥梁表面和内部结构容易出现损坏。其中，比较常见的问题就是路面裂缝、不平整、桥梁局部破损等问题，这些问题会直接影响到车辆的正常行驶，不仅会影响车辆行驶的舒适度，严重地还会因为桥梁路面平整度较差而出现跳车现象，从而引发安全事故。这也是当前我国高速公路桥梁施工中常见的问题，如果这些问题能够得到及时的解决，就可以将影响降到最低。但是，由于目前我国高速公路桥梁维修养护方面仍然存在一定的问题，加之车辆不断增加，高速公路桥梁受到车辆跳车现象的不断影响，日积月累就会使桥梁内部构件稳定性出现问题。从而使高速公路桥梁整体的稳定性受到影响，桥梁的使用寿命就会严重缩短。尤其是一些小型的高速公路桥梁，不仅没有得到很好的维修养护，甚至日常的清扫工作都没有做到位，导致了桥梁泄水孔发生堵塞问题，如果遇到降雨天气，桥面上就会产生大量积水，一方面

使桥梁受到侵蚀，另一方面也不利于车辆的安全行驶。

高速公路桥梁需要加固处理的原因。随着高速公路上行驶的车辆数量不断增加，交通事故也十分常见，通常高速公路桥梁上发生交通事故后，桥梁的栏杆等就会出现局部破损，这些破损实际上能够影响车辆驾驶员，使其在驾驶中缺乏安全感，同时高速公路桥梁的整体美观度也会受到很大影响。上文中提高了高速公路桥梁如果桥面平整度不够，就会造成车辆出现跳车现象，从而对车辆的安全以及桥梁的整体结构造成不同程度的影响，这也是高速公路桥梁需要进行加固处理的主要原因之一。其次，现代高速公路桥梁内部有很多的钢筋，桥梁表面的破损或者自然环境的影响都有可能使桥梁内部的钢筋受到侵蚀而发生锈蚀现象，如果这种问题长期得不到解决，桥梁中的钢筋质量就会受到严重影响，从而引发一系列的问题。其实现代高速公路桥梁出现的很多问题最初都只是一些小问题，很容易就可以解决，但是由于缺乏维修保养意识或者加固施工技术应用不合理，导致这些问题没有得到及时的解决而不断恶化，最终导致高速公路桥梁出现严重的质量问题。

二、高速公路桥梁加固施工技术

增加桥梁各部分的截面面积。增加桥梁各部分的截面面积的方法对于桥梁的情况有一定的要求，如果高速公路桥梁的桥下净空较低，横截面较小就可以采用这种方法增加主梁的横截面积从而进行加固。这种加固技术限制条件较少，通常只需要进行接长箍筋的施工就能够达到要求。还有一种方法是可以先增加主梁的高度然后再进行加固，这种方法会对桥梁的外观造成影响，如果对桥梁的美观程度有很高的要求，不建议采用这种方法。因此，在增加桥梁横截面加固施工技术应用时要对桥梁的状况进行分析，合理选择相应的加固施工技术。

体外预应力加固方法。体外预应力加固方法主要是通过在桥梁结构的受拉区添加体外预应力达到桥梁的加固目的。这种方法的原理就是使桥梁产生与原桥相反轴向压力与弯矩，这样桥梁的部分自重应力就会被替代，桥梁的承载力就能够得到提高，从而增加桥梁整体结构的稳定性和使用寿命。目前，我国高速公路桥梁中使用的体外预应力加固方法中的撑式预应力拉杆加固法与外部预应力钢丝束加固法是应用最广泛的两种方法。在应用过程中一定要严格按照相关的流程规范进行施工，这样才能够防止出现交通拥堵问题，甚至可以在开放交通的情况下正常施工，同时还能够保证高速公路桥梁加固的施工质量。

利用辅助构件提高桥梁抗力。如果高速公路桥梁结构完整但是承载力不高，这种情况下就可以采用增加辅助构件的方法提高桥梁抗力，也就是可以加装第二主梁。这种方法施工工艺复杂，而且对于施工环境要求很高，在施工过程中需要阻断交通，同时工程量较大，并且会对原来桥梁的结构造成损害，因此这种方法在高速公路桥梁加固技术中并不常用。

塞缝灌浆法。塞缝灌浆法主要是针对高速公路桥梁出现裂缝问题的情况，在具体施工中要根据桥梁裂缝的不同采用不同的砂浆，例如砂浆、水泥砂浆、水泥浆等。通常情况下，桥梁石墩位置出现的裂缝需要用水泥浆进行施工加固，在施工中还需要根据裂缝的大小确定是否添加砂，这种方法操作简单，施工成本较低，而且加固效果良好。塞缝灌浆法在施工过程中首先要对水泥砂浆进行配比，通常是采用1：1比例的水泥砂浆，在勾缝时要保留出灌浆孔，直径大概在7mm左右，具体宽度要根据具体情况而定。其次就是进行灌浆，在施工过程中要有专业的技术人员进行监督，确保灌浆施工的质量。

有黏结预应力加固技术。有黏结预应力加固技术在具体施工时，首先要将小直径预应力筋在梁体上进行锚固，然后对梁体施加预应力，完成后进行喷注砂浆施工。这种方法对采用的砂浆要求很高，必须是具有高抗拉强度的复合砂浆，这样才能够保证预应力筋牢固地黏结在梁体上，从而达到良好的加固效果。这种加固技术适用于高速公路中采用的中等跨径钢筋混凝土连续箱梁桥的加固，通过在梁体底部添加预应力筋，然后用高抗强度的复合砂浆进行喷注，使预应力筋与梁体紧密地黏结在一起，从而达到高速公路桥梁加固目的。

综上所述，随着我国交通事业的不断发展，高速公路桥梁的数量和规模不断增加，逐渐成为我国交通基础设施建设中不可或缺的一部分。因此，高速公路桥梁的整体质量至关重要，通过对高速公路桥梁采取合理的加固技术，不仅可以提高桥梁的整体稳定性，也能够确保高速公路的正常通行，增加桥梁的使用寿命。所以，应该不断研究高速公路桥梁的加固技术，同时在桥梁运行过程中加强定期维修养护工作，从而推动我国交通事业的可持续发展。

第二节　高速公路桥梁溶洞桩基施工技术

从地质地形图上来看，我国多山区地貌，加上国家对山区的不断扶持，山区高速公路建设成为解决山区交通问题的有效措施。通过高速公路的修建，不仅方便山区居民的出行，还能够改善山区的经济状况。在对山区高速公路进行施工过程中，桥梁的施工是重点和难点。基于此，文章以京源口特大桥为例，针对山区高速公路桥梁施工中的桩基溶洞处理技术进行简要分析，希望给山区高速公路桥梁建设带来一点帮助。

一、工程概况

京源口特大桥分左、右两线，左线40跨为预应力混凝土连续T梁，右线13跨为预应力混凝土连续T梁。桥梁全长为1561.5m。桥梁下部结构为柱式墩、空心墩＋桩基础，0#、40#台分别为柱式台和板凳台，均采用桩基础。通过地质勘测单位进场逐桩钻孔勘测，发现该桥桥位区属低山区坡地间夹山间小盆地沟谷地貌，桥址区地质层以含砾粉质粘土（Qal+pl）为主，层间土洞分布较多。局部地层多分布碎块状强风化石英砂岩（C1L），裂隙发育明显。且左线1#桥墩-3#桥墩地址处于蚀变破碎带（F）及流砂层贯穿区。依据

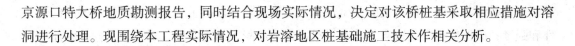

京源口特大桥地质勘测报告，同时结合现场实际情况，决定对该桥桩基采取相应措施对溶洞进行处理。现围绕本工程实际情况，对岩溶地区桩基础施工技术作相关分析。

二、工程难点

岩溶地区桩基础施工过程中，最常见的问题同时也是工程的难点问题：钻孔击穿溶洞，桩孔内泥浆随即流失，泥浆面迅速下降，孔壁内外应力失衡，最终造成塌孔，严重会导致桩位处地表大范围塌陷。如果施工过程中遇到大型溶洞或串珠型溶洞，且当地表土质较差时，经常发生这类现象。此外，在施工过程中还会出现完成钻孔击穿工作后，因操作不当造成钻头卡住或者钻头掉入溶洞内部等情况。

三、孔桩遇溶洞的形式与处理技术

孔桩遇单层型溶洞形式处理技术。钻孔过程中，遇到单层溶洞时，依据地质勘测报告及现场实际情况，视所遇溶洞溶腔的大小，高度分情况采取相应措施进行处理。综合本桥桩基处理方式及结果，大致可以按照如下三类情况进行：

（1）当地层中存在小型溶洞（高度小于1m）时，可采用注浆加固的方法。通过对照地质柱状图，对桩穿过的溶洞进行填充和加固。为防止浆液流失太远造成浪费，应先注入浆液与沙子（或碎石）初步达到胶结后再注浆，循环注浆多次，直至达到规定的注浆量和注浆压力控制值为止。待注浆完成后，应在桩基范围取芯检验填充效果，待溶洞完全填充且强度达到要求后方可进行桩基施工。

（2）当所遇溶洞高度小于3m时，可采用片石回填的方法。孔桩钻进，钻穿溶洞漏浆时，反复投入黄土和片石，利用钻头冲击将黄土和片石挤入溶洞和岩溶裂隙中，还可掺入水泥、烧碱和锯末，以增大孔壁的自稳能力。

（3）对于大型溶洞（溶洞高度3米以上），先向孔内回灌浓泥浆，同时抛填片石和粘土，以此固壁，直至漏浆现象消失。

孔桩遇多层型溶洞形式处理技术。孔桩遇多层溶洞时，先对溶洞大小和是否为串珠状溶洞进行判定，如为串珠状溶洞，且漏水，则直接采用钢护筒跟进措施通过，如不存在这种情况，则采取向溶洞内直接充填片石和粘土，泥浆护壁措施通过。

成桩施工。首先，结合场地的实际情况决定钢筋笼制作方式。因为山区陡坡的特殊性，桩基钢筋笼的制作常采用预制场制作、孔外制作以及孔内制作等方式，可以结合具体的施工条件来确定制作方法。如果制桩处施工平台较好，但不方便运输材料，这时往往使用孔外制作，制作完后借助吊车安放，安放时必须确保钢筋笼是垂直的；对于施工条件好、便于机械施工的地方，往往在预制场制作钢筋笼；若施工场地交通运输不便，施工平台又狭窄，则需使用孔内制作法。其次，控制桩基混凝土的质量，确保桥梁质量和后期安全。合理确定混凝土的各项指标，使用性能优良、粗细适当的骨料，并在其中适当添加硅微粉、矿渣以及粉煤灰来调节混凝土的致密性；可以通过降低混凝土水灰比来提高混凝土的耐久性和强度，确保使用数量恰当的胶凝材料以提高混凝土的密实性。对于人工挖孔灌注桩，当积水很少时往往采用"干灌法"浇筑混凝土；当积水较多不好排出时，要结合积水情况使用水泥砂浆封底，再快速分层浇筑混凝土。灌注时首先要保证混凝土搅拌均匀，并且动作要连续；其次要保证灌注桩顶标高高于设计标高，凿除高出部分的混凝土和浮浆，以保证成桩质量。

四、孔桩遇溶洞卡钻、吊锤相关处理技术

钻孔中钻穿溶洞，钻头卡住时，可采取如下方法：①慢试法：钻头卡在中间任何部位时，应将主绳徐放—收紧—徐放—收紧，反复进行使钻头旋转从原位槽道拔出；②冲击法：将主绳放松 3 ~ 5m，用钻头副绳吊一重物向下冲击钻头，使之产生松动，主绳重复慢试法；③辅助提升法：用吊机、千斤顶或钻机副绳穿滑车组加力提升；④水下松动爆破法：测准钻头被卡高度后，迅速将乳化防水炸药捆成两组，加配重对称放入钻头刃脚部位，之后将钻机主绳带紧或以吊机辅助紧提，采用电雷管起爆。

钻孔中钻穿溶洞，钻绳断裂，锤体掉入孔洞中时，可选用打捞钩、冲抓锥等合适的打捞工具，或采用潜水员下孔内进行打捞。如果确实无法捞起时，应强行冲击，将钻头冲碎。施工单位可以在施工过程中，根据工程施工情况和施工进度要求合理选择施工技术。

我国高速公路运输量逐年增加并且存在车辆超载现象，这对于高速公路工程施工的质量及安全性是一项很大的挑战。因此，在高速公路工程施工中，对桥梁工程桩基础施工技术的要求将会越来越高。本节在高速公路工程施工中，通过对桥梁溶洞桩基施工及桩基钻孔所遇相关事故处理技术的研究，有利于提高桥梁工程质量和使用寿命，为我国的高速公路交通事业的健康发展提供了有力的保障。

第三节　高速公路桥梁高墩施工技术

高墩施工技术是现代高速公路桥梁施工中的一种常用技术，通过对该技术的有效应用，能够有效提高高速公路的线型质量。但是从实际施工情况来看，由于所处的施工环境较为恶劣，在定位施工上显得较为困难，致使高墩施工质量难以得到有效控制。对此，文章以某高速公路桥梁工程为背景，对其中的高墩施工技术展开探讨，并提出了可行的技术应用措施，以期给相关工程提供可行参考。

现代城市化建设和发展下，高速公路交通运输业快速发展，高速公路工程规模不断扩大，成为社会经济持续增长的基础保障。为了满足社会发展需要，政府对高速公路桥梁工程建设重视程度不断提升，为了保证施工质量，合理应用高墩施工技术，根据施工技术标

准进行实践，在保证施工质量和安全的同时，最大程度上降低施工成本，创造更大的经济效益和社会效益。通过高速公路桥梁施工中高墩施工技术应用研究，推动技术创新和完善的同时，积累丰富施工经验，可以为后续高速公路桥梁施工提供参考依据。

一、高速公路桥梁高墩施工技术的主要特点

施工周期较长、难度较大。高速公路桥梁高墩施工具有施工周期较长、难度较大的特点。其实际施工作业多数是在高空中进行，危险程度较高。相比普通高速公路而言，修建高速公路的难度更大，并且在高墩桥梁施工过程中会受到很多外界因素的影响，人力和物力的损耗相对较多。

施工技术要求较高。高速公路桥梁高墩在实际承重过程中，会由于受力不均而出现开裂或倾斜等现象。为了避免这种不良现象，需要采取较为先进的高墩桥梁施工技术以保障高墩的整体稳定性和施工质量，因此，对桥梁高墩施工技术的要求也较高。

施工成本比较高。由于高速公路桥梁高墩的修建周期比较长，大多数施工单位为了更好更快地完成工程修建任务，选择平行作业。但这种施工方式需要更多的施工人员进行施工，容易导致人力资源浪费，在实际施工时，还需要为每一个高墩配备模板，因此设备的需求量也比较大，导致资金需求量更多。

二、高墩施工技术要点

某高速公路桥梁整体长度为1965m，采用双向四车道设计，桥面宽度22.3m，在施工过程中需要使用到高墩施工技术，所有桥墩都设计成为矩形实心墩，最低墩高38m，最高墩高46m，基础为钻孔灌注桩。横桥架设距离桥墩的上部位置约5m，随弧圈适当增大到所需的宽度数值（与箱梁底部宽度一致）。

放样测量及前期准备工作。放样测量、桩顶清理、脚手架搭设等都属于施工前期的准备工作，对高墩施工整体质量有较大的影响。在该环节中主要需注意以下三点：（1）针对桥墩支柱的中心线、结构线测量放样。控制墩柱四周边缘距离中心线的偏差，偏差数值应≤10mm，且保证墩柱的倾斜角度小于高度的1‰，同时确保整体偏差数值在30mm以内。（2）对桩顶进行清理，在进行钢筋安装工程施工之前，应保证桩顶达到施工标准，清除桩顶异物，将表面浮浆凿除，为后期钢筋安装施工提供便利。（3）选择脚手架搭设点，夯实搭设点基础，并对支架的受力情况展开分析计算，确保所搭设支架的刚度能够满足使用的需求。这些都属于高墩施工前的重要准备工作，对后期高墩施工顺利开展有较大的影响意义。

翻模的安装。需要放出墩身外轮廓线，此后使用砂浆对其进行抄平处理，以便在砂浆顶面设置支立模板，围绕墩身调整段展开浇筑施工。以所得到的调整段墩身模板为基础，进一步展开翻模的安装作业，当施工距离达到4.5m后方可进行翻模平台的安装作业，在

此过程中应密切关注平台中线及激光接收靶的位置，确保其不出现误差。在进行激光铅直仪器的安装作业时，需要将其置于平台之上，确保其与墩身内两圆端的圆心投影点达到相重复的状态，以免在后续的施工中出现扰动现象。当结束平台的安装作业后便可以展开千斤顶的安装，此后置入顶杆套管，基于合适的措施对套管进行保护，避免其与砼出现粘连现象。

模板工程。在本工程高墩模板安装时主要采用塔吊起吊的方式来进行装运，同时在装运的过程中为避免钢模发生形变，需先为其系风缆绳，形成对钢模板的保护。在模板安装时应遵循相应的施工工艺，先小面后大面，找准模板安装的中心轴，然后对其进行安放。在此过程中应充分保证模板的安装垂直度和稳固性，避免混凝土浇筑施工时出现泄浆漏浆的情况。在完成模板安装后，应结合施工设计要求，对模板安装质量进行全面检查，如检验预埋件是否埋设到位，检验设置防护层的厚度是否得到标准，检验预设深度是否满足该工程要求等。在确保各项指标无误之后，才能进入到混凝土浇筑环节。

支架验算与搭设。首先，支架验算和搭设之前，要明确支架的作用是为垂直运输和施工操作等提供支撑，为了保证浇筑过程中桥梁不发生变形，需要保障支架在纵、横、斜方向均具有充足的刚度、强度及稳固性，将其沉降值控制在允许范围内。其次，在支架搭设过程中，要清平基土并夯实处理，之后将脚手架与墩柱承台紧密连接在一起。然后，搭设碗扣件支架（单排或双排任意选择）。在这一过程中，需要将横杆与立杆间的距离控制在1.2m 左右，横杆和立杆的排间距以 0.9m 为宜。最后，在扣件搭设前完成支架受力验算。支架体的力传导是操作平台中各种荷载横向传至水平杆后所产生的，在传至纵向的水平杆之后需要有效传至地基中。

综上所述，应结合高速公路桥梁工程项目的实际情况，分析其采用的高墩施工技术，提高施工方案的科学性和合理性，以保障高墩施工质量，促进我国高速公路桥梁建设事业的稳固发展。

第四节　高速公路桥梁挂篮施工技术

总结了挂篮施工技术的特点，并以实际工程为例，对高速公路桥梁挂篮施工方案、挂篮拼装、挂篮试压以及悬臂浇筑技术进行了分析。实践证明，此施工方案和施工技术的应用，有效地降低了施工成本，提高了施工质量，加快了工程进度，从而提升了高速公路桥梁的整体性能。

一、篮施工技术的特点分析

在进行跨径较大的悬臂桥梁建设时，为了加快施工速度、确保施工安全，常常会采用挂篮施工技术。挂篮是悬臂施工的关键设备，根据结构形式可将挂篮分为以下几种：桁架式挂篮、斜拉式挂篮、型钢式挂篮和混合式挂篮。由于挂篮施工无需搭设支架，也不需要使用大型的起重设备，从而使施工流程得以简化。挂篮可在工厂内加工制作，运至施工作业现场后进行安装和预压，并在确认安全性和导梁挠度全部合格后，便可进行悬臂段施工。大体上可将挂篮施工的特点归纳为以下几个方面：①挂篮除了能够承受梁端自身的重量之外，还能承受一定的施工荷载；②挂篮本身的刚度较大，在使用过程中基本不会出现变形的问题；③挂篮的结构较为轻巧，在导轨上便于向前移动；④挂篮的适用范围较大，底模架可以自由升降，能满足不同梁高的要求。由于挂篮施工具备上述特点，使其在高速公路桥梁施工中得到了广泛应用。

二、高速公路桥梁挂篮施工方案

以某大桥工程悬浇箱梁为例，跨径布置为 116m+220m+116m，单箱单室箱形截面，箱梁梁高、底板厚度均按 1.8 次抛物线变化。箱梁根部梁高（箱梁中心线）为 1340cm，跨中梁高（箱梁中心线）为 400cm，箱梁顶板全宽为 1200cm，厚度为 30cm，刚构根部顶板加厚至 60cm，设有 2% 的单向横坡，底板宽度为 650cm，厚度为 12 ～ 32cm，腹板厚度分别为 105cm、95cm、80cm、65cm 及 50cm。箱梁在墩顶处设两个厚 100cm 的横隔板，在边墩墩顶梁端处设 200cm 厚的横隔板，在四分点位置和主跨跨中位置设置 40cm 厚的横隔板。本工程采用挂篮施工方案进行悬臂浇筑，下面重点对挂篮施工中挂篮的选取与计算进行分析。

挂篮的基本构造。结合工程特点，对几种挂篮形式进行综合比选后，最终选定了桁架式挂篮。其基本构造如下：挂篮主桁架（是主要承重结构，由两片纵梁组成）；吊杆及锚固系统（轨道、主桁架的锚固，模板系统的前、后吊杆的锚固）；走行系统（包括主桁架、外模板、内模板和底模板的走行）；模板系统（包括外模板、内模板和底模板）。

主桁架试压。由于主桁架是在工厂内加工制作并运至施工现场的，因此在使用前，需要对挂篮主桁架的性能及安全性进行检验，通过试压的方法，了解其结构的非线性变形情况。本次试压采用对称反顶法，在加载和卸载的过程中，用钢尺测量挂篮主桁架测点的挠度值，根据实测数据得出挠度变化曲线。试验结果表明，挂篮主桁架的各方面性能及安全性均符合规范和标准的要求。

挂篮计算。采用 ANSYS 通用有限元程序，按照挂篮实际结构建立空间模型进行整体分析计算，外模系统则另外建立模型整体计算。根据模拟计算结果，判断挂篮是否满足施工要求。如果局部杆件变形过大，则根据实际情况予以加强，以确保挂篮使用安全，同时在监控立模标高控制计算时，监控单位应根据挂篮的实际参数进行计算。

三、挂篮拼装技术要点

轨道安装。可将箱梁的中心线定为基准点，根据挂篮设计图中给出的轨道位置，在施工现场进行准确定位，随后铺设钢枕，并将轨道布设在钢枕上，通过适当调整使钢枕处于水平状态。安装轨道系统时，必须控制轨道间的中心距，使其与设计图纸一致，并借助箱梁竖向螺纹钢筋，将轨道压紧。如果钢筋的长度不足，可用连接器加长。在安装完毕后，应当用长尺对轨道间距进行复核。

主桁架安装。本工程中挂篮的主桁架是以焊接的方式制作而成的整体性钢结构，单片主桁架用缆索吊运至桥面，主桁架与前后支座采用焊接的方式连接，与横向连杆之间则采用插销的方式连接。安装过程中必须保证主桁架的平整度。

前吊横梁安装。在主桁架安装就位后，便可进行前吊横梁安装，同时在其上放置吊杆、扁担梁及千斤顶，以为底篮和外侧模的安装做准备。前吊横梁与主桁架的前吊支座应采用焊接的方式进行可靠连接。

外模安装。根据挂篮设计图中给出的位置，先在地面上将外模行走梁吊至框架内部对应位置处，并进行适当固定，同时在箱梁翼缘板的预留孔上安装吊耳，将外模与行走梁一并起吊。另外，利用吊杆可将行走梁的前端与前吊横梁连接，也可借助吊耳将行走梁的后端悬挂在箱梁的翼缘板上。

底篮安装。在地面将底篮的前后横梁、纵向桁架梁、工字钢梁、横肋、面板连接成为一个整体，一并起吊安装。当底模吊至设计位置附近时，使底篮的前横梁处于前吊横梁的下方位置处，并将预先穿插好的吊杆拧入前横梁上部吊杆座的连接螺母中。底篮的后横梁也可采用相同的方法安装。

内模安装。在安装内模系统前，应当先绑扎箱梁底板及腹板的钢筋，随后安装两根内模行走梁，并在其上加装骨架，最后拼装内模板。在安装挂篮的过程中，应注意如下事项：挂篮安装时要控制好挂篮的结构尺寸，以确保桥梁混凝土浇筑的线形；待挂篮安装完成后，要根据最大施工荷载对挂篮进行试压，检验挂篮的承载能力、稳定性及安全可靠性，以消除非弹性变形，并测试其弹性性能，以便为施工控制计算提供准确数据。挂篮试压后，如果符合设计要求，需经监理工程师批准后，方可投入使用。挂篮作业时，主桁架后锚吊杆和轨道锚固钢筋的锚固力要调试均匀。挂篮就位后，对于所有关键的受力部位，特别是前后吊杆（吊带），要派专人全面检查，同时，每个环节和部位的检查情况均经验收合格签证后，方可进行下一道工序。安装作业平台及栏杆时，要确保其安全性和可靠性。

四、挂篮试压技术要点

挂篮安装完毕后，需要进行试压，由此检验其各方面的性能及安全性，并通过试压得出箱梁浇筑的修正值。挂篮主桁架的测试方法为：在0#块上用千斤顶分级加载，用水准仪测量其挠度，并目测焊缝情况。挂篮底篮的测试也采用千斤顶分级加载。为模拟施工各阶段的实际情况，并尽可能简化加载程序，且保证测试数据的连续性，纵桁在混凝土荷载下分十一级，空载情况下分六级加载，底篮在荷载下分十一级加载，加载重量根据最不利受力重量控制。挂篮试压分两个工作日进行。经过测试，挂篮的各项参数均符合要求。

五、挂篮悬臂浇筑技术要点

挂篮安装完毕并经过全面质量与安全检查验收后，便可进行悬臂浇筑施工。具体的施工技术要点如下：在悬臂段的吊架上对第一节段的模板进行拼装调整，模板为钢模，在内模就位前，需要先完成底板和腹板钢筋的绑扎工作，并埋设好预应力管道和挂篮锚固用的预留孔，在布置预埋件及预留孔时，必须确保质量合格、位置准确。浇筑施工前，应当对模板、钢筋、预应力管道进行质检验收，并将模板内的杂物清除干净，之后便可进行混凝土浇筑。在浇筑过程中，应遵循由前往后的原则，分别浇筑底板、腹板和顶板，并采用振捣棒将浇筑完毕的混凝土振捣密实。浇筑振捣后，要根据规范的要求及时进行混凝土养生，防止裂缝的产生。当混凝土的强度达到设计强度的 85% 以上时，便可开始进行预应力张拉施工。张拉完毕后，应及时进行灌浆封锚。另外，待梁端混凝土拆模后，应当进行凿毛处理，以确保混凝土施工接缝的质量。在挂篮前移的过程中，应当在原有轨道系统前加铺新的轨道并进行锚固，然后拆除内外模对拉螺杆，同时将内模固定在已经浇筑完毕的箱梁上，同时安装主桁架后锚固装置，并重复上述挂篮安装步骤，即可完成挂篮前移。

综上所述，挂篮因其自身的特点在高速公路桥梁工程中得到了广泛的应用。由于挂篮施工涉及的内容较多，因此必须了解并掌握挂篮施工的技术要点，并将之合理运用到实际工程中，这样才能在发挥挂篮施工优势的同时，提高工程的质量和安全。

第五节　高速公路桥梁加宽拼接技术

改革开放的不断深入推动了我国社会经济的快速发展，同时为我国交通运输业的发展带来了良好的发展机遇。人们生活水平的提高使得人均汽车保有量逐年上升，导致高速公路运输面临着巨大的压力。原有的高速公路桥梁已无法满足现代交通运输量增长的现状，因此，需要采用先进的技术对高速公路桥梁进行加宽拼接处理，以提高高速公路的通行能力。

高速公路桥梁一般架设在江河湖海上，使车辆行人能够顺利通行，是高速公路结构的重要组成部分，主要由上部结构、下部结构以及附属构造物组成。以往建造的高速公路桥梁已经很难适应现实交通量上涨的需要，因此需要对其进行扩建改造，以增强高速公路桥梁的荷载能力以及通行能力，缓解我国交通紧张的现状。本节通过总结多年的学习与实践经验，对高速公路桥梁加宽拼接前的准备工作进行了论述，并详细阐述了高速公路桥梁加宽拼接技术的应用，希望可以为高速公路桥梁加宽改造工程的顺利开展奠定坚实的理论基础。

一、高速公路桥梁加宽改造前的准备工作

熟练地掌握原有高速公路的运输情况。在高速公路桥梁加宽改造前，工作人员必须清楚的了解原有高速公路的交通情况，包括月通行量等基本情况，以免因为加宽改造施工而影响车辆的正常通行。同时必须充分的考虑高速公路桥梁的实际承载力，为后续的高速公路桥梁加宽拼接处理提供重要的参考依据。

详细了解施工环境状况。施工环境状况可以直接影响高速公路桥梁加宽改造施工的进度和质量，因此，在高速公路桥梁加宽改造施工之前，需要派遣专业的技术人员对施工环境进行实地考察，并切实了解施工现场的地质地貌特征，做好施工前的准备工作。此外，还要根据施工环境情况选择合适的施工工艺和施工材料，以保障高速公路桥梁加宽改造的施工质量。

做好桥梁整体结构设计工作。设计工作是高速公路桥梁改造拼接工程实施前的必要工作，设计人员应该详细的了解原有高速公路桥梁的整体结构特征，结合实际施工的需要，制定合理的设计方案。并对高速公路桥梁改造拼接过程中可能出现的变形、沉降问题进行预测和分析，同时制定科学的应对措施，以免影响高速公路桥梁改造拼接过程施工的进度和质量。

二、高速公路桥梁加宽拼接技术

上下部均不连接加宽技术。上下部均不连接加宽技术主要是指在新高速公路桥梁与旧高速公路桥梁之间预留一定的空隙，使得新旧高速公路桥梁上下部之间均不连接，然后再根据现有的施工方案对高速公路桥梁的桥面进行沥青混凝土铺装工作。在采用这种加宽拼接技术对高速公路桥梁进行改造时，由于新旧桥梁的铺装层均不连接，使得二者之间的受力独立，可以有效地避免因地基沉降差异性而导致的桥梁结构变形问题的产生。但是这种技术最大的不足就是在汽车载重作用影响下，新旧桥梁之间的主梁会发生不均匀沉静问题，导致新旧桥梁连接部位的沥青混凝土铺装层产生纵向裂缝，进而使得桥梁发生错台，不仅影响高速公路桥梁的美观度和舒适度，同时加大了后续桥梁维护的难度。

上下部均连接加宽技术。这种加宽技术主要是指在对高速公路桥梁进行加宽处理时，同时将新高速公路桥梁与旧高速公路桥梁上下部桥梁结构之间进行有效的连接。在连接新旧桥梁的上部时，可以采用横向植筋以及浇筑湿接缝的方式将新旧桥梁结构各部件之间进行相应的连接。在连接新旧桥梁的下部时，也可以采用植筋的方式将新旧桥梁的墩台帽以及系梁进行相应的连接，然后再通过浇筑混凝土的方式实现新旧桥梁整体结构的有效连接。

上下部均连接加宽技术可以使新旧桥梁连接成为一个统一的整体，增强了桥梁结构的整体承载能力，同时减小了桥梁变形问题的发生的概率。但是在采用这种加宽拼接技术施工时，不需要在桥面设置隔离带，待旧桥梁的人行道和栏杆拆除后，加宽后的桥梁的荷载量增大，桥梁承载力很难达到规定的要求。同时在进行新高速公路桥梁主梁施工时，混凝土收缩以及地基沉降等问题导致的桥梁变形会在一定程度上受到旧桥梁的束缚，进而使得新旧桥梁间的相互作用增大，超出新旧桥梁连接面的实际承载能力，最终导致新旧桥梁连接面产生裂缝，对高速公路通行安全性构成严重的威胁。此外，在新旧桥梁下部进行植筋施工，不仅增大了施工难度，同时增加了施工成本。

上部连接而下部不连接加宽技术。这种加宽改造技术主要是将新高速公路桥梁与旧高速公路桥梁的上部结构进行相应的连接，而对两者的下部结构不再做连接处理。采用上部连接而下部不连接加宽技术可以将新桥梁与旧桥梁之间的桥梁基础进行有效的分离，而将新旧桥梁上部结构中的梁板进行相互的连接。然后对旧桥梁边梁的挑壁混凝土进行切割处理，同时将旧桥梁的钢筋与新桥梁的钢筋进行连接。最后对新旧桥梁之间的湿接缝进行浇筑处理，同时对加宽后的桥面铺设沥青混凝土，从而实现高速公路桥梁加宽的目的。但是在采用这种技术时，由于只对新旧桥梁的上部进行了连接而没有对其下部进行连接，使得新旧桥梁的连接面只能靠桥面板连接并承担巨大的作用力，导致连接面之间的连接力减弱。一旦新旧桥梁的挠度差增大，那么新旧桥梁的连接面将遭受损坏，出现纵向裂缝，影响桥梁的美观度和安全性。此外，新旧桥梁的上部结构不均匀沉降以及施工材料等问题存在一定的差异，使得连接后的新旧桥梁上部结构的附加内力增加，从而加大了桥梁通行的危险性。

三、高速公路桥梁加宽拼接施工中应注意的问题

规范加宽拼接施工操作。对原有高速公路桥梁进行加宽改造处理不同于新建桥梁施工，加宽改造施工的难度更大，不仅要考虑原有桥梁的实际桥梁，还要科学部署加宽桥梁的施工工作。因此，在实际的高速公路桥梁加宽拼接施工中，一定要严格规范工作人员的施工操作，选择合适的加宽拼接技术，准确操作各种施工设备，切实确保施工的质量。同时，加强施工人员的安全防范工作，为施工人员发放必要的安全装备，避免在施工过程中发生人员伤亡事故。

做好盖梁施工工作。盖梁是将桥梁上部荷载传递给桥梁下部的重要基础，同时也是承担桥梁上部荷载的重要结构，由于不同的加宽拼接方式对旧桥梁的受力影响不同，同时对盖梁的受力也会产生一定的影响。当采用上下部均不连接是加宽方式时，一般新旧盖梁的施工是分开进行的，因此，对旧桥的盖梁不会产生影响。而当采用植筋连接或者是角钢连接时，应避免植筋施工对新旧桥梁的整体性产生影响，减少桥梁连接部位产生变形的概率。尤其是利用角钢连接时，一定要用螺栓将新旧桥的盖梁上的角钢进行固定，确保新旧桥盖

梁的稳固性。此外,还要做好桥梁维护工作,避免高速公路桥梁加宽拼接施工出现质量问题。

随着交通运输工具类型以及数量的增加,高速公路运输压力将会不断增大。相应的高速公路桥梁加宽改造工程的数量和规模也会不断增加和扩大。因此,相关技术人员应该继续加大对高速公路桥梁加宽拼接技术的研究力度,在实践中不断总结经验,逐步丰富和优化高速公路桥梁加宽拼接技术体系,切实确保高速公路桥梁加宽改造工程的质量。

第六节　高速公路桥梁沥青路面接缝施工技术

高速公路桥梁作为我国高速公路运输体系的重要组成部分,为了能够全面提高高速公路施工质量,通常都要在沥青路面上设置接缝,从而缓解沥青混凝土材料的应力变化。接缝施工技术水平决定了沥青路面的施工质量,如果接缝处理不当,会造成路面不平等现象,甚至产生交通安全事故。基于此,本节首先提出几种常见的沥青路面接缝施工技术,进而提出横、纵接缝的处理方法。

一、高速公路桥梁沥青路面接缝常规处理技术

热接缝技术。热接缝作为沥青路面最为常见的处理方案,顾名思义是在高温条件下,对接缝处理的一种方法。通过高温让沥青软化,进而对沥青料进行碾压处理。为了避免产生过大的温度差,需要多台压路机同时开工,严格控制摊铺过程中沥青料的温度,特别是临近摊铺带的沥青料,必须要保证温度的稳定性。在碾压过程中,碾压机的碾轮要放到热料车道中,在没有压实的车道上摊铺较厚的沥青料,保证接缝部位的压实度。该项技术在实际应用中很少出现离析情况,纵向裂缝生成率也有所降低。

冷接缝技术。冷接缝技术与热接缝技术方法相反,无需加热施工。主要是沥青料进行压实、重复搭接、再碾压。冷接缝施工中需要随时修正铺筑完成的沥青料,为了保证搭接紧实度,还需要做好搭接面的清洁工作,并涂抹粘层沥青,反复搭接、重叠最终完成施工。还需要将碾压、搭接溢出的沥青料清除,保持平整度,完成接缝处理工作。

切削技术。在压路机在对路面压实过程中,边缘会产生低密度的沥青层,此时要对低密度沥青进行切削。切削施工中必须要控制好切削长度,通常不超过50cm。准备好压路机,安装好碾压轮。切削完成后会出现道路垂面的情况,需要在此部位增加黏层,并用压路机碾压,提高纵缝紧实度,保持抗拉强度不变。

二、接缝的处理方法

横向接缝。横向接缝作为一种十分常见的接缝形式,必须要做好接缝处理工作,避免路面凹凸不平。沥青混合料在拌和到碾压完成过程中,温度会随之降低,而温度降低会产

生冷缩现象，内部产生较大的聚合应力，所以要设置接缝来缓解这种应力变化。在沥青料摊铺过程中，如果因为客观因素影响导致施工中断，会导致路面产生断续、病害等问题。随着沥青料的温度逐渐降低，一旦温度低于50℃，则要横向压实接缝难度非常大，重度碾压还可能破坏其他部位。所以在横向接缝处理当中，需要在较高的温度下进行，高温时沥青料强度低、可塑性强，更容易推移，可以更好将横缝压实。要求摊铺完成后混合料温度下降幅度不超过10℃。在横向接缝处理中，需要从以下两点出发：

（1）接缝位置。在碾压过程中，由于压轮较重，因此在碾压过程中会产生沥青向前推移，产生一个斜面，无法满足路面施工标准。所以要在压路机尾部相隔1m位置半提升熨平，在摊铺机离开后进行相对位置找平，直尺紧贴沥青面，不得出现缝隙，否则会影响平整度，需要重新找平施工。切割工作要在沥青料温度下降前完成，在切口部位涂抹一层乳化沥青料，之后再进行摊铺施工。

（2）接缝方法。横向接缝可以分为两种形式，即平接缝、斜接缝。对于高速公路桥梁工程来说，通常都是上面层采用平接缝、下面层采用斜接缝的方法，并通过碾压完成施工。接缝混合料搭接长度不得超过0.8m。摊铺厚度会直接影响斜接缝搭接长度，因此在搭接厚度较大的情况下，建议采用平接缝处理手段。

在实际施工当中，混合料和路面基层黏结度较高时，会增加接缝处理难度。为了能够保证接缝处理工作顺利进行，可以在待铲除部位喷洒一些水，便于后续操作。在混合料冷却后，铲除末端多余的混合料，切割要保持垂直度和干燥性。下部混合料处理当中，要切除边缘多余的混合料，保持清洁工作，确保新旧沥青之间黏合度，配合预热、软化压实方案效果更好。在横接缝碾压当中，必须要严格控制沥青料温差，如果沥青料温度较低，会增加横向接缝处理难度，甚至是造成路面损坏；如果混合料温度较高，会增加碾压推移量，增加路面裂缝量。所以必须要控制好沥青料温度，通常在80-120℃之间。

切割时要保证接缝部位有一定摩擦度，不能过于平齐，避免结构下层接缝部位，这样才能够保持黏合度。为了避免接缝位置、摊铺料密度失衡，要同步运行摊铺机、振捣器，并保持施工连续性。为了不影响后续碾压质量，可以在制作部位增加一个垫片，螺母位置固定千斤顶，打开油泵挂篮行走。

纵向接缝处理。由于沥青路面摊铺衔接部位一定会有搭接的沥青料，这样可以保证沥青料连接的紧密度以及前后铺筑路面保持一致。在纵向接缝处理中，主要是采用冷接茬处理和热接茬处理两种方法。其主要表现在：

（1）冷接茬处理。冷接茬处理是与压实好的摊铺层进行新层搭接，之后再压实。在半幅沥青路面铺筑当中，不得采用热接缝处理工艺，此时可以在半幅部位增设挡板，用切刀将边缘切割整齐。在另半幅路面铺筑当中，要先清除半幅边缘的颗粒，并涂抹一定量的粘层沥青，这样可以保证半幅路面的铺筑质量。混合料铺筑中，边幅搭接长度控制在5-10cm，摊铺完成后，将多余的摊铺料去除，再进行碾压施工。在施工当中需要保证摊铺厚度与前一条摊铺带厚度相同，保持平整度。

（2）热接茬处理。热接茬处理工艺主要是采用 2 台以上摊铺机展开梯队作业形式，同时对路面进行摊铺、碾压。热接茬处理需要采用高温沥青料，也正是由于相邻摊铺带沥青料温度较高，所以纵向接缝处理更加容易，接缝处理之后的强度较高。在施工过程中，铺筑要预留 10-20cm 的混合料，该部位在摊铺完成后先不碾压，将预留面作为混合料的基准面，在后续摊铺工作完成之后再进行压实处理。

综上所述，随着我国高速公路桥梁事业不断发展，新建高速公路桥梁工程数量也不断增多，沥青路面由于耐久性强、施工技术成熟、行车舒适等优势，其使用也更加广泛。因此，为了能够发挥高速公路桥梁工程效益，必须要高速公路桥梁沥青路面接缝处理工作，掌握各项施工技术要点，针对不同接缝种类采用不同施工方案，从而提高高速公路桥梁沥青路面的施工质量。

第七节　高速公路桥梁钻孔灌注桩关键施工技术

因为高速公路桥梁规模庞大，所以面临的地质环境十分复杂，其中不乏一些力学性能低下，不满足施工要求的地质环境，那么为了对此进行改善，现代高速公路桥梁施工单位常使用高速公路桥梁钻孔灌注桩技术。此项技术可以有效提高土体力学性能，相应提高工程质量。本节主要对高速公路桥梁钻孔灌注桩进行了分析，了解其中关键施工技术以及作用原理。

虽然理论上，高速公路桥梁钻孔灌注桩具有较高应用价值，但从实际角度上，如果其关键施工技术出现规范性问题，必然会导致质量问题，所以施工人员应当了解其中关键施工技术的规范性要求，并围绕要求对施工结果进行检查。因为现代高速公路桥梁钻孔灌注桩应用广泛，而施工中又经常出现规范性问题，所以对此进行研究具有重要的实践意义。

一、高速公路桥梁钻孔灌注桩准备工作

灌注桩材料制备设计。高速公路桥梁钻孔灌注桩是一种利用泥浆护壁，对土体内部结构进行保护的施工技术，因此为了保障其能效发挥，在正式施工之前，需要做好泥浆制备工作。灌注桩当中所采用的泥浆，通常由粘土、水等组成，在准备当中，首先需要结合施工要求以及土体强度，对各种原材料凝固后的强度进行设计，再对不同等级的原材料进行选择，其次要进行灌注桩材料制备设计工作，主要对各种原材料的配比进行规划，以供之后制备拌和工作正确开展。此外在制备设计工作当中，要严格对所有进场材料的质量进行检查，一旦发现不符合要求的材料，应当要求相关厂家进行更换。

施工设备检查。高速公路桥梁钻孔灌注桩当中的关键设备为泵类设备，主要将关注材料泵入土体，并破坏不良地质表面土体，使泥浆更容易与土体融合，但如果泵类设备存在

参数或机械故障，就会导致施工质量问题，因此有必要在施工之前对泵类设备进行检查。设备检查工作项目大致分为两个部分，即设备参数和设备运作状态。设备参数检查方面，应当根据施工要求，对当前设备泵入参数进行核查，如果参数过高或者过低，就需要进行调整；设备运作状态方面，应当在参数正常的条件下，对设备各项功能进行简单操作，确认设备可以正常运作，如果发现某功能存在问题，需要及时维修或直接更换。此外，施工设备检查时间一般在正式施工前两天开展，如有必要可以提前。

放样工作。为了尽可能保障高速公路桥梁钻孔灌注桩与设计要求一致，在准备工作阶段，需要做好放样工作，放样工作当中，围绕设计要求先对地面钻孔以及护筒位置、方向进行标识，后对每个钻孔的规格进行标识。综上，在两个放样工作完成之后需要进行检查，不能出现太大误差，以免正式施工时出现质量问题。

二、高速公路桥梁钻孔灌注桩施工关键技术

施工场地处理。在高速公路桥梁钻孔灌注桩正式施工阶段，需要先做好施工场地处理工作，主要内容包括场地平整、场地夯实以及泥浆池设置。在场地平整方面，因为实际施工环境的地表平整度难免存在凹凸现象，在这种条件下，施工设备安置、泥浆池设置等都会受到影响，所以要进行整平，整平工作对于平整度的要求并不高，只要肉眼观测没有太多凹凸即可；场地夯实方面，因为实际地质环境可能存在软土土体，这种土体力学性能表现差，且存在很多空隙，所以施工设备在应用当中容易出现突然的倾斜，或泥浆池内泥浆渗入空隙，所以要采用夯实法对土体进行处理，提高其强度与密实度；泥浆池设置，因为高速公路桥梁钻孔灌注桩施工面积较大，所以泥浆用量较大，对此有必要设置泥浆池来囤积泥浆，设置当中为了避免泥浆渗入土体，应当在其下方铺垫防水层。

护筒埋设。护筒埋设对于高速公路桥梁钻孔灌注桩具有保护作用，所以其具有重要性。在埋设过程当中，首先围绕放样结果对埋设位置进行确认，同时根据桩体横截面大小，对护筒横截面大小进行判断，如果护筒横截面小于桩体横截面，就说明护筒规格存在问题，通常情况下护筒横截面要大于桩体横截面 20cm。其次在埋设过程当中，应当重视护筒与桩体的垂直水平关系，因为很多护筒埋设工作当中，因为地质条件等因素，其埋设完成后都出现了护筒倾斜、位移的现象，使得高速公路桥梁钻孔灌注桩质量受到负面影响，因此在质量原则上，应当对此进行控制，一旦在埋设过程中发现此类问题，就应当及时改正。

泥浆制备。结合上述泥浆制备设计工作，在正式制备工作当中，首先围绕设计工作当中的配比，挑选出相应比例的粘土与水，此举主要是为了保障泥浆浓度的合理，否则容易造成泥浆护壁等质量问题。其次在制备工艺上，主要将粘土放入搅拌设备当中，借助设备将泥浆变成细小的颗粒，随之将其与一定比例的水混合之后，将其放入护筒当中进行冲击，最终完成泥浆制备。此外，泥浆制备工作应当在泥浆池附近进行，以便于泥浆进入泥浆池。

钻孔工艺。在钻孔工艺当中，首先要采用相应方法对地质土体进行处理，提高土体稳

定性，因为土体稳定性存在缺陷，会因为钻进操作的扰动力而出现塌孔，随之依照放样工作，采用钻孔设备对每个钻孔点开始钻孔，但在操作当中要注意两个要点，即钻孔设备安装位置是否正确、钻进路径是否存在倾斜。如果出现了其中任意问题，都需要及时停止钻进作业，采用修复手段来进行改善，同时在钻孔完成之后，有必要对孔壁进行检查，如果出现裂缝现象就需要回填钻孔，夯实后重新钻孔。其次在所有钻孔完成之后，需要对每个钻孔进行清理，清理主要针对孔内的大颗粒物体、植物等进行清理，因为此类物体会阻隔泥浆土体的融合，所以这一点很重要。此外，还需要对完成的钻孔内的泥浆护壁的含沙率进行检查，一般情况下每50cm护壁的含沙率不能超过8%。

泵入设备安装。首先对泵入设备的导管进行检查，确保导管上没有漏洞或者杂物，其次将泵入设备的导管一端放置于混凝土集料处，此时开启泵入设备即可泵抽混凝土进入导管，完成泵入操作，但是为了保障泵入灌注质量，需要人工对导管进行控制。此外，在每个钻孔灌注完成之后，都需要及时采用密封材料进行封孔，避免灌注料溢出。

三、高速公路桥梁钻孔灌注桩质量控制要点

围绕实际高速公路桥梁钻孔灌注桩施工来看，其普遍在钻孔、灌注这两个施工工序当中出现质量问题，因此本节将围绕这两个问题，对其中质量控制要点进行分析。

钻孔质量控制要点。在钻孔工作当中，针对不同地质条件，需要重视钻头与钻孔技术的选择，例如如果实际地质环境为软土土体，就需要选择小冲程钻孔方式，这种方式的土体扰动力较小，所以不容易引起塌孔问题，另外为了配合小冲程钻孔，也要选择长度偏短的钻头；如果施工土体较为坚硬，则需要先进行爆破处理，在进行钻孔，相应就应当选择硬度大、冲程大的钻头。

灌注质量控制要点。在灌注操作当中，应当在完成后对灌注体的泥浆、沉淀厚度进行检测，后将检测结果与设计要求来进行对比，如存在较大误差，则需要进行改善。此外，在导管安装时，要确保导管与孔底的间距在0.4m左右，埋深位置需要保持在2m ~ 6m。

本节主要对高速公路桥梁钻孔灌注桩关键施工技术进行了分析，主要围绕灌注桩施工的准备工作以及正式施工工序，对其中各项关键技术，介绍了应用方法、注意事项等，可以对高速公路桥梁钻孔灌注桩施工起到质量保障作用。围绕实际钻孔、灌注施工中的普遍问题，对各项问题的质量控制要点进行了阐述。

第四章 桥梁工程施工管理

第一节 桥梁施工管理中的质量与安全控制

社会经济的快速发展，使得人们对于桥梁建设的质量越来越关注。当前，桥梁工程的发展情况较好，并可促进我国交通运输业的发展。桥梁工程对于桥梁施工的质量要求越来越高，为此本节对桥梁施工管理的现状进行了分析，并制定了桥梁施工管理中的安全、质量控制措施，以及桥梁安全性和耐久性的完善策略，现进行具体阐述。

一、桥梁施工管理的现状分析

（一）桥梁施工管理中的环境问题

桥梁施工的过程中，会受到社会环境、自然环境的影响。自然环境，为不可抗的因素，为此只有做好相关的预防工作，才能够降低其造成的损失。自然灾害包括：泥石流、暴雨、洪水等，这些自然因素对于桥梁施工的安全会构成直接的影响，若没有提前了解当地的气象信息、水文信息，对地形进行预测，就会引发人员的伤亡，还会对施工地区的居民安全问题构成威胁。

（二）桥梁施工管理中的人为问题

施工人员，为桥梁施工的主体，为此施工人员的思想、行为，均会直接影响到工程的施工安全。桥梁实际建设的过程，比较常见突发的安全事故，产生的原因主要与施工人员没有按照具体的操作流程、规范进行施工有关。同时，工作人员对安全施工的认识不足，具体表现为：施工现场较多工作人员不佩戴安全帽，或做好相关的安全措施。以技术的层面来讲，施工人员操作水平能力不足，施工现场就会发生违规操作的现象。这和施工人员的文化水平也有一定的关系，可见桥梁施工管理工作中，还应做好施工人员综合素质的培养工作。

（三）桥梁施工管理中设备、材料的问题

建筑工程顺利施工，取决于施工材料的质量。当前，部分施工单位的采购人员为节省资金，选择了一些质量不达标的材料。桥梁建设，和公路建设质量的要求进行比较更加严格。这时，施工单位使用质量不达标的材料，就会影响到桥梁的使用安全、稳定，还会影响到桥梁的使用时间。施工设备为建设过程中不能缺少的工具，而设备的质量会对运行情况、施工质量、施工进度造成严重的影响。

二、影响桥梁施工质量与安全的因素

（一）材料因素

桥梁施工所选择的材料，是桥梁工程能否顺利完工的重要保证，好的材料能为桥梁的顺利施工奠定坚实的基础。材料选择不合理，材料质量不过关，或者不符合施工建设的要求，都会严重影响桥梁的整体质量。当前，我国部分桥梁坍塌损毁事件中，大部分都是由于桥梁建筑材料的选择不合理，桥梁设计出现偏差造成的，材料质量极大程度上影响着桥梁建设的最终安全。

（二）机械设备因素

大型机械是桥梁施工过程中不可或缺的工具，设备状况的好坏与工程最终质量的优良，有着直接的关联。设备运行得当，可有效促使桥梁工程的建设更快捷、高效，因此，在桥梁工程建设施工环节，对各项设备的使用与养护，需要同时进行，为了保障设备运行效率，必须对设备定期进行养护和维修。同时应加强人员的操作能力培训，防止出现人为损毁机器的现象。

（三）人的因素

桥梁工程的施工主体是人，包括设计人员、施工管理者和施工人员，人员的综合素质参差不齐。我国桥梁工程灾害的发生，其部分原因，来源于施工人员责任目标不明确，责任心不强，技术不到位，缺乏必要的专业技巧。项目的管理人员对工程产生的影响，是不可替代的，项目部领导需要统筹全局，提高施工队伍的整体专业素质，确保施工顺利进行。

（四）环境因素

环境对项目能否顺利开展也有重要影响，环境既包括施工地面环境，也包括气象环境，例如刮风、雨雪、雷电等天气，对桥梁工程的建设实施有着直接影响，既影响施工进度，也影响工程建设的最终质量。

三、加强施工质量及安全控制的措施

（一）加强培训、严选施工人员

桥梁建设的最终质量，是所有施工人员、技术人员等共同努力的结果。其中，施工人员是决定项目最终质量好坏的重要因素，为了保证桥梁工程能够如期完成，施工人员需要提高工作能力，积极参加岗前培训。

（二）严格控制材料质量

在建材商品的采购环节，需要严把质量关。首先，需要培养专业、负责任的采购员，提高采购员的商品鉴别水平，培养其诚信敬业的工作态度。其次，建筑材料的选择必须符合项目的施工标准和建设目的，材料必须出具具有权威效力的质量保证书，并对所选材料进行抽样检查。对于不符合要求或出现质量问题的材料，必须撤回。

（三）完善施工制度

严格按照各项规章制度办事，可以节省时间，提高工作效率，完善工作计划。在制度拟定时期，科学严谨地制定每个条例，制度一旦建立，要求每位工作人员严格执行。提高对工作人员的要求，文明施工，创造良好的工作环境，定时召开工作进展研讨会，将施工各阶段出现的问题记录下来，进行处理反馈。

（四）加强质检与验收

对桥梁所需的混凝土的质检与验收，需要符合相关法律法规和行业规定的要求，负责监理的相关工作人员，需要根据相关规定进行监督管理，不得徇私舞弊，项目承包人在进行质量检查时，监理师必须在场。对混凝土的质量检验方法，主要采取无破损检验方法，桥梁的每个钻孔，以及重要的桩，都需要做整体性检验。避免部分钻孔或桩由于灌注过程中出现故障，因此也需要进行整体性检验。在检验过程中，监理人员有权对检验结果和过程提出质疑，或者在检验过程中出现意外，监理人员可以认为，桩的质量未达到标准要求。那么监理人员需要再次要求对桩顶部分或桩全长钻取芯样，根据再次检验得出的结果，确认桩及钻孔的整体质量是否达标。若不达标，则需要将质检报告及时上报给相关负责人，停止施工，检查事故出现原因，及时解决出现的问题。

（五）强化监理程序管理

监督管理是桥梁建设工程中重要的环节。为了保证桥梁施工能够有序开展，保障工程质量，需要不断加强监督管理。根据工程需求，各单位及时制定相关安全操作规范、质量检测标准、施工工艺技术标准等，对关键技术环节进行重点监测。严把质量关，为企业树立良好的社会形象。

当前，桥梁施工管理的过程中，仍存在较多的不足。为此，应结合具体的问题进行分析，制定针对性的处理措施进行处理。桥梁施工的时候，应做好管理安全、施工质量控制工作，以便提高桥梁施工的整体质量，保证施工人员的人身安全，进而推动建筑业获得更好的发展。

第二节　桥梁施工管理养护技术及加固维修

从桥梁施工管理与质量间的关系及桥梁施工管理养护这两方面的特点进行研究，阐述了桥梁施工管理与养护的重要性，而后分析了桥梁施工过程中的遗留问题及施工管理控制方面存在的问题，叙述了桥梁养护管理工作中存在的问题，最后建议应采取有效措施遏制超载现象、对墩台基础进行加固、对混凝土结构及桥梁上部结构进行及时加固等方式，提高桥梁养护管理水平。

桥梁作为我国重要的基础设施，其能有效促进我国社会经济的发展并且为人们正常出行带来十分便利的条件。因此桥梁运行使用之后，需及时进行养护及加固处理，以保证桥梁的正常使用及延长其使用周期。目前我国桥梁养护及加固技术还处在较为单一、技术含量较低的阶段，深入探讨及总结较为科学的养护措施及加固技术，对我国桥梁整体使用性能有深远的实际意义。

一、桥梁施工管理和养护的重要性

（一）施工管理与桥梁质量间的关系

就目前我国社会经济发展速度来看，桥梁建设对于整个交通的影响非常大，范围也非常广。在社会的发展和进步过程中，对桥梁的质量要求也在逐渐提高，特别是交通流量的持续增加，对桥梁的承载力要求也越来越高。为了保证人们出行的安全性就必须要加强桥梁工程的管理，提高其管理水平。然而，当前我国桥梁工程在投入使用后的一段时间后，出现了较为严重的质量问题，严重地影响了桥梁运行安全及使用周期，因此需要对出现问题的桥梁采取有效的处理措施且加强日常养护力度，保障桥梁的正常使用。桥梁建设施工时，科学、合理的施工管理措施能切实保障桥梁的整体质量且能有效提高其安全性及稳定性。桥梁在设计的过程中，需充分考虑工程的施工管理养护工作应该包含的具体内容以及标准，这样桥梁工程在养护时就能够完全按照预定的标准进行，桥梁施工管理对于公路的养护也具有一定的强制性，同时应该保证整个运输的网络正确运行。为了能够从根本上保障桥梁施工质量，在对桥梁工程养护的过程中，应该严格执行我国的相关法律标准和规范，使得整个工程施工管理措施更加科学合理。然而我国大部分桥梁的施工管理养护还存在非常多的问题。桥梁养护时，应该严格执行以下两个方面的内容：①选择最佳的养护方法，保证其具备科学性和合理性，同时还应该具备一定的主动性；②要具备一定的时效性，保证养护过程的各个时期都应该符合相关的标准和规范。同时管理养护工作具备一定的复杂性和专业性，需要有养护经验丰富且专业素质过硬的技术人员来担任养护工作。如果养护工作需要引进先进的施工材料以及施工方法，应该确保这些新型的技术完全符合科学化的要求特点，由此可见，高素质的养护人群是确保工程质量提升的关键因素。

（二）桥梁养护管理存在的问题

1. 施工过程中遗留的问题

桥梁施工的结构存在一定的缺陷，导致整体质量下降并且桥梁基础的承受力方面较弱，导致整个浇筑过程未能达到预期的标准，再加上构造自身的质量不过关，从而造成了桥梁质量的下降，对未来的发展造成了一定的负面影响。

另一方面，临时工程存在一定的问题。脚手架、支架、塔吊在使用时应该进行临时的搭建，而现阶段工程施工时，对于这些结构的维护还存在较大的问题，使得其在使用时非常容易出现严重的质量安全事故，从根本上很难保证整个工程的安全性。

2. 施工管理控制方面存在的问题

对于桥梁工程质量影响最大的因素之一，则是施工人员，施工人员的技术以及经验是否丰富对桥梁质量的影响非常大，机械在运行过程中，不及时对其进行保养和检修，导致很难与施工的安全性达到一致。此外，材料的管控方面也存在较大的不合理情况，这些都是造成工程质量出现问题的主要原因。一般来说，管控的过程并没有严格执行一系列的安全防范措施，在梁构件预制以及浇筑的过程中，也缺乏相应的检测管理制度，并没有对这些部件进行检测，从而造成了施工质量难以控制的局面。就目前我国桥梁工程来看，由于施工管理技术的不断提高，已经从根本上改善了存在的问题，但是还有很多问题依然无法改正，需要在今后的工作中不断提升管理水平来避免这些质量问题的出现。

三、提高桥梁养护管理水平的主要措施

（一）避免出现严重超载现象

要想不断提高维修管理水平，需完善及规范监管制度，首先应该对超载现象进行全面的控制和管理，避免超载严重的车辆在桥梁上行驶。加强超载车辆的管理是防止桥梁被破坏或者防止发生交通事故的主要方法。同时，还应该对过往的车辆进行全面的评估，避免桥梁出现大规模的破损现象，以提高其整体运行的安全性。

（二）加固墩台的基础

墩台基础在加固过程中，首先应该对其基础结构进行全面的修补，当水深达到了 3m 或者是 3m 以上的时候，需要在墩台局部损坏的地方涂抹修复液；如果水深在 3m 以下时，应该使用套箱的方法进行修补，墩台基础加固处理时，应该及时地进行修补处理。墩台加固处理时，可以通过增补混凝土的方式将原基础进行扩大处理。墩台主体加固时，应该使用钢筋混凝土的结构来进行加固，并且在上、中、下三个部位进行围带布置，以实现全面加固处理，提高桥梁整体的安全性。

（三）混凝土结构的加固

混凝土结构加固时，首先需要对已经破损的混凝土表面进行全面的清理，同时在其表面重新铺设混凝土，对于损坏较大的结构来说，需要使用高射水法将破损部分清除干净，然后再选择黏结性符合要求的材料进行封涂处理。如果损坏程度不高，则使用人工方法进行清除；如果是大面积的破损，或者是钢筋已经腐蚀了，应该将破损部分清除，然后将锈蚀的钢筋去除掉。清除完成后涂抹黏接剂，如果存在较深的破坏区域，混凝土结构加固施工如图 1 所示。此外，应该使用人工的方式清理干净，然后使用水进行清洗，清洗完成后再进行必要的修补施工。

（四）桥梁上部结构的加固

桥梁结构加固的过程中，如果墩台的稳定性和承载力都比较好，一般可以通过设置纵梁的结构来提高整体的承载能力，同时应该加强养护并且将发生破损的区域清理干净，使用新混凝土进行必要的填补处理，防止进一步的恶化。

总而言之，在经济飞速发展的背景之下，无形中对桥梁建设的质量要求也就越来越高，对于桥梁的维护和管理就成了公路桥梁日常使用中必不可少的一部分。提高公路桥梁施工管理水平，积极做好养护和管理工作，使用过程中定期进行综合性的评估，及时修补桥梁损坏的部位，将维护成本降到最低，运用科学的方法进行质量管理与控制，从而有效保障桥梁的稳定性及延长其使用周期。

第三节　大体积混凝土桥梁施工管理

针对大体积混凝土工程施工过程，对工程质量影响较大且较为常见的几种问题进行有针对性的管理方法研究，并提出优化大体积混凝土桥梁施工的管理方法，希望能够对相关从业者提供帮助。

桥梁建设工程作为我国交通基础设施建设的一项重要内容，尤其是针对一些大体积混凝土桥梁建设，对施工标准具有更高的要求，混凝土桥梁施工管理方法也面临较大的挑战。现阶段，我国的钢筋混凝土桥梁工程施工过程中受到各类因素的影响和制约，致使大体积混凝土桥梁施工质量无法得到有效控制，工程质量控制难度较大。而混凝土桥梁施工管理方法作为工程质量的重要保障和基础，如果管理工作无法发挥出实际作用，就会造成桥梁工程质量的下降。在我国经济飞速发展的宏观背景下，大体积混凝土桥梁工程开始受到社会各界的广泛关注，而对大体积混凝土桥梁施工管理的方法也展开了全新的研究和探索，由于大体积混凝土桥梁施工过程中对浇筑的要求较高，因此施工管理工作必须发挥出实际效益。

一、大体积混凝土桥梁施工质量问题

（一）大体积混凝土桥梁施工特征以及安全隐患

由于大体积混凝土桥梁工程在施工过程中涉及的层面较广，因此在对各项外界影响因素进行管理过程中，常出现由于某一部分的管理不当影响到整个桥梁工程质量的情况。由于混凝土施工过程中安全隐患较多，且较为突出，因此大体积混凝土桥梁施工过程中，由于涉及的层面较广，程序较多，而且技术工种以及施工分配较为混乱，因此，大体积混凝土桥梁施工的安全风险也较大，同时也为桥梁施工管理工作加大了难度。有的施工单位为了节省成本开支，雇佣廉价劳动力，甚至一些员工没有受过专门的技术培训，不具备基本的技术理念以及专业能力，并不具备混凝土桥梁施工安全的意识，致使施工人员安全意识薄弱，缺乏技术能力，为大体积混凝土桥梁的施工埋下安全隐患，同时也会威胁到施工工人们的生命财产安全。除此之外，大体积混凝土桥梁施工过程中，由于桥梁工程施工方式以及评估要求的不同，对隐蔽施工内容的检查就会存在差异，如果无法对这种差异进行有效的管理和控制，则会影响到大体积混凝土桥梁建设的质量安全。

（二）我国大体积混凝土桥梁施工过程中的质量问题

大体积混凝土桥梁施工情况复杂，且施工周期性较长，涉及的工种较多，因此，在对大体积混凝土桥梁进行施工管理过程中常会受到各种因素的影响，极易出现工程事故。现阶段，我国大体积混凝土桥梁施工质量管理工作中的首要问题就是施工裂缝问题。混凝土材料在进行浇筑时，由于受到环境等因素的影响，致使桥梁工程常会出现施工裂缝。通常情况下，这些施工裂缝常出现在桥梁的主体和表面，且形状不规则。如果不能够对大体积桥梁工程的施工裂缝进行有效解决，就会严重影响到整个桥梁工程的质量。而产生施工裂缝的首要原因就是桥梁施工的材料。在对大体积混凝土桥梁工程进行选料时，如果没有对集料级配进行合理管理，采用不合规范的原材料，或者在对原材料进行处理时没有合理使用外加剂，就会造成大体积混凝土施工材料不符合规范，工程施工后期容易出现裂痕。而在施工过程中，混凝土的配比失误，将会影响到混凝土的密实度，加之后期的养护工作马虎大意，造成大体积混凝土桥梁施工完成后，表面出现裂缝，严重影响桥梁工程的质量。而大体积混凝土施工过程中，由于桥梁工程本身体积较大，如果出现麻面问题，会对整个桥梁工程产生非常不利的影响。混凝土表面出现漏浆或者缺浆的情况，会造成麻点表面的质量问题。除了混凝土表面的漏、缺浆情况会造成麻点质量问题，在混凝土桥梁施工时，如果模板的表面光滑度不够，也很容易出现麻点质量问题。模板安装工作进行中，若两端存在缝隙，则会造成混凝土表面的漏浆，便无法保证混凝土表面的光滑平整。在混凝土振捣工作中，相关操作人员没有按照施工标准进行振捣，致使混凝土内部存在气泡，也会形成表面的麻面问题。而一些大体积混凝土桥梁施工过程中，在进行混凝土浇筑工作时没有对其进行完好的浇筑和检查，在钢筋保护层出现了滑动的情况，致使垫块松动，造成的钢筋紧贴模板外露问题也会影响大体积混凝土桥梁的施工质量。

二、大体积混凝土桥梁施工管理措施

想要保证大体积混凝土桥梁施工质量，就应对其展开具有针对性的桥梁工程施工管理工作。应充分结合工程实际情况，并根据桥梁工程对于质量的详细要求，加强对桥梁工程施工的管理力度。转变传统的管理观念，在大体积混凝土桥梁施工管理工作中，应结合时代发展需求，引进先进的管理技术，应用现代化的管理手段，将现代桥梁建设需求与管理方法紧密结合，遵循和依照安全第一的施工原则，秉持工程质量为本的施工理念，多方面、多角度地对混凝土桥梁施工过程进行严格管理。由于大体积混凝土桥梁施工周期较长，因此，在施工前应充分了解施工情况以及施工标准，制定大体积混凝土桥梁施工计划，并加强管理人员的安全意识。由于桥梁工程中常见的缝隙问题严重影响到桥梁建设质量，因此，应加强对混凝土的管理。大体积混凝土桥梁施工过程中，混凝土作为主要材料，必须进行强化管理。对于涉及混凝土材料的桥梁施工工作，应保质保量地进行材料配置，科学进行混凝土材料配比。为防止出现钢筋外露情况，管理人员还需对钢筋混凝土的结构进行严格管理，重视对混凝土结构的合理构造。在实施过程中，应加强对结构设计质量的控制，并严格依照图纸进行施工，一旦发现问题，应及时进行研究讨论，从而实现对混凝土桥梁整体工程构造的严格把控。桥梁工程施工过程中，影响其施工质量的重要原因是施工人员的专业素质。因此，应加强对桥梁工程施工人员的管理。对于参与施工的工作人员应进行严格的筛选，不应雇佣资质较差、专业水平以及专业素质较低的员工，防止出现不规范操作等情况。应明确施工人员的安全意识，相关建筑工程企业可对内部员工展开培训，通过学习的方式提高施工人员的专业水平。

大体积混凝土桥梁工程的质量管理，应结合桥梁施工的实际情况，进行具有针对性的措施。首先，是对施工裂缝质量的管理措施。大体积混凝土工程施工过程中，混凝土表面的裂缝问题最为常见，对工程质量的影响也最大，因此必须进行有效合理的控制。想要对混凝土表面的裂缝进行有效控制，就应在原材料的选购上进行严格把控，根据工程质量标准选择最为合适的水泥品种，在施工过程中，操作人员应严格按照标准进行配比，并做好相关的指导工作。在进行混凝土振捣工作时，最好采用机械振捣的方式进行混凝土振捣，这一环节必须将混凝土内部的气泡全部排出，待混凝土浇筑完成后，应对其进行充分的养护工作，防止因为温度造成的混凝土裂缝。在进行脱模处理时应注意对周边温度的控制，防止因为温差过大造成的缝隙。而对施工麻面的质量管理，则应对模板进行保养，保持表面清洁，当模板中存在空隙时，应采用油毡纸将其堵严，保证表面光滑无砂石，如果模板表面存在细小颗粒，可利用砂纸对其进行打磨，直至表面光滑为止。对于桥梁工程的管理人员，应不断提升自身的专业技能，学习国内外先进的管理技术，并应用于实际工程施工管理中，保证管理工作能够发挥出实际效益。

综上所述，由于大体积混凝土桥梁施工过程中存在诸多不安全因素，这些因素一旦受到影响，就很容易造成大体积混凝土桥梁施工失误，这些施工失误问题不仅会严重影响到桥梁工程的质量，更会为大体积混凝土桥梁建设完成后的使用埋下严重的安全隐患。而大体积混凝土桥梁施工涉及层面较广，一旦出现问题便会产生连锁反应。因此，必须对大体积混凝土桥梁施工进行严格管理，并及时发现问题，解决问题，防止因混凝土桥梁施工管理不当造成桥梁安全事故。应综合考虑施工过程中各项因素的影响，采取科学合理的管理手段，全方位的保障桥梁施工的质量。

第四节　高速公路工程桥梁施工管理分析

桥梁施工项目是高速公路建设过程中的重要组成部分，也是高速公路工程建设的难点和重点，直接关系着整体高速公路建设水平和建设质量。在施工过程中必须要加强对高速公路工程施工管理与控制，明确施工期间的影响因素和不良条件，保证高速公路桥梁建设能够合理平稳的进行。本节主要针对当前中国高速公路桥梁工程施工管理的相关问题进行探究，指出具体的优化方式与途径，希望能够全面提升高速公路桥梁工程施工管理水平，保证桥梁施工效率。

随着科学技术的飞速发展，尤其是建设工程技术的迅猛进步，中国高速公路建设项目逐渐增多，建设水平越来越高。但从目前来看，高速公路桥梁建设施工管理过程仍然存在一定的问题，严重影响高速公路运行的安全性和稳定性，公路桥梁的承载能力难以满足车流量的需求，存在较大的安全隐患，影响车辆的顺利通行。因此，必须要加强对高速公路桥梁施工的管理与控制，加强对施工质量的监管，将安全隐患控制到源头，保证桥梁施工的质量。

一、高速公路桥梁施工技术要点

（一）放样

首先，工作人员在开展高速公路桥梁施工建设之前，需要对现场的环境条件进行系统全面的监测，明确施工过程中可能存在的影响因素，并通过合理的措施有效规避，做好施工现场的准备工作。在对现场情况进行全面掌控之后，工作人员需要根据设计图纸的需求测量水准点和控制点，并做好场地整平处理工作，保持场地的清洁度。利用水准仪或全站仪进行施工放样，布置好施工控制网，要求放样的精度能够满足施工图纸的需求。其次，在进行桥梁施工工程测量放样的过程中，还需要采取多种放样技术手段在桥墩处准确放样，精密测量长度，确定轴线边线位置标高，保证后续施工项目能够顺利稳定地开展。

（二）钢筋施工

钢筋施工是桥梁工程项目建设的关键环节，直接关系着整体桥梁建设水平和承载能力。在桥梁建设期间，必须要加强对桥梁钢筋施工步骤的质量监管控制，严格按照施工标准和施工规范开展钢筋作业，并加强对各个施工环节的技术要点的控制。工作人员要结合钢筋原材料的规格、品种以及性能进行统一的加工和组装，要求钢筋的焊接、调直、弯曲、绑扎都能够符合施工规范的要求，并严格控制各项施工工艺，使得钢筋成型效果能够满足高速公路工程项目的运行需求。工作人员在加工制作完成钢筋半成品之后，需要进行统一的堆放和编号，做好钢筋储存空间的控制与管理，避免出现钢筋长期不使用而受潮腐蚀的现象，保证钢筋的应用强度。在进行钢筋绑扎时，需要错开墩柱焊接头，要求接头钢筋面积需要小于总面积的四分之一，钢筋接头在绑扎时需要保持四角错开的状态并预留一定的弯钩长度，使桥梁建设项目能够满足设计需求和抗震性要求，保证桥梁可以长期稳定地运行。

（三）困难条件下的施工

高速公路桥梁建设通常体量较大，持续时间较长，涉及的工艺较多，在施工过程中难免会遇到各种各样的问题从而影响工程的顺利开展。其中恶劣气候条件以及不良地质环境都是常见的高速公路桥梁建设中比较困难的施工环境，桥梁施工建设难免会遇到软土地基的问题，如果没有对软土地基进行有效的加固和处理，容易造成地基沉降和变形的问题，从而影响桥梁的使用寿命和使用安全性。因此，在施工过程中必须要加强施工管理活动，采用科学有效的技术手段进行施工作业，保证工程项目建设水平，加强对施工过程和施工工艺应用的监督管理，及时发现施工期间存在的问题，并作好相关不良情况的预案以及控制，使得工程项目能够顺利稳定地开展。另外，工作人员要结合当地的气候特点、地势条件和自然灾害发生概率，做好恶劣天气以及地震、滑坡、泥石流等自然灾害的预防措施，避免施工过程中出现人员伤亡，确保施工的安全性和可靠性。

（四）模板安装

模板安装是工程项目建设的关键环节，工作人员需要结合现场施工条件和工况要求，合理选择模板进行安装，严格按照预设的工序进行，先安装底模，再安装侧模，最后安装顶膜。模板安装完成之后，工作人员需要严格检测模板的稳定度，并预留一定的宽度，保证施工安装的平整度能够满足建设要求。

二、高速公路工程桥梁施工管理的问题

（一）缺乏系统科学的施工管理设计

从当前高速公路桥梁项目建设情况来看，普遍缺乏系统有效的施工管理设计工作，施工管理设计缺乏规范性与科学性，难以满足项目建设施工管理的需求。高速公路桥梁施工设计内容包括施工计划的编制以及施工方案的确定，但项目具体实施阶段缺乏全面合理的标准进行施工设计内容控制，容易造成后续施工过程混乱问题，引起施工管理无序状态，影响整体施工功能的有效发挥。

（二）缺乏专业高水平的人员

高速公路桥梁建设项目通常体量较大，技术含量较高，要求技术人员和管理人员具备专业可靠的知识与技巧，能够有效开展高速公路桥梁工程的施工管理工作。但从目前很多工程施工人员和管理人员的现状来看，工作人员缺乏系统科学的专业知识与熟练的技巧，不熟悉各项新材料和新工艺的使用与建设。严重缺乏高水平的人才，从而影响项目开展的实际效果。

（三）安全问题严峻

由于高速公路桥梁施工管理不到位，监督管理措施空白，导致桥梁建筑面临的安全问题比较严峻，桥梁建设使用效果难以满足国家和相关行业的规定要求，影响高速公路工程桥梁建设质量。同时，施工单位缺乏有效的造价管理与控制，施工过程管理随意性强，材料和机械设备浪费严重，影响施工单位的经济效益。有的施工单位为了获得最大的经济利益，而忽略了在施工过程中的安全控制与质量管理活动，在施工之前也没有对相应的参与施工的员工进行合理科学的培训，施工人员缺乏安全操作意识，没有严格按照施工规范和流程开展施工作业，容易出现各种各样的问题从而影响施工项目的顺利开展，导致高速公路桥梁建设过程中存在较大的安全隐患，易引起安全事故，影响施工人员的生命和财产安全。其次，工程施工过程中管理方法和管理措施缺乏，难以保证施工管理活动作用的发挥。施工过程中违反纪律和违规操作的行为屡禁不止，很多不符合安全要求生产的生产设备应

用在工程建设过程中，导致工程风险因素较多，面临的风险问题较大，严重影响材料工程的建设质量。

四、高速公路工程桥梁管理相关对策

（一）加强施工人员的管理

施工人员的专业素养和技能水平直接关系着公路桥梁项目建设效果和建设质量。在公路桥梁工程建设过程中，必须要加强对施工人员的管理培训，要求施工人员掌握必备的施工技能和施工方法，规范施工人员的行为，使得施工能够按照图纸要求和相应规划合理开展。在公路桥梁建设期间，桥梁铺装层的施工质量直接关系着整体的建设效率和建设水平，施工人员是导致桥梁铺装层事故问题的关键因素，所以，必须要加强对施工人员的控制，工作人员要严格按照桥梁铺装层的厚度和形状的要求，合理选择铺装层，避免铺装层发生开裂情况。并要求铺装层的材料具有良好的防水性能，通过添加辅装层有效解决铺装层损坏的问题，延长铺装层的使用寿命。同时，工作人员还需要结合公路桥梁的具体环境以及建设特点，采取合理的防护方法和措施，提高施工人员的专业技术水平和综合素养，保证公路桥梁铺装层防护到位，使得高速公路桥梁能够正常投入运行。

（二）做好钢筋防腐施工作

钢筋腐蚀问题是高速公路桥梁施工项目建设过程中的常见问题，严重影响高速公路工程的强度和承载力，工作人员首先需要加强对桥梁钢筋的养护与管理，树立正确的桥梁钢筋养护意识。在钢筋表面进行防腐涂层的涂抹以避免钢筋受到除冰剂、酸雨等的腐蚀，使得钢筋能够保持良好的性能状态。其次，在钢筋运输、储存和安装的过程中，工作人员还需要严格控制涂层材料的质量，定时观察和检测涂层材料的状态以及性能，避免材料运输与使用过程中出现涂层材料的损伤，延长钢筋的使用寿命。结合钢筋腐蚀的相关特点，可以采取一定的电化学防护的措施避免钢筋的锈蚀。

（三）做好环境保护措施

高速公路桥梁项目建设施工环境为露天环境，具有一定的复杂性和多变性。在施工过程中难免会对周围的生态环境产生一定的影响，所以工作人员在项目开展之前，要对当地的具体环境条件进行全面的考察与勘测，包括解桥梁地段的地形地貌和地质情况，附近的植被覆盖和建筑物等。在施工计划制定和实施期间，要充分考虑对周围环境的影响，并对施工地段的环境进行动态监测和分析处理，尽可能地避免高速公路桥梁施工对周围环境造成的破坏，使得桥梁工程项目能够安全稳定地开展。

综上所述，桥梁施工建设水平直接关系着高速公路工程的建设效果，是中国重要的基础设施建设项目之一。本节主要针对高速公路工程桥梁施工的技术要点进行探究，指出当前高速公路桥梁建设过程中存在的问题，并提出了相关的解决对策，希望能够贯彻落实科学系统的桥梁工程项目建设管理方针，通过加强对施工过程的控制与管理，提高桥梁工程建设质量，促进中国高速公路建设可持续发展。

第五节　桥梁施工管理要点

桥梁项目施工建设，是当前我国道路桥梁施工的主要构成要素，对经济发展具有巨大的影响。以当前桥梁施工管理工作开展的情况为基础，结合近年来的工作经验以及先进管理理念，提出如何对桥梁施工管理工作进行优化，促进桥梁施工管理更好的发展。

一、对桥梁施工管理产生影响的因素

（一）人为因素的影响

人为因素是影响力最大的一种因素，同时也是最难解决的一种负面影响要素。人的因素主要包含项目领导者管理能力、管理素质、项目施工人员技术水平以及施工人员个人综合素质等，这些因素都会对工程项目施工管理质量产生影响。

（二）外界物质的影响

桥梁项目施工离不开物质的支持，不论是材料因素还是项目施工机械因素，都会对桥梁施工管理工作质量产生影响。材料是桥梁工程项目建设物质基础，而材料质量好坏也会直接影响到工程项目施工质量以及工程项目施工安全性。从近年来的发展情况来看，国内经常出现一些因为项目施工材料质量不达标，导致工程项目整体施工质量不合格的情况。部分项目施工企业为了最大化的提升自身经济效益，会使用一些并不达标的项目施工材料，导致出现各种形式的工程施工质量问题。

二、提升桥梁工程项目施工管理质量的措施

（一）完善规章制度

只有保证规章制度切实可行，才能从根本上提升项目施工管理质量。相关工作人员也应当严格按照规章程序办事，提升问题处理效率，保证工作质量。首先，项目正式开始建设之前，要先对图纸的内容进行多方面会审，并让各个部门都熟悉图纸，让项目施工队伍对图纸的设计意图进行交底，保证项目施工方案交底以及项目施工质量标准交底工作的正

常进行，并明确不同项目施工环节需要关注的问题。其次，还要严格的拟定安全施工项目技术规范标准，如《安全文明施工管理及措施》《建筑施工高处作业安全技术规范》《建筑施工扣件式钢管脚手架安全技术规范》《施工现场临时用电安全技术规范》等。

（二）构建安全生产责任制

首先要保证桥梁项目施工质量，并构建适合各个层次以及各个岗位的安全生产工作责任制，保证岗位职责明确，并且奖罚要分明。按照工程项目建设的实际情况来构建适合项目的层次，并且还要明确不同管理体系以及不同项目管理工作制度的内容。在技术管理体系方面，应当将主要的工作内容集中到技防方面，将其作为安全管理制度的核心。其次，要多关注行政管理工作体系，拟定人防措施，并将人防作为重要的安全管理工作制度，提升管理体系的科学性。将物防与人防相互结合，提升制度的可行性，使其对项目施工安全进行指导，提升项目建设的规范性，并为奖惩提供依据。

（三）对建筑材料以及设备质量进行监控

1. 监控项目建设材料质量

企业的高层领导人员应当选择事业心强、诚实守信、而且具有一定专业知识基础的人来采购各种项目建设材料，并提升其政治素质以及材料鉴别能力。在对材料进行选择时，要始终秉承质量优先原则，尽量选择好的项目施工材料。还要分别从进货、验收以及保管等多个方面出发，保证材料质量。当材料进场时，工作人员要严格地按照相关设计要求，对各种进入场地的材料进行检测。还要检查这些施工材料是否有保质书，如果保质书不全，可以拒绝使用。项目的承包人要自行对项目建设原材料质量进行检验，并且项目监理试验工程师还要定期对其进行抽检。针对一些比较特殊的材料，要定期检查这些材料的性能指标。如果项目建设所在地的临时实验室不能完成试验，则监理方和承包方要同时取样，并将这些材料运输到有相关资质的试验单位或者是检测单位，对材料进行检验。

2. 项目施工机械设备安全性控制

从目前项目施工开展的情况来看，为了从根本上减少项目建设机械设备出现安全事故的概率，相关工作人员必须要先做好机械设备养护以及机械设备维护等工作，从根本上减少设备的磨损率。而且工作人员要在每天正式开始工作之前，先对设备进行检查，排除安全隐患。针对施工过程中能耗比较高、功率低并且对周围环境影响比较严重的机械设备，必须淘汰。

3. 对工作人员进行培训

工作人员的个人综合素质以及工作技能的掌握情况，对桥梁工程项目施工管理的影响十分明显。项目施工人员是影响工程项目施工质量最关键的要素之一，所以想要从根本上提升项目施工质量，就必须要对项目施工人员以及项目管理人员进行培训，并提升其个人综合素质。要先对项目施工人员进行思想层面的教育，使其树立质量第一，预防为主，为用户服务的个人工作意识，提升其观念，保证项目施工质量。

（四）项目施工现场环境控制

1. 项目施工现场采光照明

项目施工现场的采光照明工作，是保证项目施工正常进行的基础环节。采光照明对人员的影响较大，不仅会影响到项目的施工进度，同时还会影响人员工作舒适性。如果在强光下工作，要佩戴墨镜。

2. 告示牌设置

为了提升安全管理质量，避免出现各种事故，项目管理者可以在施工现场设置一些比较鲜艳的安全标语，利用这些标语时刻提醒相关工作人员注意施工安全。为了最大程度的规避掉项目施工现场的安全事故，必须保证场地的平整性，并且还要保证机械设备安置的稳定性，为项目建设创造良好的工作环境。

（五）提升桥梁施工质量监督管理强度

提升质量监督管理工作强度，是达到预定目标的手段之一。要按照工程项目施工质量检验标准、质量检验内容以及质量检验手段等，对不同的项目施工材料、项目施工结构等进行检验，并监督施工工艺。要严格地按照项目建设中不同的检验程序，对项目施工环节进行检验。不论是在项目管理制度方面、项目施工工艺方面或者是项目规定方面，都必须严格要求，保证所有工序施工质量。如果在检查过程中发现存在问题，可以停工、返工，直至项目建设质量满足要求为止。

桥梁建设是促进我国经济发展的关键环节，同时也是方便人们日常出行的一项惠民工程。上文以当前国内桥梁项目施工管理工作开展的情况为基础，分别从多个方面论述了应当如何优化桥梁项目施工管理，提升管理质量。

第六节　精益思想在桥梁施工管理的应用

首先介绍精益思想的概念及作用，用以指出桥梁施工管理的不足，然后就如何应用精益思想开展桥梁施工管理提出相应对策，精益思想主要包括推行"5S"管理方法、严格进度管理、规范管理流程、创新管理理念、重视现代信息技术应用等内容。应用精益思想可以有效提升管理工作水平和桥梁施工单位的竞争力，确保桥梁工程建设的质量和效益，也为项目工程有效运行创造良好条件。

随着经济社会发展和各地联系增强，桥梁工程建设数量越来越多。同时，为促进桥梁工程质量和效益提升，采取有效措施加强施工管理是必要的。传统管理活动中，主要采取措施加强施工质量、安全、进度和成本管理。尽管这对项目工程建设产生重要影响，但现有管理方式比较落后，桥梁施工管理的理念创新不足，未能有效适应桥梁项目工程建设和施工管理具体需要。为弥补这些不足，创新管理理念是必要的。精益思想的提出，不仅是管理理念的创新与发展，同时对桥梁施工管理也产生重要影响，有利于提高桥梁工程建设质量和效益，因而其应用也变得越来越广泛。

一、精益思想的概念及作用

作为一种重要的管理理念，精益思想的提出，不仅是管理理念的创新，对提高管理工作水平也产生积极影响，其应用也变得越来越广泛。

（一）精益思想的概念

精益思想是一种先进的管理理念，它的核心思想是杜绝浪费、提高管理工作实效性。该理念与我国建设资源节约型、环境友好型社会的要求相一致。在管理工作中发挥精益思想的指导作用，对创新管理思想观念，降低成本，提高管理工作实效性具有重要作用。

（二）精益思想的作用

桥梁施工中，采取措施加强施工管理是必要的。而落实精益思想，将其有效应用到管理活动当中，建立标准化管理模式，不仅能推动桥梁施工管理的制度化与规范化，还能节约资源能源，降低施工成本，使其符合可持续发展理念，对创新桥梁管理方式，提高管理工作实效性具有重要作用。精益思想还将桥梁施工管理的原则、方法、技术与工具进行优化整合，实现管理的流程化与规范化，减少各环节的资源浪费，进而有利于节约成本，降低资源能源消耗。同时，精益思想还注重加强质量、安全、成本与进度控制，有效规范每个施工环节，对提高项目施工管理水平具有重要意义。

二、桥梁施工管理存在的不足

尽管落实精益思想，加强桥梁施工管理具有重要作用。但目前在桥梁工程建设中，由于管理制度没有严格落实，一些管理人员责任心不强，这大大制约管理工作水平提高。桥梁施工管理存在的不足表现在以下几点。

（一）桥梁施工现场管理混乱

桥梁施工现场是人力、物力和信息资源汇集的地方。因此，加强施工现场管理对推动施工顺利进行，降低资源能源消耗，节约成本具有重要作用。然而在管理活动中，一些施工单位未能严格执行管理规章制度，施工现场秩序混乱，存在脏、乱、差等现象，不符合安全文明施工理念。常见问题表现为：施工现场垃圾处理不到位、机械设备不美观、堆放秩序混乱，而且一些施工人员责任心不强，不仅难以保证现场施工管理水平提高，还制约桥梁工程建设效益提升。

（二）桥梁施工成本管理不足

成本管理是桥梁施工管理的重要组成部分，也是施工单位应该重点关注的内容。作为施工人员，应该加强成本预算，建立完善的成本控制体系，严格成本预算，降低材料费、机械费和人工费，进而促进桥梁施工效益提高。但目前成本管理不足，资金使用存在浪费现象，未能严格执行成本管理及控制措施。导致整个桥梁施工过程中，管理人员不仅难以掌握资金使用情况，对桥梁工程建设也产生不利影响。

（三）桥梁施工进度管理不足

例如，桥梁施工管理中，由于未能落实精益思想，施工方案设计不到位，对桥梁工程施工缺乏科学合理设计，难以有效指导后续施工。事实上，桥梁工程建设中，由于设计流程不合理、不规范，施工中出现设计变更现象，需要变更和完善施工方案。当发生这种情况时，很容易导致延误工期的情况发生。此外，施工进度管理不到位，比如为按时完成施工任务，施工单位为了赶工期，往往会增加人力、物力和财力投入，容易导致成本增加。总之，这些情况的发生，与精益思想的要求不相符合，也不利于提高桥梁施工管理水平，需要采取改进和完善措施。

三、精益思想在桥梁施工管理的应用对策

整个桥梁工程建设中，为提高项目工程质量和管理工作水平，根据桥梁施工管理存在的不足，结合精益思想的要求，可以采取以下管理对策。

（一）推行"5S"管理方法

"5S"管理方法是一种现代管理方式，具体内容包括整理、整顿、清扫、清洁与素养五个部分的内容。该方法符合精益思想的要求，将其用于桥梁施工管理中，有利于确保施工现场秩序良好，降低不必要的损失，促进项目工程管理水平提升。整理是指对施工现场有无使用价值的物品进行分类，对可以循环使用的物品进行加工和再利用，从而防止资源浪费，促进资源利用效率提高；整顿是指合理安排施工材料、机械设备，确保桥梁施工现场秩序良好，并做好标识工作，方便施工人员开展各项活动；清扫是指在桥梁工程施工中，应该安排专门工作人员将垃圾、杂物、污迹等清理干净，保证施工现场干净整洁；清洁是指对施工机械设备、施工材料、施工现场进行清扫，确保施工现场清洁，并推动各项活动

的制度化与规范化，提高管理工作水平；素养是指要提高施工人员的综合素质，遵循工艺流程施工，规范现场施工秩序，降低设备故障的发生率，规范材料存放和领取，为提高桥梁管理工作水平，推动施工顺利进行奠定基础。

（二）严格施工进度管理

制定合理的施工进度计划，规范施工管理活动，把握施工技术要点，科学安排施工机械设备、材料和施工人员，使之形成合力，更为有效地开展项目施工。根据精益思想的要求，落实生产及时制，将准时施工作为重要目标和追求。同时，严格控制每道工序质量，确保顺利完成施工任务。

（三）规范施工管理流程

遵循精益思想的要求，结合桥梁现场施工需要，构建无间断操作流程，并合理配置施工人员、材料和机械设备。推动桥梁施工各道工序顺利进行，落实桥梁施工管理规章制度，严格落实工期目标和施工计划，节约成本，提高桥梁施工效益。

（四）创新施工管理理念

面对新形势和新挑战，桥梁管理人员应该创新施工管理理念，与时俱进，更新思想，注重新的管理方式应用。在桥梁施工管理中要融入精益思想，对每道工序，施工每个阶段都开展有效管理，减少材料和人力资源浪费，促进桥梁施工管理水平提升。

（五）推行精准施工流程管理

为减少桥梁施工浪费，管理中引入精益思想是必要的。这样有利于充分利用各种资源，减少浪费，提高资源能源利用效率。推动精准施工流程，落实标准化施工和管理理念，让不同工序和工种实现无缝对接，确保桥梁施工连续、顺利进行。这样不仅有利于保证工期，还有利于提升工程质量。

（六）管理过程中落实精益思想

桥梁施工管理中落实精益思想，加强施工材料管理，确保材料质量合格。加强桥墩、桥面、混凝土工程、钢筋工程施工监控，重视沉降观测和控制。进而防止返工现象发生，避免资金和人力资源浪费，有利于节约成本，提高管理工作水平。

（七）重视现代信息技术的应用

利用计算机、互联网、视频技术、无线技术等，建立健全的管理系统，并录入详细的数据信息，全面掌握桥梁施工基本情况，有利于落实各项管理措施。加强桥梁施工现场监测，严格控制沉降现象，避免返工和出现不必要的损失，保证工程质量。

整个桥梁施工管理过程中，为实现对工程质量的严格控制，提高管理水平，落实精益思想是必要的。作为管理人员和管理单位，应该加强精益思想的学习，掌握管理工作的具体要求。然后根据桥梁工程建设基本情况，创新管理理念，制定有效的管理措施，将精益思想落实到桥梁施工管理活动当中。从而有效提高管理工作水平和桥梁施工单位的竞争力，确保桥梁工程建设的质量和效益，也为项目工程有效运行创造良好条件。

第五章 高速公路桥梁施工管理

第一节 高速公路桥梁施工管理的问题及解决措施

高速公路桥梁建设在一定程度上影响着区域经济的发展，同时改变着人们的生活方式，提升人们的生活品质。但目前各种高速公路桥梁施工事故频发，这就需要加强高速公路桥梁施工管理，因此本节分析高速公路桥梁施工管理的作用，了解高速公路桥梁施工管理所存在的问题，并提出相应的解决措施，从而提升高速公路桥梁施工管理施工管理水平。

一、高速公路桥梁施工管理中存在的问题

（一）施工管理意识薄弱，施工管理流于形式

在高速公路桥梁施工过程中，很多施工管理人员都缺乏一定的施工管理意识，首先表现就在于施工管理人员对物料管理、工程质量、工程安全及工程进度缺乏一定的重视，导致在施工过程中出现种种的纰漏，不利于高速公路桥梁施工建设的安全性及其质量，不利于工程进度的掌控。其次是高速公路桥梁施工管理制度建设不完善，其中主要包括施工管理人员配备不符合工程实际情况，施工管理人员在具体的工作中存在着权责不分的情况，从而导致施工人员在施工过程中没有切实的履行职责，使得高速公路桥梁施工管理过程遭遇重重波折。

（二）混凝土及钢筋等施工材料问题，施工材料管理不合格

为了追求经济利益最大化，很多高速公路桥梁施工管理人员在施工材料采购之上倾向于采购较为低廉的施工材料，同时有些施工人员对原材料的保养维护及其配比之上存在着问题，这就导致施工材料成为造成施工安全隐患。其中混凝土所造成的裂缝问题，及钢筋材料造成的腐蚀问题，在施工材料中最为突出。首先是混凝土，由于混凝土本身问题，导致混凝土产生水化反应，再加上内外温差较大，致使高速公路桥梁出现裂缝；此外由于施工人员在进行混凝土配比之时，没有依据高速公路桥梁施工工程实际情况进行配比，而单纯地依靠经验来操作，也容易使高速公路桥梁出现裂缝问题。其次是钢筋，除了采购人员

采购较为劣质的钢筋材料导致腐蚀之外，很多施工队伍在采购完钢筋之后没有对钢筋材料进行防腐蚀保护，从而在遭受雨雪天气时，钢筋材料较容易出现腐蚀情况，继而影响钢筋寿命。

（三）施工过程安全性问题，且存在施工进度质量问题

在高速公路桥梁施工过程中，由于施工管理者安全意识薄弱，再加上现场施工人员众多，如果没有一套完善的人员管理措施，势必会造成施工现场的混乱，继而影响施工顺利开展，严重的还会造成安全事故，因而施工现场安全管理十分重要。

二、高速公路桥梁施工管理中存在的问题的解决措施

（一）强化施工管理意识，建立完善的高速公路桥梁施工管理制度

目前在很多高速公路桥梁施工队伍管理者，其施工管理意识不强，施工管理流于形式，这就为诸多高速公路桥梁施工埋下了隐患，使施工不能顺利进行，严重影响工程质量及工期进度。因而作为施工队伍管理者，应提升施工管理意识，在物料采购及管理、工程质量、工程安全及进度之上多下功夫，从而使物料采购符合要求、保证工程安全、保障工程质量及进度。除此之外，还需要建立完善的高速公路桥梁施工管理制度，也就是需要完善工地人员设置，合理划分工地各部分权责，建立合理的奖惩机制及激励机制，从而提升各部门人员责任意识，提高工地人员工作积极性，促使施工顺利进行。

（二）落实采购环节规范性，加强施工材料管理

混凝土及钢筋是高速公路桥梁施工中的重要建筑材料，一旦混凝土及钢筋材料出现了问题，就会影响整体的高速公路桥梁工程质量。而目前很多高速公路桥梁出现裂缝或结构性差的问题，都与这两样建筑材料息息相关。而造成工程质量问题的原因，一是在于采购价钱较为低廉的施工材料，二是在于施工人员管理维护及配比操作等方面经验缺失，因而为了避免因为施工材料问题造成的工程质量问题，就需要从以下方面入手，即：加强施工材料采购环节的规范性，在注重施工材料质量的前提下保证施工材料价格低廉，从而落实施工材料成本管理，保证施工材料性价比；加强施工材料的维护工作，比如钢筋材料，需要做好防腐蚀工作，从而避免出现由于管理维护不当而造成的原材料质量下降；在配比混凝土等原材料时，不能一味按照经验进行配比，还需要考虑到高速公路桥梁工程的差异性，以及天气及环境的多变性，结合各个工序对混凝土的要求，同时还需要完善混凝土搅拌技术，从而使混凝土配比更为科学合理，避免出现裂缝现象。

（三）重视施工过程的安全管理，加强施工质量管理及进度管理

高速公路桥梁施工现场人员过于复杂，必须得注重施工现场的安全管理，比如定期在

施工现场开展安全培训讲座，在施工现场设置安全警示标志等。这是由于科学的人员管理有助于使工程顺利进行，有助于提升工程整体进度，有助于避免意外事故，有助于保障人员安全。除此之外，施工质量管理及安全管理也尤为重要。落实施工质量管理，就需要选择合适的施工方法及施工工艺，确保施工的经济性及适用性；在施工过程中，应注重结合施工实际情况对施工工艺进行合理科学的调整，以确保顺利施工，保证工程质量；同样在施工过程中，如果发现质量问题，应考量问题出现的原因，然后制定具体的修复方案。落实施工进度管理，就需要在施工之前制定完善的施工进度纲领，在施工过程中严格按照施工进度纲领进行操作。

高速公路桥梁施工过程过于复杂，这就需要完善的施工管理，从而保障其施工质量，这是由于完善的高速公路桥梁施工管理，关系着整个高速公路桥梁建设质量，也关系着高速公路桥梁的安全性及稳定性。因而下文对当下高速公路桥梁施工管理所存在的问题进行分析，并提出相应的改善建议，从而确保施工顺利进行。

第二节　高速公路桥梁施工管理养护对策探究

高速公路桥梁工程对我国的经济建设具有促进意义，尤其是在当前的时代背景下，我国城市化进程加快，高速公路桥梁工程数量增多，需要加强重视力度，才能促使行业稳定发展。

一、高速公路桥梁施工管理养护的重要性

高速公路桥梁施工管理与养护属于一项长期的工作，其工作目标是提升桥梁工程的质量，通过合理的养护消除其安全隐患，并解决存在的问题，延长高速公路桥梁的使用寿命，提升工程经济性，满足当前时代发展需求。受高速公路桥梁自身的性质影响，其结构较为特殊，需要长期承受负荷压力，因此导致其局部设施容易出现损伤，此时其损伤对高速公路桥梁质量产生的影响较小，但需要及时进行处理，以避免其损伤逐渐扩大，最终造成高速公路桥梁结构损坏，造成安全事故，高速公路桥梁施工对于我国交通运输行业发展影响较大，也是当前建筑行业的重点内容，工作人员在日常工作过程中，应及时对高速公路桥梁病害问题进行诊断，及时采取有效的措施进行维护，以延长高速公路桥梁使用年限寿命，提升工程经济效益。与此同时，合理进行高速公路桥梁施工管理养护，还有助于降低高速公路桥梁安全事故的发生概率，消除高速公路桥梁自身质量对行车产生的负面影响，道路辙痕、桥头跳桥现象等，均可能造成严重的安全事故，因此必须加强高速公路桥梁施工管理养护，消除其存在的风险，保证高速公路桥梁的耐久性与安全性提升，为人们提供优质的出行服务。

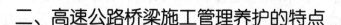

二、高速公路桥梁施工管理养护的特点

高速公路桥梁施工管理过程中，由于其自身的性质较为特殊，要求工作人员严格按照当前的施工标准进行把管理，保证施工技术的安全合理，从整体上进行完善，以提升高速公路桥梁工程质量。在进行高速公路桥梁养护过程中，其自身具有一定的强制性，需要定期进行检查与养护，以保证高速公路桥梁安全隐患与问题得到及时的解决，消除外界因素产生的影响，为人们提供优质服务。高速公路桥梁施工管理与养护涉及的内容较多，范围较广，不仅包括日常的高速公路桥梁养护与修复，还包括当前的环保设施管理与生活服务等工作，从整体上提升高速公路桥梁质量。与此同时，高速公路桥梁施工管理养护方式呈现出明显的主动性与时效性，需要在操作过程中遵循相关的原则，建立规范的管理养护流程，保证其技术具有较强的专业性，灵活应用现有的新工艺与新材料优势，延长高速公路桥梁的使用寿命，促使城市化进程加快。

三、高速公路桥梁施工管理养护的有效策略

（一）积极提升高速公路桥梁养护工作人员的综合素养

根据当前我国高速公路桥梁施工管理现状，应积极建立高素质高速公路桥梁施工管理养护队伍，设置完善的养护机构，充分发挥出人才的优势，定期进行高速公路桥梁检验，制定完善的养护管理计划，以满足当前发展需求。例如，现阶段我国对高速公路桥梁施工养护队伍建设重视力度不足，部分工作人员专业水平素养较低，难以实现高质量的高速公路桥梁养护，因此应积极进行培训，定期开展相关的基础知识课程，促使工作人员通过培训提升自身的综合水平，加强对高速公路桥梁施工管理养护的认知，充分发挥出自身的作用，灵活应用先进的方法与理念，及时处理高速公路桥梁中存在的问题，积极开展日常的维护工作，保证高速公路桥梁质量。与此同时，还应积极引进先进的技术人才，通过人才带动技术创新，发挥出新技术优势进行高速公路桥梁养护管理，从整体上提升工作质量，满足当前的需求。

（二）积极落实高速公路桥梁施工管理养护工作避免形式化

现阶段，我国部分地区在进行高速公路桥梁施工管理养护过程中，存在明显的形式化问题，其工作落实不足，导致高速公路桥梁中经常发生安全问题，甚至部分高速公路桥梁问题原本对高速公路桥梁质量影响较小，但由于长期未能进行及时的处理，导致其问题进一步扩大，造成不良的影响，最终形成严重的安全问题。因此，应积极落实高速公路桥梁施工管理养护工作，制定完善的养护检查计划，及时发现高速公路桥梁中存在的微小病害，采取有效的措施进行处理，将安全风险消除在萌芽中，以保证高速公路桥梁整体质量。相

关部门应加强监督，与工程单位、技术部以及监理单位进行合作，实行联合处理，从整体上进行工作落实，满足当前的需求。加强资金的投入力度，从整体上进行养护，定期进行高速公路桥梁加固、维修与养护，并预留充足的资金进行修缮，为我国的高速公路桥梁工程发展奠定良好的基础。

（三）建立完善的高速公路桥梁养护档案并积极进行加固维修

高速公路桥梁施工管理养护属于一项长期的工程，因此工作人员应建立完善的养护档案，针对其高速公路桥梁存在的问题进行详细的记录，并进行合理的保存，为以后的高速公路桥梁施工管理养护提供精确的数据资料，以满足时代发展需求。制定完善的安全问题应急方案，加强对高速公路桥梁施工管理，并保证各个环节安全进行，选择合理的方式施工，从根本上杜绝施工安全隐患对工程质量产生影响，提升管理质量。与此同时，积极对现有的高速公路桥梁进行加固维修，如加固混凝土墩台、加固混凝土结构、加固桥基础、加固桥面铺装层等，采取有效的措施进行处理，并消除道路中存在的裂缝，灵活应用新材料与新工艺进行处理，避免小病害变为大病害，其提升高速公路桥梁质量。

综上所述，在当前的时代背景下，我国应加强对高速公路桥梁施工管理养护的重视力度，从整体上进行完善，制定合理的养护管理制度，定期进行高速公路桥梁质量检查，针对现有的病害应积极进行处理，避免其扩大影响。培养高素质人才，积极加大养护资金的投入力度，充分发挥出人才优势，以确保高速公路桥梁质量性能符合相应的运行标准。

第三节　高速公路桥梁施工管理中裂缝的处理

针对高速公路桥梁施工管理中裂缝处理现状进行有效分析，结合高速公路桥梁工程实例，详细介绍妥善处理高速公路桥梁施工管理中裂缝的重要性、高速公路桥梁施工管理中裂缝产生原因，提出高速公路桥梁施工管理中裂缝处理措施，希望能够给相关工作人员提供一定的借鉴。

最近几年来，伴随我国高速公路桥梁工程建设数量的不断增多，高速公路桥梁施工管理中的裂缝处理问题越来越突出，为了保证高速公路桥梁中的裂缝得到更好的处理，延长高速公路桥梁的使用寿命，工程中的施工管理人员要结合高速公路桥梁裂缝特点，不断引进先进的裂缝处理方法，进一步提升高速公路桥梁结构的稳定性与安全性，防止高速公路桥梁工程出现结构失稳现象。鉴于此，本节主要分析高速公路桥梁施工管理中的裂缝处理要点。

一、妥善处理高速公路桥梁施工管理中裂缝的重要性

在高速公路桥梁施工管理过程中，通过妥善处理裂缝，能够保证道路车辆能够更加安全地通过，有效减少道路交通安全事故的发生。为了保证高速公路桥梁施工管理中的裂缝得到有效处理，施工管理人员需要结合高速公路桥梁结构特点，合理控制交通荷载，在保证道路车辆稳定运行的基础之上，尽可能减少裂缝的出现。由于我国高速公路桥梁工程的建设规模比较大，在一定程度上增加了施工管理难度，因此，工程中的施工管理人员要充分认识到施工裂缝对高速公路桥梁的危害，对原有的裂缝处理方案进行优化，进一步提升高速公路桥梁结构的可靠性，满足人们的出行需求。

除此之外，通过妥善处理高速公路桥梁施工管理裂缝，能够有效降低高速公路桥梁工程施工风险的发生概率，保障施工人员的人身安全。在高速公路桥梁施工管理过程中，由于施工方法不合理，高速公路桥梁表面很容易出现较大裂缝，降低高速公路桥梁结构的承载能力，影响道路车辆的正常通行。通过对高速公路桥梁施工管理裂缝进行妥善修复，能够有效减少道路交通安全事故的发生，保证道路车辆能够安全运行，提升高速公路桥梁工程的总体效益。

二、高速公路桥梁施工管理中裂缝产生原因

（一）高速公路桥梁载重较大

如果高速公路桥梁的载重过大，不仅会降低高速公路桥梁结构的可靠性，而且很容易出现严重的裂缝，影响道路车辆的安全行驶。在高速公路桥梁工程当中，由于工程的建设施工规模比较大，需要的施工材料较多，施工管理难度大，如果施工现场中的施工材料堆积过多，高速公路桥梁工程很容易出现载重较大现象，从而产生较大的结构裂缝，影响高速公路桥梁施工管理工作的顺利进行。另外，在高速公路桥梁施工过程中，如果施工设备载重较大，会引发严重的结构裂缝。为了有效减少高速公路桥梁施工管理裂缝的出现，工程中的施工管理人员要严格控制路面载重，做好施工现场材料布局工作，预防施工管理裂缝的产生。

（二）施工现场管理体系不完善

如果高速公路桥梁施工现场中的管理体系存在较多缺陷，施工人员经常踩踏各项施工设备，高速公路桥梁很容易出现负荷裂缝，降低高速公路桥梁结构的安全性。因此，想要有效减少高速公路桥梁施工管理裂缝的出现，工程中的施工管理人员应对原有的管理体系进行完善并结合各项施工材料的使用情况，做好施工现场材料布局工作，保证高速公路桥梁工程施工现场各项材料得到高效应用。例如，在某高速公路桥梁工程当中，施工管理人

员通过对原有的施工管理体系进行改进，认真检查混凝土、钢筋等施工材料强度，能够有效减少施工管理裂缝的产生。

（三）施工人员的安全意识较差

由于高速公路桥梁工程中的施工人员安全意识比较薄弱，会影响高速公路桥梁工程的整体施工质量，降低工程经济效益。由于高速公路桥梁工程的施工规模不断扩大，施工现场的施工人员数量较多，使得施工管理难度不断加大，再加上部分施工人员的安全意识较差，会降低各项施工材料的使用率，延长工程整体施工周期。为了保证高速公路桥梁工程中的施工管理裂缝得到妥善处理，施工管理人员要定期对施工人员进行安全培训，有效减少施工管理裂缝的出现，提高高速公路桥梁工程的施工质量。

三、高速公路桥梁施工管理中裂缝处理措施

（一）工程概况

某高速公路桥梁工程全长为500m，工程结构比较复杂。由于该高速公路桥梁工程施工规模较大，增加了工程的施工管理难度，为了有效减少施工管理裂缝的出现，施工人员要运用合理的裂缝预防措施，结合高速公路桥梁结构特点，不断引进先进的施工工艺，保证高速公路桥梁工程结构更加稳定。

（二）裂缝预防措施

高速公路桥梁施工管理裂缝预防措施如下：

第一，对高速公路桥梁工程中的结构负荷进行规范设计与管理，并结合高速公路桥梁的承载能力，选择相应的施工材料，保证高速公路桥梁施工负荷得到更好的控制，减少施工管理裂缝的出现。在高速公路桥梁施工管理过程中，管理人员要结合荷载的布局情况，将荷载进行合理的分配，尽量避免超负荷现象的发生，减少负荷裂缝的出现。由于该高速公路桥梁工程结构比较复杂，在进行结构负荷管理时，管理人员要结合高速公路桥梁施工进度，适当引进先进的施工工艺，为施工人员提供良好的技术支持，有效提升高速公路桥梁的承载能力，减少负荷裂缝的产生。

第二，严格控制高速公路桥梁施工材料，如果高速公路桥梁工程中的混凝土、水泥等施工材料管理不到位，在施工的过程中，很容易出现热胀冷缩，引发严重的温度裂缝，降低高速公路桥梁工程结构的稳定性。因此，工程中的施工管理人员要严格控制各项施工材料质量，并做好相应的筛分工作，进一步提升高速公路桥梁工程的施工强度。

第三，高速公路桥梁工程中的施工管理人员要适当加大施工环境管理力度，根据相关研究表明，通过对高速公路桥梁施工环境进行有效的管理，能够有效预防施工管理裂缝的

产生。在高速公路桥梁施工过程当中，施工管理人员要对施工现场环境进行科学管理，允许施工人员在高温环境下向混凝土中加水，保证混凝土中的水分得到有效补充，减小外界环境条件对工程施工质量的影响，避免高速公路桥梁表面出现较大裂缝。

（三）裂缝修复措施

通过对高速公路桥梁裂缝进行有效修复，能够更好地提升高速公路桥梁结构的完整性，保证高速公路桥梁能够更好地投入到使用中。高速公路桥梁裂缝修复措施如下：

第一，合理应用内部灌浆法，对高速公路桥梁裂缝进行修复。施工管理人员在实际工作中，一旦发现裂缝，可以安排施工人员在裂缝内部灌入一定量的水泥砂浆，对裂缝边缘进行妥善处理，并做好裂缝口封堵工作，进一步提高高速公路桥梁施工管理裂缝的修复效果。为了保证灌浆法得到有效应用，施工人员需要合理选择裂缝修复浆液，保证高速公路桥梁裂缝面与浆液有效结合。

第二，对于高速公路桥梁表面的细微裂缝，如果采用灌浆法，则会降低裂缝的修复效果，因此，施工人员要结合高速公路桥梁表面细微裂缝的分布情况进行合理的修复，可以在裂缝表面贴补混凝土，由于混凝土具有良好的防水性能，将其贴补到裂缝表面能够将空气与裂缝阻隔开，对高速公路桥梁结构起到良好的保护作用，有效提升高速公路桥梁裂缝修复效率。

第三，针对高速公路桥梁荷载裂缝，施工人员要采用先进的裂缝修补方法进行修复，可以采用预应力法与结构固定法进行修复，既保证高速公路桥梁外观的美观性，又提高了高速公路桥梁结构的可靠性。如果高速公路桥梁荷载裂缝比较大，施工人员也可以采用锚固补充法进行修复，先对高速公路桥梁裂缝结构进行锚固，再对高速公路桥梁表面进行裂缝修复，以此来有效提高高速公路桥梁工程的施工强度。

本节通过详细介绍裂缝预防措施、裂缝修复措施实施要点，来帮助高速公路桥梁工程中的施工管理人员更好地了解裂缝分布特点，提升高速公路桥梁裂缝的修复效果。对于高速公路桥梁工程中的施工管理人员而言，要不断学习先进的裂缝修复方法，提升自身的施工管理能力，保证高速公路桥梁工程中的裂缝得到妥善处理，从而推动我国高速公路桥梁工程的稳定发展。

第四节　高速公路桥梁施工管理工作的研究

近年来，我国的经济飞速的发展。在现代的经济发展中，交通运输和物流发挥着重大的作用。交通运输离不开高速公路桥梁的施工，完善合理的道路就像血管一样为各个地区输送着新鲜的血液。为了保障国民经济的发展，促进社会的进步，保质保量地完成高速公路桥梁的施工就变成了非常重要的事情。另外，施工的速度和成本的控制在工程量巨大的今天也需要控制的方面，综合来看，在施工的过程中，技术固然重要，但是管理对于工程的整体也是至关重要的。下面就结合工作中的实际经验，介绍一些对于高速公路桥梁施工管理的研究。

一、工程项目的整体管理

目前的工程项目都是一些庞大的任务，必须要有科学的管理，以前很多盲目的管理，对于工程的整体规划存在一些不和谐的因素。对于工程项目的整体管理，分为三个部分来执行是比较合适的，分别是整体的规划、分阶段的目标制定以及施工过程的进度监督，下面具体地介绍一下。

（一）工程项目的计划制定和综合协调过程

随着工程工作量的加大，项目涉及的部分也在不断地增多。如何把众多的部分整体协调的调动起来，以最大的效率完成整个的工程项目是管理工作的重要内容。在科学协调管理的方面，需要有两个方面的注意事项：一是要有一个整体的管理框架，根据以前的施工经验和项目的具体工作内容，实事求是的做好整体的框架安排，明确各个部分的责任和协调工作的流程。这是管理过程最基础的部分；另外一个方面是现在的工程涉及的影响因素非常的多，任务目标的规划不能过分地死板，否则一个部分出现问题会影响整个工程的进度和质量。为了解决这个问题，在管理的时候要有一定的灵活裕量，方便基层的管理人员根据情况及时的做出调整。为了协调各个部门之间的工作，在材料、劳动力、设备的管理方面都要做好相应的安排。

（二）工程项目各个阶段的任务规划

要想做好一个项目，必须要注意细节。第一部分是上边提到的宏观的安排和部署，但是在实际的过程中都是由一个个的小目标组成的。第二部分就是工程项目各个部分的规划。在项目中，一般是分为施工准备、施工过程、竣工验收以及交接后的质量保障这几个部分。在各个阶段的维护中，要从项目的具体内容出发，结合管理经验，将工作的内容具体化，不能是一带而过的安排。对于工作的细节作出部署，人员的职责精确，每项工作都要有指定的责任人。在各个部门职责的安排上，要适当地做好分配工作，既要方便施工也要各个部门之间相互制约和监督，避免责任事故的发生。最后，要设立相关的责任监督和信息反馈机制，要根据出现的问题及时地在管理方面做出调整，适应项目的情况。

（三）工程项目的过程控制和进度的监督

一个完美的部署如果没有可靠的执行也是不行的，所以第三个部分是施工过程的监督和管理。在这个部分也是两个方面的重点：一是要管理施工的进度。工期在施工的管理中是一个非常重要的方面，分阶段的做出监督，避免到最后的时候发现不能竣工。二是要监督施工过程中工程完成的质量。施工的过程是环环相扣的，路基的环节出现问题，必定会影响工程的整体质量，轻的话会造成工期的延误，重的时候会导致比较严重的责任事故。管理工作的内容是需要及时地了解工程的进展和完成的质量，保障完成的部分都是合格的。在施工的过程中如果出现图纸变更这样的情况，需要及时的联系相关人员，关于原材料的供应等问题都需要妥善的解决。

二、高速公路桥梁施工的质量控制和管理

施工的最终目的是建成一定规格质量的工程，更好地服务社会。所以工程的质量必须要切实的保障。不能以牺牲工程的质量为前提来加快工程的进度。

（一）施工前准备工作的质量控制

施工的管理者不是施工的执行者，所以在施工前的准备工程中要做好精神的传达工作。强化工人的责任和质量意识。从中层管理到基层管理和施工的工人，每个人都要牢固树立质量意识，在施工的过程中不能因为怕麻烦而偷工减料。因此对于全员的质量教育工作一定要保障到位。

（二）施工过程的质量控制

对于管理工作而言，施工过程的质量控制是两个方面的内容。一方面，管理工作要有一个合理的规章制度。没有规矩不成方圆，在工程的开始就要制定相关的规章制度，在没有特殊情况的时候，要按照制定的规章制度办事。保障制度的建立是保证工程质量的先决条件。另一个方面是要落实指定的规章制度。不执行的规章制度和废纸是没有区别的，在施工的过程中，安排不定期的抽查，结合检查结果，安排一定的奖罚制度，可以保障规章制度的可靠执行。

（三）施工进度的控制

施工进度的控制是保障工期的一种重要方式。在施工进度的控制问题上，要根据现场的情况，定时跟踪工程的完成情况，核实工程的完成情况和质量，在一定的限度内，要尽量增加检查的频率，这样方便及时发现问题。当进度偏慢或者质量不达标的时候，要和相关的技术人员及时开会讨论解决的办法。合理的调度保障工程的进度。

（四）施工成本的控制

施工单位作为企业，完成工程的最终目的还是要有一定的盈利。为了竞标要压低价格，所以如何科学地降低成本成为增加盈利的一种重要方式。下面分为三个方面，详细地介绍一下。

1.在施工工艺和工序的安排上做文章

在科技发展迅速的今天，施工工艺的发展和工序的改善取决于科技的进步。一般情况下，运用先进的施工工艺和合理的工序，在一定的程度上可以降低施工的成本。这样要求在施工的时候要尽量关注科技的发展，利用新型的技术，采购一些效率比较高的设备，这都是降低成本的方式。

2.在施工的进度和质量上做文章

施工的进度和质量的保障也是降低成本的方式。在较短的时间内完成一个项目可以让企业投入到其他的项目中去，另外，以较短的时间完成可以降低工人的成本，工人的工资一般是按照时间结算的，所以，时间越短，工人的工资部分就越少。此外，如果工程的质量得到了保障就没有重新地施工和修复工作，这也是降低成本的方法。

3.在原材料方面做文章

原材料的开支是工程开支的一个重要方面，要想办法降低原材料的价格。在购买原材料的时候要货比三家，选择质量合格而且价格低的厂家。在原材料的使用和运输过程中，要尽量减少浪费，适度地减少原材料的用量，这就可以节省出一部分钱来。

三、施工过程的安全管理和控制

最后一个部分是至关重要的一部分，这就是安全生产。安全生产是我们提倡的一种理念，为了保障安全生产，要做好以下几个方面的工作：（1）做好足够的安全教育工作，不能有麻痹大意的心理。（2）在醒目的位置悬挂警示标语，时刻提醒工人注意安全。（3）根据施工的具体情况，安排合理的制度和工序，确保在正常施工的情况下不会发生安全事故。（4）设立适当的监督人员，及时发现危险，防患于未然。

高速公路桥梁的施工管理非常重要的，管理是一个涉及方方面面的问题。根据现场情况的反馈，管理的手段和方式内容也需要不断完善，做到与时俱进，适应时代的发展。作为管理者也要不断地研究学习，以更加完善的管理来面对可能发生的问题。

第五节 高速公路桥梁施工管理的优化

在目前为止，受经济发展水平迅猛增长的影响，我国城市化进程不断加快，与此同时，也带动了交通运输行业的快速发展。在此基础上促进了我国交通建筑行业的发展，包括高速公路桥梁建设的发展。从某种角度来看，建设高速公路桥梁工程是很重要的，就人类出行来看，就对人类出行交通方面起到了积极作用。另外，高速公路桥梁的良好的发展态势也间接的反映了我国城市化进程的加快，以及人民生活水平的提高，甚至于反映了我国国民经济发展水平的提高。所以，在高速公路桥梁施工工程开始之前，每个单位或者每个企业都应做好充足的准备工作，在准备期间应提早掌握各种情况，制定好合理的策划。在施工之前就制定出一个好的策划是必不可少的，这有利于施工工作的顺利开展，同时，也促进施工更好地进行下去，在策划的指导之下。一份优秀的策划不仅有利于施工的顺利开展工作，同时，在施工过程中，也能最大程度的为企业施工节约成本，提高资源利用效率，为企业减轻经济负担。做好之前的策划准备工作后，就要考虑施工进行过程中出行的种种问题了，在施工进行过程中，要仔细做好监督工作，合理针对具体情况制定出不同的详细的解决措施。

一、影响因素

（1）首先，施工过程中会受到施工所需用到的材料问题影响。不管进行什么工作，都应在材料准备工作上多下功夫，在施工工作开展之前，应仔细认真的选择好所需的材料器材，尤其是用于建筑的材料。如果前期在建筑上材料的选择出现了问题，质量不能得到很好的保障的话，那么建筑物或者说是高速公路桥梁的建设一定不会符合国家的标准。就当前情况来看，单从我国来看，我国建筑行业市场提供的供施工使用的材料普遍不太合格，且有很多产品不符合国家标准，存在着或多或少的质量问题。以市面上经常出现的瘦身的钢筋材料为例，经过特殊处理的钢筋在其外形上是达到了要求的瘦身处理，但也存在着严重的质量问题，一旦投入使用，势必会引起严重的后果。如果企业在选择材料上盲目选择不考虑质量问题，就会直接影响后期高速公路桥梁工程的整体效果，严重情况下会导致工程因质量问题出现重大事故，造成无法挽回的损失。

（2）受人为原因的影响。在人为方面出现问题的话，主要问题将会出现在高层指挥人员，行政监督人员，以及施工工人身上。在这些与建筑施工息息相关的人身上，有很多人并不懂工程的具体事项，只凭感觉进行工作，普遍会出现专业素养低的情况，从而造成工程施工进展缓慢甚至于出现问题。近年来我们国家的建筑施工工程行业不断出现问题或者故障，在很大程度上是由于相关的工作人员，管理人员，执行人员普遍专业素养偏低导致的。就施工的工程管理人员来说，他们在工程施工过程中起着较大的影响作用，他们专业素养的高低也很大程度上决定了工程是否可以顺利完工，以及工程是否能够安全高效的进行下去。

（3）受机器设备影响程度较高。就企业在选择工具来看，机械设备的选择是不可避免的。在很大程度上，选择良好的机械设备能够极大的促进工程的进展。这是因为优秀的机器设备不仅自身具有较高的工作效率，而且工作过程时间较为节约，加快了过程进展。但是，对于机械设备的使用方面，也要注意很多的问题，首先，机械设备不同于人工的方便管理，在一定时间内，要对其进行检查维修工作。另外，在平时的使用过程中也要注意及时保养工作，保证机械设备完好无损以便下次使用。

（4）受外界环境影响。受外界大自然环境的影响，施工队在进行高速公路桥梁的施工过程中需要面临很多的考验与挑战。首当其冲的就是受到自然环境的影响，在自然风吹，日晒，雨淋等环境的影响下，加大了施工的难度。

二、主要解决措施

（一）对混凝土的标准进行严格要求

最重要也是最先进行准备的工作是要仔细选择施工需要的混凝土，在选择过程中要仔细考虑到混凝土中水泥的质量情况。在满足其标准的同时尽量选择质量较高的水泥用于施工。首先，在施工过程中，在施工进行的过程中，相关工人必须按照强度等级抗渗等级配比混凝土，还要充分控制好混凝土入模时的温度，进行分层浇筑以及设计合理的养护措施，通过在混凝土表面覆盖草席草帘等方法确保降低温度应力，避免混凝土出现温度裂缝；再次，在浇筑混凝土时一定要振捣充分，尤其是腹板内预应力管道比较集中的地方更要做到不欠振不漏振，确保混凝土浇筑密实。

（二）质量工作要严格把关

第一，施工企业在开始施工之前应提前做好准备工作，在施工之前做好勘探测量。在进行放线去确定位置的步骤时不能出现错误，在进行过程中，尽量做到准确严密，避免因过大误差引起工程差错。在进行高速公路桥梁架设工程时，首先要进行建设桥墩，然后在此基础上；其次，由于桥梁结构形式很多，施设计好桥面的位置以及平整程度，着重对桥面工作进行处理。这个过程对工人的技术要求比较高，对其技术能力考验较大，因此，这就要求工人拥有良好的专业技能以及能够进行较高的操作。所以，施工企业在施工过程中必须严格一定要认真准确的按照设计进行处理，从混凝土的振捣、养生到预应力的张拉等都要严格管理和控制，以确保桥梁结构的承载能力。另外，还要着重注意桥梁外观的美观平滑，不能出现由于施工手段的缺陷或混凝土振捣不均而引起的外观质量欠缺。

高速公路桥梁的设计工作以及施工过程还需要更完善的处理，同时，也要求其他的优化措施从而更好地促进工程建设以及社会的城市化进程。

第六节　高速公路桥梁施工管理控制要点

在论述高速公路桥梁项目控制要点的基础上，结合实践经验和高速公路桥梁的施工与使用要求，分析高速公路桥梁施工管理要点，提出包含加强施工安全管理、构建完善的质量保证体系、加强质量控制管理、优化施工环境条件等在内的具体措施，以促进公路建设持续发展。

高速公路桥梁是公路工程的重要组成部分，也是常见的混凝土工程类型之一。如果高速公路桥梁施工管理不到位，则容易产生裂缝等一系列问题，不仅影响桥梁质量，还有可能引发安全事故。因此，必须对桥梁施工管理给予足够重视，根据桥梁施工特点，明确施工管理的要点和方法。

一、高速公路桥梁项目控制要点

（一）进度控制

施工前项目部需对工期进行倒排，同时制订进度计划表，明确施工主要线路与影响进度的重点工序，将二者作为进度控制的关键。施工中，严格按照进度计划进行操作，编制完善的阶段性计划网络，并对计划完成情况进行检查。

（二）技术管理

高速公路桥梁的施工技术要求很高，并且在施工中还需充分考虑地形、地质与气候等外界环境因素，通过技术调整克服各种施工难题，这对顺利完成项目十分重要。基于此，项目部需要成立一个专门的技术攻关小组，一方面根据工程实际情况，结合桥梁设计和使用要求，制订合理的技术方案，为施工提供技术支撑；另一方面要始终坚持创新，改进现有施工技术，同时推广新技术，全面提高施工技术水平。

（三）质量控制

质量控制是高速公路桥梁项目控制的关键所在，如果施工中缺乏有效的质量控制，极有可能出现裂缝等质量问题。以裂缝为例，裂缝在高速公路桥梁等混凝土工程中十分常见。裂缝一旦出现，不仅降低混凝土强度，缩减承载能力，而且在持续受力状况下还会造成变形、坍塌等事故。但混凝土裂缝如果保持在标准限度以内，则不会对结构性能造成太大影响。

混凝土裂缝成因有以下几种：

（1）材料存在质量问题，如水泥标号过低，存放时间长，导致水泥发生变质，或受潮导致性能降低；骨料质量低下，为降低施工成本，对骨料实行就近开采，未经检验直接在施工中使用等。

（2）混凝土配比不合理，存在较大随意性，仅凭借个人经验未能按照规范的要求实施配比操作。

（3）浇筑施工中未对混凝土进行有效振捣，或振捣过猛，导致浇筑不均匀，骨料集中、沉塌，而且以后还会出现麻面与蜂窝。

（4）浇筑完成后，水泥放出水化热致使内温急剧上升，热量无法排出造成较大内外温差，形成温度应力，当温度应力超过混凝土极限后出现温度裂缝。

为了避免裂缝问题的发生，必须加强质量控制工作。首先，做好原材料的抽检工作，材料进场前后都要进行抽检，未经抽检或抽检不合格的材料禁止进场使用，以此避免因材料问题引发的质量问题；其次，项目正式开工以后，项目部需将工程目标作为指引，逐步遵循以优质、安全和高效作为核心的指导思想，开展质量控制活动；最后，还需建立一套系统的质量与安全管理体系，完善管理制度，以确保工程质量。

（四）安全控制

构建一个以项目经理为核心的施工安全领导小组，根据项目施工实际情况采取有效的安全技术措施，同时对可能形成危险源的施工环节进行准确评估，在施工中严格把控安全。要将施工安全放在重要地位进行管控，确保安全施工方面的费用专款专用，通过培训与教育使全体工作人员都树立良好的安全意识，避免不规范操作的发生。

二、高速公路桥梁施工管理要点及措施

（一）加强施工安全管理

（1）确保施工组织安排的合理性，避免施工人员超负荷工作。高速公路桥梁施工人员本身工作强度较大，如果施工安全组织不合理，使人员长时间超负荷工作，将产生安全隐患。对此，可采取轮班制的组织方法，在不影响正常施工进度的同时，确保上岗的施工人员精神状态饱满，从而避免由于人员过度劳累造成的安全隐患。

（2）加强技术培训和职业规范教育，提升全体施工人员专业素质，强调施工操作规范性对确保施工安全和避免安全隐患的重要性，以此减少人员误操作等原因引发的安全问题，并起到加快进度的作用。

（二）构建完善的质量保证体系

（1）施工质量与人员息息相关，施工单位可采取完善的奖罚制度的方式来激发员工工作积极性，并严厉处罚施工中可能影响质量的行为，如违规操作、擅离职守与偷工减料等；而对工作态度积极，并能按要求严格落实质量保证措施的员工，则要给予适当奖励。

（2）除施工人员以外，各类机械设备也是影响施工质量的关键要素，所以必须做好养护与维修工作。机械设备养护、维修虽然由专业机修人员负责，但机械设备的操作人员也要给予充分配合，在操作机械设备时认真观察，若发现异常，应及时上报，以此避免质量问题的发生。

（三）加强质量控制管理

（1）发挥试验检测对质量控制的重要作用。施工中，应在施工现场建立一个完善的

驻地实验室，同时配置各类试验仪器与专业试验人员。实验室需要实行制度化管理，健全报告反馈制度，将试验数据作为依据保证施工质量。

（2）强化施工验收。工程监理应充分发挥作用，强化施工检查验收，按照技术规程组织施工，每道工序完成以后需在检查确认合格后才能进行下一道工序，做好工序交接记录。深入分析实际存在的问题，对已经完成的分项要在自检以后转交至监理方进行二次审查。

（四）优化施工环境条件

1. 采光照明方面

高速公路桥梁施工露天作业，白天可借助自然光进行施工，无需设置额外照明设备，但要注意在关键部位和危险部位设置醒目的识别标志；夜间若有施工任务需配置足够的临时照明设备，施工前进行照度检测，检测合格后即可安排施工。

2. 环境温度方面

夏季时，应尽量避免在中午、下午等高温时间段施工，应该将一天内主要的施工任务安排在早晨和傍晚进行，以免在高温环境下作业导致施工人员中暑，引发安全问题。冬季则与夏季相反，应将主要施工任务安排在高温时间段进行，并且当环境温度低至不适宜施工时，应临时停止施工直到温度升高后继续施工。

3. 现场环境方面

高速公路桥梁施工现场不仅有大量施工人员、车辆、设备与材料，而且施工中还会产生飞尘与噪声，导致现场环境十分恶劣。为了降低现场环境对施工人员不利影响，确保施工质量和安全，一方面要加强现场环境管理，另一方面要做好施工人员安全教育，例如佩戴安全帽等防护装备，并通过技术改进减少飞尘与噪声。

高速公路桥梁作为典型的混凝土工程，容易出现裂缝等质量问题，此类问题虽然和施工有直接关系，但基本上都是由于施工管理不到位造成的，尤其是缺乏有效的质量控制。对此，在高速公路桥梁施工中，首先要明确项目控制的重要意义，认清施工管理的各项要点，然后采取有效措施全面强化施工管理，从而在确保进度、安全的基础上提高施工质量。

第七节　高速公路桥梁施工管理养护及加固维修技术

近些年我国交通事业发展加快，现代化交通量逐步增加，交通荷载不断扩大，对高速公路桥梁承载力提出了更多更高的要求。所以当前强化高速公路桥梁施工管理养护以及维修加固是相关部门关注的重点问题。在施工管理以及加固维修过程中，相关施工部门要全面掌握高速公路桥梁基本情况，针对性应用不同施工技术与加固措施，提升高速公路桥梁施工安全性，提高高速公路桥梁结构稳定性，保障当地交通运输事业能稳定发展。

我国道路建设在最近几年发展非常迅速，然而国内不少的公路桥梁已经出现了损坏，对行车产生的影响非常大，除了导致舒适性降低外，交通安全也很难得到切实保证。

近些年我国城市化进程逐步加快，高速公路桥梁工程施工建设范围在逐步扩大。在公路基础项目建设中高速公路桥梁是重要组成部分，其长期应用中受到外部荷载作用以及环境要素等影响，其质量逐步降低，对交通运行安全性具有较大负面影响。通过规范化的高速公路桥梁施工管理养护与加固维修能有效提升桥梁安全性，对广大群众人身安全得到有效保障。公路桥梁在应用中会发生不同问题，因此必须要在保证结构稳定的前提下完成结构检测工作。对工程进行养护时，必须要对项目成本予以重点关注，确保施工管理能够真正落实到位。在当前时期，公路桥梁建设的具体要求提高了很多，管理养护、加固维修则是其中的重点所在，同时也是全面提升项目安全性的重要保障。

一、高速公路桥梁施工管理养护特点

从高速公路桥梁施工管理养护现状来看，在公路桥梁设计过程中需要拟定规范化设计标准。在高速公路桥梁工程养护阶段，养护操作具有强制性特征，高速公路桥梁项目建设在现有交通运输网中占有重要位置，所以项目养护过程中要严格遵循各项规范化要求。公路桥梁在施工管理养护过程中，养护对象较多，且具有广泛性与全面性特征。要对道路以及桥涵多个结构进行养护管理，还要对项目诸多服务性设施进行养护。在养护中各项措施应用具有主动性与时效性特征，需要严格依照规定操作程序进行控制，其次养护技术应用专业性较为突出，在各类新材料与新技术工艺应用中，各项综合性养护成本较高，对施工技术人员与管理人员综合素质具有较高要求。

二、高速公路桥梁施工存在的不足

众所周知，高速公路桥梁施工呈现出明显的综合性特征，整个施工的周期是较长的，所要投入的资金也很大，要依据施工需要选择最为合适的施工技术，对施工质量展开有效的管控，如此方可使得施工质量、施工效益得到切实保证。然而从当前施工的现状来看，有些施工人员的责任意识是薄弱的，管理制度形同虚设，这就导致施工效果无法达到预期。

（一）管理技术不足

在高速公路桥梁施工的过程中，相关的管理工作是不能有丝毫懈怠的。然而从当前施工的情况来看，有些人员的责任意识十分薄弱，有些施工单位并未构建起可行的管理制度，管理技术的应用也不到位，这就使得施工管理呈现出无序的状态，工程质量也就无法得到保证。

（二）养护技术不足

在出现质量病害时，要在第一时间进行修复，同时要将养护施工予以有效落实，这样才能确保高速公路桥梁的结构更为稳固。然而有些养护单位对于管理不够重视，从事养护工作的相关人员也未掌握专业知识，还有就是投入到养护工作中的资金无法满足需要，这就使得养护施工的水平难以达到预期。

（三）加固维修技术不足

质量病害的修复、加固是十分必要的，若想使得修复工作有序展开，从事养护维修工作的相关人员就必须要具备相应的综合技能。然而不少的维护人员并未掌握维修技术，这就使得加固维修的实际效果无法得到保证，这样一来，质量病害的修复效果也就难以达到预期，高速公路桥梁的实用性也就变得较为低下。

三、公路桥梁加固维修策略

（一）桥体裂缝处理技术

在高速公路桥梁施工的过程中，细小的裂缝是较为常见的，如果施工人员对此不够重视的话，那么在投入使用后，在自然因素、车辆运行的影响下，裂缝就会变大，严重时还会发生断裂。所以说，必须要对桥体裂缝予以重点关注，并采用可行的技术进行处理。首先要通过喷涂的方法对表面进行处理，并使用具有一定伸缩性的材料对裂缝予以涂抹，这样可避免雨水造成严重的侵蚀。在对细微的裂缝进行修复时，此种方法是较为适合的，也就是通过粘度较高的浆液对裂缝表面进行喷射，这样就能够形成保护层，从而实现裂缝的修补。其次可采用注浆、填充法，如果裂缝较大的话，采用表面处理法难以取得理想效果，就要通过注浆、填充的方法来进行处理。一般来说，用于填充的材料主要是水泥材料、抗氧化树脂材料等。再次是要使用黏结钢板封闭法，桥体产生主拉应力裂缝，导致结构变得不够稳定，在对其进行处理时，就可通过黏结钢板来予以加压处理。

（二）加固混凝土结构

在展开混凝土结构施工的过程中，要将损害混凝土予以清除，如果损害面积较大的话，应该使用的是高速射水法，并要通过黏结材料来予以封涂处理。如果损害面积并不大的话，可以通过手工方式来进行清除，锈蚀钢筋的处理一定要做到位。如果损害面积很大，而且呈现出一定的深度，对缺损部位进行清理时，要将手动、气动这两种方法结合起来，也就是先完成清洗，继而修补缺陷的部位。

（三）加固墩台基础

对墩台基础进行加固时，要依据实际情况来进行维修。如果水位在 3 cm 以上，要对可能出现的损害展开排查，如果深度在 3 cm 以下，则通过套箱来完成修补。墩台采用的是刚性基础，应当要对基底的底部予以适当增加，对墩台主体进行加固时，则应该在上部、中部以及下部加设三道混凝土围，从而使得主体变得更为稳定。

（四）桥梁加固技术

为了及时地修补公路桥梁的裂缝现象，应该对其表面进行处理，在裂缝表面涂抹填料以及防水材料，提高其防水性，延长其使用寿命。另外，对于宽度较大的裂缝，可以使用有伸缩性的材料进行填补，也可以采用注浆的办法，在裂缝内注入树脂或者是水泥类的材料，加固桥梁，以提高公路桥梁的承重能力。

（五）基础加固维修技术

保证高速公路桥梁基础牢固是非常关键的内容。因此，应该重视桥梁桩基础维修加固，注重施工现场勘查，掌握现场施工基本情况，严格按要求进行施工和维修加固。施工过程中应该把握质量控制和技术要点，保证原材料质量合格，增强桩基的稳固性与可靠性。对存在的质量缺陷，有必要及时采取加固维修措施，最终保证桥梁基础牢固与可靠，让高速公路桥梁工程更好运行和发挥作用。

四、公路桥梁施工管理与养护技术

（一）完善施工养护制度

制定健全的养护制度，可以为有效开展高速公路桥梁养护施工提供指引。明确养护人员具体职责，增强他们的责任意识，促进高速公路桥梁养护施工水平提升。

（二）加大养护资费投入

桥梁养护工程是维持桥梁正常运营，延长使用寿命的重要措施，各级交通主管部门需要投入一定的养护资费，其中，在每年的养护工作计划中，都要为桥梁的检查、维修和加固工作保留一定的资金，以满足修缮需求。国家对桥梁工程投资重点的倾斜及工程项目集资渠道的多元化，能够为我国公路桥梁工程的发展提供有力保障。

（三）桥梁养护施工管理队伍建设

我国的桥梁养护队伍目前仍然不够成熟。工人的专业素质参差不齐，专业养护难以完全做到。因此，各级公路部门要高度重视起桥梁养护工作，针对养护具体需求培养专业的人才队伍，努力实现专业人员、专门程序和专用方法，将养护管理工作部署到位，能够及时发现和处理各种突发事件，组建一支专业的养护维修团队，能够对桥梁工程进行专业的日常养护，由具备进行桥梁小修的能力，向能够进行中修和大修的方向努力。

公路桥梁的维护管理工作一直是桥梁工程关注的重点内容。公路桥梁的管理养护，需要定期对桥梁进行全面评估，及时发现和修缮桥梁病害，进行养护管理，降低养护成本，延长桥梁的使用寿命，确保桥梁工程的质量安全和使用性能。

第八节　预算定额在高速公路桥梁施工管理中的应用

本节对预算定额进行概述，分析了预算定额在高速公路桥梁施工管理中的应用，包括在合同、费用、进度以及质量管理等内容，指出了预算定额在高速公路桥梁施工管理应用过程中存在的问题，提出了几点建议，旨在提升高速公路桥梁施工管理水平。

在高速公路桥梁建筑工程项目施工过程中，对于建筑企业，乃至整个建筑项目推进的最终目的是实现经济效益的增长。在这一基础上，要有效实现现阶段的建筑企业的施工目标，针对高速公路桥梁工程开展有效预算定额管理对建筑效益的增长有重要的促进作用。但是，在现有的高速公路桥梁施工管理过程中，预算定额管理过程中还存在很多不足之处亟待改善。

一、预算定额的概念

预算定额主要是指在高速公路桥梁工程的正常施工状态下，按照固定形式的计量单位进行工程项目的施工推进，从而得出最佳的分项工程所需的人工、材料、机械台班消耗和价值货币表现的数量标准。该标准的得出，在很大层面上为后续施工制图提供了数据支撑，从而整理出工程造价、劳动量、机械台班以及材料的具体使用量的相应定额。据此能够发现，预算定额的规划管理过程中，以高速公路桥梁为研究对象时，必须提前将人工、材料以及机械台班的具体使用数量计算出来，然后按照高速公路桥梁工程的相关施工要求将计算出的数据参数纳入预算定额管理内容中，编制为施工标准手册，该手册便是整个高速公路桥梁工程施工期间的作业参考依据。

二、预算定额在高速公路桥梁施工管理中的应用

（一）在合同管理中的应用

在高速公路桥梁工程中，合同管理工作的开展是其中一项十分重要的构成部分，该工作的推进，可以有效将工程项目推进过程中各项施工责任与权利义务划分清楚，从而大幅

度降低违约事件的发生概率，更好地保护施工参与合作方之间的经济效益。在高速公路桥梁工程的具体合同管理工作开展期间，首先要明确的是合同的定价，严格将合同中的管理规定内容落实到投标报价、工程分包以及外包工作中。同时，还应做好相应的市场调查工作，了解实际的建筑材料价格，借以降低工程的投资成本，在此期间，还要加强财务核算以及统计管理工作，控制高速公路桥梁的造价，以防资金浪费。

（二）在费用管理中的应用

在高速公路桥梁工程的费用管理过程中，作为施工方，应将预算定额的管理作用充分发挥到施工过程中，与工程的基本施工状况相结合，提前制定相应的成本、考核等计划，为后续工程施工提供便利条件。当然，在此期间，作为预算定额的管理人员，应详细调研在人工、材料以及机械方面的具体消耗数据，了解项目费用的应用去向，继而按照调查出的实际需求合理分配相关的费用支出。另一方面，工程的总负责人还要重视预算定额的作用，通过该内容制定更加合理的人工、材料、管理等费用支出，实现对工程建设的全局把控。

（三）在进度管理中的应用

在高速公路桥梁施工管理过程中，开展有效的进度管理工作，不仅是对施工任务顺利完成的一种保障，同时也是提高工程效益的保证。此时，工程管理人员除了要先制定相应的施工进度计划表，还要将预算定额的作用融入计划中。具体而言，在施工管理期间，要通过预算定额方案的运用合理规划施工进度，工期发生变化时，要按照变化内容及时总结出相应的项目成本支出数额，并分析整理工期变化带来的各种影响。

（四）在质量管理中的应用

在高速公路桥梁工程的建设过程中，质量管理是整个管理工作的核心，而预算定额又是工程财务管理的重点，因此，从事预算定额的管理人员自身的能力水平成为制约预算定额管理的关键因素。为了有效提高工程施工质量，必须在确保成本最低的情况下保证施工质量，此时预算定额管理方法的应用可以实现这一目标，也可以帮助工程质量管理人员更好地掌握工程的实际成本控制状况。

三、预算定额在高速公路桥梁施工管理应用过程中存在的问题

在高速公路桥梁的施工管理过程中，预算定额管理方案的应用，在很大程度上提升了整个工程项目的管理效率。但是，在实际的管理工作开展期间，施工人员责任心不强、自身技能水平不够都抑制了预算定额管理方案应用价值的发挥，其产生的问题主要表现在以下方面。

（一）预算定额处理能力有限

在高速公路桥梁工程施工前，工程设计人员进行预算定额的编制时，由于受到编制工作经验有限的影响，编制出的内容多数是从以往的施工案例分析中整合出来的，因此，过度注重既往案例的借鉴与考察结果。这种情况下编制出来的预算定额通常与工程的实际施工内容、建设目标存在偏差，适应能力十分有限，最终导致工程造价控制工作的开展受到影响。

（二）现有监督管理体制不完善

按照我国现有的相关法律法规，在工程中标承接企业正式开展高速公路桥梁工程项目施工之前，必须严格按照工程的相关施工规范和要求制定符合本工程的预算定额方案，借以提升对工程成本的管控效果。但是，部分企业为了在施工过程中获取最大的经济利益，实现净利润的增长，一方面并未按照国家相关要求制定系统完善的预算定额计划书以及相关施工管理方案。另一方面，在部分高速公路桥梁工程的施工现场，缺少相应的施工监管体制，导致无论是施工管理人员还是一线作业工人，均将效益获取放置在施工要位，从而罔顾对于施工质量的管控。

四、预算定额在高速公路桥梁施工管理应用问题的解决办法

（一）注重预算定额监督管理体制的完善

在高速公路桥梁工程的施工过程中，要充分提高工程管理工作的开展效率，为施工提供相应的安全保障和经济效益保证，重视工程项目的预算定额监督管理工作非常重要。在此期间，作为工程的管理人员，要充分发挥预算定额管理的作用，实时掌握工程的施工具体状况及施工技术应用效果，面对质量层面出现的缺陷问题，必须严格按照预算定额编制的内容进行整改。在控制施工进度的过程中，应高度按照工程预算定额编制的施工设计方案进行进度规划，确保工程按时完工。另一方面，作为工程预算定额管理人员，还应提升合同管理能力，严格履行自身的工程管理责任，降低施工索赔问题出现概率，为项目工程施工降低损失。

（二）注重对材料成本的控制

对于高速公路桥梁工程，综合所有的施工成本，材料采购的成本占比约为总成本的60%，在这一基础上，为了确保工程的投建经济，提升建筑效益，作为工程的预算定额管理人员，要在施工现场做好相应的施工材料管理工作，杜绝材料浪费现象。与此同时，还应管控好相应的材料采购工作，提前进行材料市场价格调研，采购质量合格同时价格低廉的材料，确保材料满足施工需求的同时，实现对施工成本的有效控制。

在结合具体施工项目的基础上，还应将预算定额管理方案有效融入管理过程中，借以提升对工程作业期间诸如合同、费用、进度等方面的工程管理水平，最终为我国整体的高速公路桥梁施工管理能力及水平优化奠定坚实的基础。

第六章　高速公路的维护

第一节　桥梁维护常见病害及维护建议

当前在桥梁的维护过程中仍然存在一些问题，给来往车辆及行人带来不便。对此，分析了桥梁维护中存在的问题，包括桥梁标志毁坏、桥梁维护不及时、桥梁维护资料保存不妥善等，并转变思想，加强对桥梁维护工作的认识；完善桥梁维护制度，合理规划日常维护工作；增大桥梁维护资金投入，保证维护工作的资金需要等方面提出了桥梁维护的具体建议。

桥梁增强了各个地区间的沟通及联系，给民众出行带来了极大的便利。因此，提升桥梁的使用年限及质量，对其进行维护是很有必要的。但是，当前在桥梁的维护过程中仍然存在一定的问题，给来往车辆及行人带来不便。对此，研究桥梁的问题，找到其产生的原因，并提出维护桥梁的措施是有关部门必须要重视并开展的工作。

一、桥梁维护存在的问题

桥面坑洼不平。由于部分桥梁使用时间过长，同时没有重视日常维护工作，导致桥面变得坑洼不平。这不但会影响到桥梁的外形及构造的美观程度，还影响了车辆的正常行驶。所以一定要加强桥梁维护及管理工作，为车辆行驶提供良好的条件，促使桥梁的整体性能得到提高。

桥梁标志毁坏。桥梁在建设期间要设置标识，以便对行驶车辆进行合理引导，主要应包含限速、限重、限高等标识。这一类标志的设置不但能够引导车辆正常通过，还可以确保车辆的行驶安全，降低相关事故发生的概率。然而，部分桥梁的有关标识不健全或是被毁坏之后没有得到及时地维修，这不但会阻碍桥梁的正常运转，还会导致更多的安全事故发生。

桥梁维护不及时。桥梁在使用过程中，由于受到车辆的行驶、自然气候等方面的影响，其构造会产生一定程度的毁坏，如桥梁构造变形、出现缝隙及裂缝等。出现这类问题时，如果得不到及时维修，将给桥梁的正常运转带来不良影响。

桥梁建设维护资料保存不妥善。桥梁建设维护资料是极其宝贵的材料，其中细致地记录了桥梁在建设、运转、维修期间的各种数据。借助这些数据可以全方位地把握桥梁的具体状况，为桥梁维护提供数据参考。然而在桥梁建设期间有关人员却忽略了对资料进行妥善保存，使得有关记录不完整，维护时缺少相应的数据及参数，影响了桥梁维护工作的正常进行。

二、桥梁维护问题的原因

缺少桥梁维护设施机器与专业型人才。部分地区在对桥梁进行维护期间，缺少专业的维护检查设备，无法对桥梁这一工程进行专门的检查，通常都只是进行一般性的检查，对桥梁本身的问题未立即进行处理。缺少桥梁维护的专业型人才，许多维护人员只是临时工，无法认真开展维护工作。

桥梁维护资金缺乏。致使桥梁维护出现问题的主要原因之一就是缺乏相应的资金，资金匮乏不但会影响到检查设施的运用及保养，同时还无法激发工作者更多的主动性及积极性，约束了桥梁维护工作的进行，阻碍了桥梁维护质量及水平的提升。

桥梁维护规范及制度不完善。缺少完善的桥梁维护规范及制度，工作者的责任未明确，没有充分贯彻并落实维护责任制度，在具体工作时发生互相推脱责任的现象，无法合理分配各个部门所负责的工作，没有产生合力对桥梁进行日常的维护。因此，要改变上述状况，必须健全相关规范及制度，促使桥梁维护标准化及制度化。

三、桥梁维护的建议

转变思想，提高对桥梁维护工作的认识。桥梁维护工作者应提升思想认知，充分认识到维护工作对桥梁正常运转的重要性。增强宣传力度，采取科学方法进行维护，提升桥梁维护的质量及水平。另外，相关部门的负责人要转变思想，在人力、资金的分配上多考虑桥梁维护，促使桥梁维护能正常进行。

完善桥梁维护制度，合理规划日常维护工作。健全桥梁维护制度，制定桥梁维护责任制度，就要确定有关部门及工作者的责任，促使其在进行维护时认真负责，仔细开展工作。同时还应健全奖罚制度，对认真开展桥梁维护工作的部门及个人给予奖励，对没有履行责任的部门及个人予以处罚，从而激发员工对维护工作的积极性，认真对桥梁进行维护，提高桥梁维护的质量及水平，使桥梁工程维持良好的运转状态。

健全桥梁维护部门设置。桥梁维护部门设置不健全会对所有工作的正常进行产生影响，所以，应该设立专门负责桥梁维护的部门，对桥梁维护工作负责，采取相应的维护对策。构建健全的桥梁维护队伍，提升维护部门的工作能力及水平，促使桥梁维护正常开展。

增大桥梁维护资金投入，保证维护工作的资金需要。桥梁维护质量提升不能脱离资金的支撑，要增大资金的支撑力度。可成立专项资金，专门用到桥梁维护中。认真对资金进行规划及分配，注重对资金收支的全过程进行管理，保证资金能够落实在桥梁维护工作中。

合理分配桥梁维护设施，促使维护工作合理开展。合理分配桥梁维护需要的设施仪器，促进检测及监管工作的开展，对桥体、桥墩进行全方位检测，及时找出并解决问题，保证桥梁能够维持良好的运转状态。

借助现代技术，创建完善的桥梁维护体系。为了提升工作成效，在桥梁维护期间应注重对先进技术的应用，创建健全的桥梁维护体系，把有关信息录入其中。注重桥梁检测，评测出桥梁的负荷能力及综合性能，为制定维护措施提供有效的参考，提升桥梁维护工作成效。

对桥梁维护工作者进行培训，提高整体素质。大力引入一些具有较高技术水平及维护能力的工作者，组建整体素质高的桥梁维护团队。同时还要通过各种方式，对桥梁维护工作者进行培训，持续提升其整体素质，使其熟练掌握桥梁的检查、维护等相关技术，提高桥梁维护的质量及水平，为桥梁整体质量的提升及车辆的安全行驶奠定基础。

改善桥梁维护方法，促进桥梁维护现代化。依据桥梁维护的要求，改善维护方法，促进桥梁维护现代化，促使桥梁整体性能的提高。

（1）改变桥梁维护观念。预先维护、绿色维护、整体寿命周期维护观念的产生，极大地推动了桥梁维护现代化的脚步。创建智能型、科技型、集约型桥梁维护平台变成了一种趋势，能提升维护能力及水平，及时找出并解决桥梁运转期间的问题。

（2）加强桥梁维护地区间的协作。转变往常单一的维护方法，增强邻近地区的沟通、联系，合理分配维护施工设施及人员。逐步提高桥梁维护的智能化水平，以减少维护成本。

（3）促进桥梁维护团队的多功能化。提高对维护工作者的技术能力及整体素质要求，贯彻现代维护观念，提升维护智能化水平，促使维护工作者素质提升及维护团队的多功能化，以满足桥梁维护需求。

在桥梁使用期间，受到前阶段施工水平与后阶段环境、交通情况、维护资金等因素的影响，会出现一定的问题，除了在维护期间使用科学的方式进行修缮以外，若可以在维护期间，甚至是在勘测、设计桥梁期间使用相应的预防对策，就能够保证桥梁的长期安全运转。

第二节　高速公路桥梁结构病害与加固

随着高速公路桥梁数量的不断增多，交通系统日益完善，在经历一定年限的使用后，受到长期荷载作用，高速公路桥梁病害问题日益凸现出来，这对于行车安全及高速公路桥梁的维护保养都带来了很大影响。本节主要对高速公路桥梁较为明显的部位及结构病害进行分析，并提出相应的加固措施，希望能够促进我国高速公路建设的健康发展。

在经济水平不断发展下，高速公路作为重要的基础设施建设得到快速发展，我国已经成为全球第二位的高速公路大国。为了进一步完善我国交通运输体系，提高国民经济增长水平，提高对国内高速公路桥梁的建设和病害加固是切实可行的主要措施。通过对国内诸多高速公路桥梁结构病害进行分析及检测，提出科学的维护和加固措施，做好养护工作，为人们出行及经济发展奠定良好的基础保障。

一、当前我国高速公路桥梁存在的主要病害

桥面铺装开裂。桥面是承受行车荷载的直接面，在高速公路桥梁使用过程中桥面铺装开裂主要表体现在混凝土路面上，呈现不规则的网状裂缝或者纵向裂缝，这给高速公路桥梁的正常使用带来一定威胁，直接影响车辆行驶的安全系数。这种问题出现的原因主要是由于桥面板刚度与实际条件存在差距，在受到长期行车荷载作用下，逐渐出现变形，造成高速公路桥梁表面的裂缝现象。另外，在桥面施工的过程中，施工人员缺乏相关技术经验和施工能力，钢筋直径不符合要求、铺装与构件之间的联系不牢固、钢筋绑扎质量不过关，这都会直接造成桥面的质量问题。高速公路桥梁面出现开裂以后，具有一定的危害作用，首先，车辆在行车荷载作用下对铺装层形成更大病害威胁。其次，影响路面防水功能的正常发挥，如果雨水渗入到下面的主梁或者其他结构中，会造成钢筋内部的腐蚀，甚至对整个桥梁整体造成影响。另外，铺装层出现开裂以后，影响高速公路桥梁最初的设计效果，不利于整体结构的安全发展。

桥梁上部结构的常见病害。高速公路桥梁主要由上部结构、下部结构、支座等组成，造成上部结构出现病害问题的主要原因在于以下几方面：第一，施工过程中使用的混凝土保护层达不到标准要求、底板横向纵筋设置不合理，由于受力不均匀，造成混凝土出现开裂或者纵向裂缝问题。其次，在长期的荷载作用下，对上部结构造成破坏，混凝土保护层逐渐脱落，钢筋受到雨水等侵蚀，造成结构问题。最后，上部结构中的T梁部位，作为桥梁结构的重要组成部分，由于保护层过薄或者混凝土冻胀，在承受一定的荷载作用或压力下出现裂缝现象。另外，高速公路桥梁下方有时候处通车状态，一些车辆通行时忽略桥梁限高的要求，直接与桥梁板发生摩擦，对其造成刮碰或者伤害，甚至影响桥梁结构的稳定。

地基不均匀沉降引起的破坏。在高速公路桥梁使用过程中，经常会出现地基不均匀沉降的现象，这种问题直接对高速公路桥梁整体结构造成破坏，使高速公路桥梁表面受力呈现不均匀状态，从而造成裂缝或者坍塌等严重问题。造成地基不均匀沉降的原因有以下几方面：第一，施工不规范，没有按照设计施工图进行施工，在施工过程中采用不合格的材料产品或偷工减料，造成地基不稳定现象，从而引发整体结构的病害问题。第二，前期勘察及设计工作不完善，缺乏科学性、合理性，高速公路桥梁建设必须结合当前地质现状和周边环境进行设计施工，如果缺乏这方面的保障，势必会造成设计与实际不相符的情况，直接影响整个施工质量。第三，工程项目受到影响因素多，在地基施工过程中，打桩深度及开挖工序都会影响到地基的质量，由于工序不合理或者其他问题，对桥梁建设造成影响，造成结构病害的发生。

二、高速公路桥梁加固的措施

　　桥面铺装层加固措施。桥面铺装层的完整性对行车效果有着直接影响，在施工过程中应该加强对高速公路桥梁铺装层的重视与裂缝控制。其次，严格控制正常使用状态下的车辆超载现象，避免因超荷载作用对桥面铺装层造成的破坏。另外，加强对铺装层的保养与维护，制定科学的保养策略，定期进行检查与修补，如果发现裂缝问题，积极采取措施降低问题扩大的可能性。

　　上部结构的加固。上部结构的病害问题就是 T 梁部位的裂缝，当 T 梁出现的结构裂缝在 0.2mm 的范围内时，可以采取灌浆处理，如果超出 0.2mm 则使用其他加固方法。比如：锚喷加固，其主要是由钢筋网、锚杆等组成，在施工过程中，采取喷射的方式促进浆液与钢筋网、锚杆的相互结合，使其形成统一的整体，通过添加速凝剂的方法，还可以提高工作效率，实现早期的高强度需求。锚喷技术的应用具有一定的机械化效果，较多的采取侧向模板，不对正常交通造成影响。

　　地基不均匀沉降的加固措施。首先，做好高速公路桥梁建设的前期准备工作，进行科学勘探和设计，了解当前施工地点地质条件环境影响，在施工设计过程中，严格按照地质勘探结果及参数条件设计出符合实际现场需求的结构。与此同时，科学设置沉降缝，尽量减小地基不均匀沉降现象。其次，做好各个环节的监督和检查，严格按照规范及设计要求进行施工，加强材料及关键部位的试验检测，确保使用的钢筋、混凝土等材料符合质量要求，在施工过程中随时对地基沉降进行观测，找准水准点，确保高速公路桥梁下部结构的稳定与安全。

　　预应力加固技术。预应力加固技术的应用是在高速公路桥梁构件受到破坏前采取的一种加固措施，其可以提高构件承受外部荷载的承受力。符合足够的耐久性与刚性要求。在高速公路桥梁中常用的预应力加固技术有体外预应力、有粘结预应力、高强复合纤维预应力等，其中体外预应力加固技术受到广泛应用。

　　综上所述，造成高速公路桥梁病害产生的原因有很多种，其中主要表现在工程质量问题，管理及后期维护与保养上面。所以，如果要降低高速公路桥梁结构病害出现的概率，就必须做好相应的防护和控制措施，严格控制施工过程中的材料质量，做好相关检测和验收工作，加大管理力度，确保人员操作符合规范标准要求，定期进行高速公路桥梁的维护和保养，促进高速公路桥梁结构质量的提高，为我国经济发展做出重要贡献。

第三节　道高速公路桥梁损伤的评定和维护

由于外在、内在的原因，道桥在使用过程中，经常出现结构损伤，以及损伤积累。桥梁损伤不仅会对桥面交通产生影响，而且会对桥梁内部结构造成威胁。然而，常规桥梁承载能力试验，健康监测技术都不能准确地检测出桥梁脆性破坏程度。在损伤机理基础上出现的安全评定方法，可以对桥梁局部、整体和长期损伤程度进行检测，并给出损伤力学、疲劳断裂、可靠度等方面的评定结果。本节通过对桥梁损伤的实际情况，内部结构损伤程度，分析桥梁损伤问题，并提出相应的维护、管理对策。

由于外在、内在的原因，道桥在使用过程中，经常出现结构损伤，以及损伤积累。桥梁损伤不仅会对桥面交通产生影响，而且会对桥梁内部结构造成威胁。在桥梁使用过程中，由于桥梁损伤造成的坍塌事故，广泛引起国内、外工程界对桥梁使用安全评定和维护问题的关注。桥梁所处的环境、（化学）物质侵蚀、灾害、使用频率，以及人为因素，都会对桥梁造成一定的损伤。然而，目前的桥梁损伤检测手段，诸如，（常规）桥梁承载能力试验，健康监测技术等都不能对桥梁出现的细微损伤进行准确检测。本节在损伤机理基础上出现的安全评定方法，可以对桥梁局部、整体和长期损伤程度进行检测，并给出损伤力学、疲劳断裂、可靠度等方面的评定结果。

一、道高速公路桥梁损伤的影响因素

自然环境。桥梁建设完成后，一直处于自然环境中，并受各种环境影响，诸如，水汽、（化学）物质，以及温度，上述因素使桥梁出现结构变形。上述自然因素的存在，不仅会对损伤桥梁的使用耐久性产生影响，而且会削弱损伤桥梁的结构承载力。桥梁防腐一直是防止桥梁损伤的关键，为此人们发明很多防腐材料、防腐钢材。研究结果显示：自然环境的作用，可以使桥梁出现混凝土碳化、卤离子侵入，两者是钢筋锈蚀的关键。钢筋锈蚀反应属于电化学反应，需要 O_2 和 H_2O，并在 C- 和其他污染物的作用下，发生应力腐蚀。欧美国家于 20 世纪初期就开始进行混凝土冻害研究，并于 20 世纪中期先后提出静水压、渗透压等假设。但是，由于损伤桥梁评估中的应力腐蚀问题过于复杂，目前尚未准确的损伤定论。混凝土中的孔隙水、胶凝水是冻融破坏的前提条件，而温度是促进冻融破坏的辅助条件，共同混凝土结构的破坏。

施工材料性能退化。桥梁使用的施工材料有一定的有效期，长时间使用会造成材料老化、力学性能降低等问题，诸如，混凝土碳化、碱骨料反应等。其中，混凝土碳化是建筑材料老化的主要问题，而混凝土对结构钢筋起到保护作用[2]，碳化后使得钢筋受损。另外，氧化、辐射会诱发建筑材料损伤，造成混凝土裂缝。

　　桥梁结构疲劳损伤。桥梁施工过程中，施工材料中含有微小裂纹、裂缝，在循环负载的条件下，裂纹、裂缝会形成合并伤，形成宏观裂纹。疲劳损伤是钢架桥梁的主要问题，也出现不少桥梁坍塌案件，诸如，1962年（美国）Kings桥梁坍塌。然而，疲劳性损伤在早期不容易被检测，一旦被检测出来，就会造成灾难性的后果。目前，国内、外工程业研究者，对混凝土结构损伤的研究比较深入，在一定程度上减少桥梁结构损伤的发生率。

　　桥面车辆荷载。桥梁的主要功能是进行交通疏导，并承载一定的载荷，这种来自于车辆的动载荷会对桥体结构产生循环变化应力。车辆行驶过程中，会使桥体结构产生振动，减少桥体构件之间的连接紧密性，降低构件的结构强度。另外，车辆之间的对冲作业，也会使得桥梁伸缩缝、支座架造成损坏，影响桥梁正常功能的发挥，对桥梁自身结构安全产生影响。

　　桥梁使用超载。目前，桥梁使用超载现象比较严重，主要为使用周期延长，通行车辆超载。早期修建的桥梁已经超过使用年限，或者进行超载运营。同时，违规超载车辆在桥面上通行，对桥体产生一定影响。桥梁使用周期延长是因为设计规范的改变，交通量短期内急剧增加，这种现象在桥梁使用过程中普遍存在。而超载是由于交通监管部门管理不严，导致违规车辆在桥面通行。

二、桥梁损伤评定方法

　　承载能力评定法。承载力试验评定法分为两种，竣工试验评定、荷载试验评定。竣工试验针对设计、施工进行检测，判断桥梁能否投入使用。荷载试验适用于不敏感桥梁损伤，这种损伤大多源于桥梁设计、施工。承载力试验评定法可以对旧桥损伤程度进行检测，但检测精度不够，不能实现损伤安全评定。目前，承载能力试验评定法可以检测出桥梁损伤情况，但不能全面反映桥梁损伤积累情况。

　　结构可靠性评定法。结构可靠性方法源于可靠度理，该理论通过分析可靠指标，并进行指标之间的比较，得出损伤桥梁的安全结论。结构可靠性评定方法分为两种：一种直接计算桥梁可靠指标U，并与可靠指标UT相对应；另一种，基于可靠度评价规范，直接计算可靠指标，包括：失效、结构分析、荷载、抗力等模型，并以可靠指标计算桥梁结构安全性。目前，欧美国家制定了类似的评估规范，而中国尚未完成对旧桥梁承载力评定规范的修订。

　　荷载试验评定法。荷载试验评定法通过对桥梁进行试验性荷载，实现桥梁损伤评定。荷载试验评定法具有可靠性、直观性的特点，通过实际数据证明桥梁结构性损伤。荷载试验法包括：静载、动载两种，即依据静力、动力响应来判断桥梁结构损伤。荷载试验法容易受外界噪声影响，所以，进行评定时需要封闭交通。

　　疲劳断裂评定方法。疲劳断裂评定方法认为，在桥梁内部结构点上，出现细微损伤，损伤持续积累，使得应变值超过阀值，造成桥梁不可愈合变形。混凝土材料在外部环境作用下，受到轻微的拉、压、剪、切作用，就会在砂浆基体与骨料连接处发生劣化。目前，损伤力学评定法在使用复合材料建造的桥梁损伤检测时效果显著，但对混凝土桥梁的失效性检验效果略差。疲劳断裂法主要用于钢桥损伤检测，这是因为钢桥损伤是由主裂纹增长导致。

层次分析法。层次分析法源于灰色理论，主要进行桥梁底层工作状态评定，适用范围非常广泛。层次分析法采用权重形式，进行桥梁结构的综合分析，分析每个指标（杆件损伤）变化对桥梁结构的影响。层次分析法的评定可以通过专家咨询、评估等方式，让损伤结果更加符合客观实际，并确定重点影响指标。层次分析法可以让繁杂的评估变得更加简洁、实用，因此被广泛应用于钢架桥梁损伤的测定中。

三、损伤桥梁主体的加固与维护管理策略

桥梁加固、改造对策。

钢结构加固。钢桥损伤后可以通过钢板加贴进行加固，并利用杆件进行焊接、拴接，以此提高桥梁结构刚度。同时，针对无法加固的构建，需要进行必要的更换，诸如，受腐蚀的下拉所、主缆索股等。钢桥加固后，需要进行必要调度防腐涂抹，并采用先进的防腐材料和措施。

混凝土结构加固。混凝土加固方法主要包括：粘贴钢板法，实现对裂缝的封闭，提高构件的承载力；预应力加固法，通过合理布置锚固，加强构件的结构强度和承载力；碳纤维加固法，通过粘贴优越的碳纤维，提高混凝土的构建强度。上述加固方法实施以后，需要对裂缝进行封闭，防止腐蚀性气体的侵入，比如，沿海城市的海风。同时，对加固后的混凝土进行表面涂装，必要时，更换主梁。

圬工结构加固。圬工结构位于受损桥梁的墩位、台基处，容易出现结构性开裂。圬工结构加固主要通过裂缝封闭，预应力修补，以及碳纤维加固。

桥梁损伤维护管理对策。管理部门定期对桥梁进行养护，合理利用养护费用，提高桥梁的持久性、耐用性。管理部门进行桥梁维护过程中，主要采取以下对策：（1）定期检测受损桥梁，利用损伤原理进行安全评定；（2）综合损伤识别技术，针对薄弱位置，进行重点养护，减少检测的盲目性，通过桥梁养护效率；（3）依据桥梁损伤情况，采取最优养护策略；（4）依据桥梁损伤评定结果，对通过车辆进行限速、限载、限高，并减少通行车道；（5）定期维护受损桥梁，清理排水管、伸缩缝、支座等位置；（6）对于桥梁钢筋、构件、拉索、主缆等易损位置，进行定期防腐处理。

本节主要通过阐述桥梁损伤机理、安全评定方法，损伤检测手段，进行桥梁损伤评定问题分析，并采取相应的解决对策。传统的桥梁损伤检测手段不能进行轻微损伤检测，需要综合多种检测手段，进行相应的承载力试验，才能准确测定桥梁损伤程度。桥梁损伤程度检测，需要进行局部、整体、长期的检测，准确进行损伤位置定位，提高损伤构件的识

别率，采取现代损伤修复技术进行处理。

第四节　高速公路桥梁面维护工程施工工艺

交通量及行车密度逐年递增，无疑加剧了高速公路桥梁损耗，为此，要保证交通运输流畅性和安全性，必须加强高速公路桥梁维护加固。下文从桥面维护前准备、混凝土施工工艺、桥面铺装钢筋铺设、伸缩缝病害维护、桥面系维护技术、裂缝维护施工技术和提高桥梁承载能力几个方面探讨了高速公路桥梁面维护施工技术。

现阶段，我国高速公路面临着建养并重的重要时期，而桥梁是组成高速公路的重要内容，直接影响着高速公路的安全以及行车运营的顺畅。但随着高速公路桥梁数量日益增加，使得桥梁病害问题也更加凸显，因此，加强高速公路桥梁病害检测，定期对其进行维护管理，是当前高速公路管养的重任，且对桥梁结构使用寿命延长、保证高速公路通车运营安全性的作用极大。

一、高速公路桥梁面病害分析

通常这类病害包括桥面混凝土破损，如孔洞凹陷或铺装层裂缝，还有桥头跳车、伸缩缝型钢断裂变形等。其中混凝土破损主要由混凝土早期裂缝、混凝土强度较弱或收缩所致；而橡胶条破损或老化是因环境恶劣、伸缩缝伸缩时遭刮破与车辆挤压所致；伸缩缝型钢断裂变形则是由于型钢计算跨径较大，型钢材料不符合疲劳、强度与变形要求，焊接不充分等所致。另外，桥头跳车是由软土地基沉降及其填料造成搭板悬空，再反复受超重车辆荷载作用引起，严重时还将导致搭板断裂等后果。这些病害直接影响着桥面整体美观，一旦凹陷或裂缝无限扩大，必将造成桥面承重能力降低。桥面裂缝或橡胶带损坏，将引起雨水等液体渗入桥梁下部结构或桥头内，进而锈蚀桥面铺装钢筋与梁端墩台，降低其耐久性。同时这些病害也将引起桥面明显震动，使得司机驾车缺乏舒适度，造成交通事故。

二、高速公路桥梁维护施工工艺分析

桥面维护前准备。首先，加强高程控制。在对破损桥面进行凿除前后，必须及时测量高程，确保桥面铺装达到4cm厚沥青混凝土与8cm厚钢筋水泥混凝土的要求，一旦无法满足，应调整坡度保证铺装层厚度。其次，破除清运原桥面铺装。在破除桥面铺装层时，应使用小型机具设备（如风镐等），尽可能选择专业水平高的施工单位，严禁使用大型或用力较大的破除设备，以免损坏桥面板，并统一收集清运已破除建筑垃圾至事先选定或高速公路之外的废料场。最后，凿除破损企口缝。破除原桥面铺装后，应认真检查原企口缝，一旦企口缝及灌缝的混凝土发生破碎松散与脱离情况，应将其彻底凿除，再重新浇筑。但凿除操作时应加倍小心，防止对企口缝的损坏。

混凝土施工工艺。首先，在搅拌站集中拌和混凝土，再用混凝土搅拌车运输。而浇筑期间应严格混凝土铺装层标高与厚度控制，注意密实振捣，特别是用振捣棒捣严企口缝、伸缩缝与模板边缘，表面平整度必须达到规范要求，收面应无浮浆确保平整。通常对企口缝浇筑需要注意两点，一方面在浇筑板间缝时，先用铁丝在其下固定木条吊底，然后明确板间缝宽度，不超过 2cm 者，浇筑用 40 号环氧树脂砂浆；超过 2cm 者，浇筑用 40 号细石混凝土。另一方面在企口缝浇筑时，连着桥面铺装一起浇筑混凝土，再用振捣棒将其振捣密实。其次，完成浇筑后注意养护，以提高混凝土强度，通常使用洒水覆盖养生法，或草袋腹膜覆盖法进行保养，使混凝土在养护过程中始终保持湿润。

桥面铺装钢筋铺设。在现场加工铺设桥面铺装钢筋网片时，应使用搭接焊进行钢筋焊接，并尽可能满足《高速公路桥梁施工技术规范》要求。注意短钢筋的充分设置，在钢筋网上垂直焊接，将其设置于混凝土铺装层中间处，避免施工期间钢筋网片下垂。同时铺设钢筋网片必须保证平直、无局部弯折。

伸缩缝病害维护。随着我国高速公路桥梁的长年运营，桥梁伸缩缝破损日益增多。由于高速公路交通极难中断，不易用水泥混凝土进行修复，更难以保证质量。建议可将碎石掺入产自英国的 BJ-200 高分子聚合接缝材料做成无缝伸缩。一方面，将原有钢筋混凝土凿除再进行清理，通常底部应铺设厚 0.5 ~ 1cm 的钢板，并把 5 ~ 20cm 粒径的碎石加热进行摊铺，厚度需达到 2 ~ 4cm，然后在碎石上浇筑加热的 BJ-200，直至无液体渗出碎石表面，以小型振动夯夯实后再进行第二层摊铺，最终将其填满。特别是最后一层要超过原路面 5 ~ 10mm，再撒上 5mm 以下粒径的小石子，待夯实后开放交通。另一方面，对半幅采取两段施工，以免高速公路运行受到影响。而针对伸缩缝胶条破损、老化的情况，应进行及时更换，避免缝内掉入杂物制约梁板正常伸缩。安排专员对伸缩缝定期清理，保证缝内无杂物。

桥面系维护技术。桥面上的护轮、栏杆为其安全设施，一旦出现腐蚀、损坏、变形等病害，必须进行更换修复，以保证车辆正常安全地运行。桥梁栏杆被损坏或变形而无法正常发挥其功能时，需要及时更换修补。在检修过程中，车辆要实现安全运行，应使用栅栏或闪光灯等标识其已损坏，但值得注意的是若桥梁栏杆为钢筋混凝土构成，且已经发生剥蚀或裂缝时，可利用环氧树脂修补受损较轻的，对严重的需凿除受损部分进行重新修补，特别是注意受损栏杆与桥梁下部构造和梁是否有关；钢质栏杆需经常刷漆、除锈，并及时更换严重腐蚀的部分。如果护轮带被破坏，势必会对行车安全产生影响，务必要迅速修补，当然修补期间要设置闪光灯等安全标识。

裂缝维护施工技术。无论是对桥梁板结构还是桥面来说，最为普遍的病害为裂缝，并且分布相对广泛，为此，在处理期间应针对裂缝实际，合理选择恰当的维护施工技术。当前，在维护桥梁桥面的过程中，如果裂缝为微小裂缝，且宽度不超过 0.2mm 的，通常可利用表面封闭材料如聚合物砂浆、环氧胶泥等封闭修补表面；如果裂缝宽度介于 0.1 ~ 1.5mm

之间，需使用黏度和强度较高的裂缝修补胶，对裂缝腔采取精准注射法做封闭处理；如果裂缝为活动性裂缝，且宽度高于 0.5mm 的，一般采取开 U 型槽填充并粘贴环氧树脂与玻璃纤维布的方法，做填充式密封处理。

提高桥梁承载能力。要提高桥梁承载力可以通过外加钢板的方式进行，这样桥梁横截面才不会过多增加。然而，在加固钢板加工成形时难度相对较大，并且需要加装支护设备，再加上后期使用过程中，必须进行大量的维修保养，因此该方法并未得到大范围使用。所谓加装钢筋即二次加装桥梁表面，并在桥梁表面固定钢筋，以充分提高高速公路桥梁的抗弯性能，避免高速公路桥梁自身重量增加。但这种方法具有极大的不足，将严重影响桥梁的整体外观，故而未能被经常应用于城市桥梁。此外，还要加强日常维修、预防性养护和常见病害维修等，来充分保证高速公路桥梁的正常运行。

据上述分析可知，高速公路桥梁的维护加固尤为关键，是确保桥梁安全状况，降低交通事故发生率的主要手段之一。为此，这就要求相关部门正视高速公路桥梁维护过程中存在的问题，并及时分析其发生原因，针对性采取措施降低浪费，才能从根本上解决问题。通常高速公路桥梁面病害主要体现为混凝土破损、桥头跳车、桥面裂缝或橡胶破损等，当这些病害发生时，必须积极进行分析，通过桥面维护前准备、提高桥梁承载能力等措施，才能有效促使道路正常运行。

第五节　高速公路桥梁冬季养护方法分析

季节性变化对高速公路桥梁的周围环境有很大的影响，雨水、积雪和冰雹等的冲击容易破坏桥梁的整体结构。本节从冬季高速公路桥梁的养护方面展开分析，并提出了相关的养护办法，为桥梁的养护维修提出了一定的建议。

冬季是桥梁养护的重点时期，经过雨水、冰雹和寒冷低温天气的冲击，桥梁结构容易发生崩裂、变形问题，进而对高速公路桥梁的通行状况造成影响，因此冬季桥梁的维护工作越来越受到相关部门的重视。高等级高速公路桥梁的冬季维护主要内容是除雪防滑，通过人工除雪或机械除雪，将桥梁表面的积雪铲除以防止车辆打滑，还可以撒融雪剂和防滑料等。除雪工作包括新雪处理、压实雪和冰面处理，一般高等级的高速公路作业应以清除新雪为主，当降雪量较大、空气温度和地面温度都比较低时，可以直接利用除雪机械进行铲除；雪层较薄且空气温度和地面温度较高时，可采用人工或机械除雪、撒融雪剂或防滑剂等措施进行处理。在实际的高速公路桥梁养护过程中，要根据桥梁的积雪特点，选择不同的处理方法。

一、桥梁上部结构的养护重点

桥面积雪。冬季桥梁除雪主要是为了保证车辆能在规定的速度下最大限度的、安全连续的行驶，并确保车道和路肩的积雪量最少。路面积雪的处理办法包括封路除雪和不封路除雪两种。但长时间的封路会导致交通堵塞或瘫痪，所以一般的路面积雪通常采用不封路除雪，利用专用除雪机械、多功能养护车、平地机等设备进行路面机械除雪，或者采用机械为主，人工和撒防滑材料为辅的方式开展除雪工作。除雪作业内容包括清除新雪、除雪堤、消除积雪等，清除新雪一般从阵雪开始，用循环机沿着养护路段进行循环作业，直到降雪停止后停止作业，以保证路面的安全性。

除雪过程中为了不形成较高的雪堤，一定要控制好作业速度，除雪设备联合作业的效率比较高，适合降雪量较大且交通量大的路段，能够一次性的将雪移动到桥面以外，消除风雪带来的阻力，提高车辆通行效率。温度对除雪效率影响较大，再加上车辆轮胎与路面摩擦作用，更有利于积雪融化。因此，在天气转晴后，先用机械将表面的积雪推除，撒上一层融雪剂，残留的积雪就可以自行融化。但融雪剂中含有的氯盐类物质渗透进混凝土中会加速混凝土的冻融，造成钢筋腐蚀，从而削弱桥梁结构的承载力，因此积雪除雪时要及时撒防滑材料，尽量避免使用盐类融雪剂。

护栏维护。护栏作为高速公路桥梁的安全防护设施，能够有效对危险障碍物进行防护，保证车辆的安全通行。高速公路两端的护栏大多采用钢筋混凝土或波形梁钢护栏。护栏在混凝土剥落或有裂缝时可通过灌注环氧树脂进行修复，损坏严重的部分需要直接凿除再进行修补，波形梁钢护栏损坏要及时更换，防止出现交通安全事故。

对桥面排水系统的养护。桥面排水设施是为了保证桥面排水顺畅，防止桥面积水给行车带来不利影响，降雨天气如果排水不畅，可能导致车辆发生滑移，产生交通事故。雨水若渗透进桥梁支座，可能导致支座腐蚀，损坏桥梁结构本身安全。桥面的排水管和排水槽相当重要，一旦发生堵塞要及时疏通；及时修补损坏的泄水管，横向泄水管道长度不够易发生流污；泄水管的接头要保留足够的长度，防止积水流污。尤其是冬季气温较低，桥面的积水渗透进桥梁底部，使边板底部混凝土发生冻融现象，造成混凝土脱落和钢筋生锈，对桥梁的结构安全造成较大的影响。

除了桥梁护栏、排水管以外，桥梁的伸缩缝也同样重要。伸缩缝处于梁段的薄弱部分，承受着车辆的反复施压，裸露在自然环境下受环境的影响较大，冬季天气恶劣时容易发生不同程度的损坏。因此要经常清理缝隙内部的杂物、检查螺栓和周围结构，当伸缩缝出现损坏时要进行及时的清理和维护，对损坏部分的部件进行修补或更换。

二、桥梁墩台的维护

墩台养护内容。桥梁墩台一般是采用混凝土和钢筋混凝土建筑而成的，对墩台进行养护主要是为了保证桥梁结构的完整性和稳定性，防止桥梁倾斜，并减少车辆通行带来的行车振动和基础冲刷。桥梁墩台养护内容主要有：保持墩台表面清洁、抹平蜂窝麻面、更换已风化的块石砌体等。墩台表面的清洁主要针对青苔和污垢；墩台长期经受大气的影响，经过雨水冲刷和侵蚀容易造成灰缝脱落，要及时进行勾缝修复；混凝土表面易出现蜂窝麻面，需要将周围凿毛，整理干净后用水泥修复；桥梁墩台表面如果凹凸不平没有流水坡、或存在裂缝会影响桥面的排水系统，要及时在顶面填铺混凝土或水泥，完善流水坡以便排水。

墩台维修措施。高速公路桥梁承受车辆重复碾压或积水侵蚀等原因，墩台容易变形，要及时查明原因选择合适的措施进行有针对性的维护。桥梁桥台台背遇水后膨胀，造成墩台变形，应挖去膨胀土体，排除水分，在挖去的部分填上砂砾土以修补损坏的桥台部分。冬季温度较低的情况下，墩台的建筑土体被冷冻，应挖掉冻土填上不易受冻的矿渣砂砾，将表面密封，保证水不会渗透进土层内，及时修复好损坏部位。桥梁砌筑不良容易导致墩台出现孔洞或变形，此时应该拆除墩台变形的部分，重新砌筑。此外，墩台出现空洞时，应在空洞周围凿出通眼，利用压浆机从通眼往墩台内压注水泥砂浆或者环氧树脂进行修复。

三、冬季高速公路桥梁路面坑槽修补工作

冬季路面的养护重点应针对路面零星的坑槽进行修补。冬季气温较低，施工难度较大，因此对路面坑槽的修补工作质量要求也相对较高。对坑槽的修补应坚持"斜坑正补，圆坑方补"原则，开挖坑槽的边线应平行或垂直于路中心线，保证坑壁垂直并和原路面衔接整齐平顺。根据当地的气候条件，对冬季路面的坑槽采取冷拌和料修补法或沥青混凝土砖修补法，沥青冷拌和料修补路面具体的施工流程。这种方法适用于低温环境下快速修补沥青路面，操作简单且稳定性高，能够提高桥梁养护效率，保证行车安全。

高速公路桥梁的冬季养护属于日常预防性养护工作的重要方面，由于冬季养护工作受气候环境和低于环境等方面的因素影响较为严重，因此要认真研究冬季高速公路桥梁的养护方法。本节从冬季高速公路桥梁的养护方法展开分析，对冬季养护提出了建议，对我国高速公路桥梁的日常维修护理工作起到了一定的参考作用。

第六节　高速公路桥梁模数式伸缩缝的病害及维护

桥梁伸缩缝病害的原因是多方面的，不但有设计方面、施工方面的原因，更有荷载作用、桥梁养护等多方面的原因。当伸缩缝出现断裂、挤死等病害时，为避免引起桥梁结构主体的损坏，需及时对伸缩缝进行更换。高速公路车流量大、桥梁多，模数式伸缩缝作为高速公路桥梁普遍采用的伸缩缝形式，对其结构形式、病害类型、维修方法进行研究，具

有重要的意义。

一、常见伸缩缝类型及病害类型

常见伸缩缝类型。伸缩缝是为满足桥梁变形需要,在两梁端部之间、梁端与桥台之间或桥梁的交接位置上设置的桥梁伸缩装置,要求其能在平行与垂直桥梁轴线两个方向,均能自由变形,车辆通过时无跳车、无噪音且牢固可靠;要求能防止雨水、垃圾、砂石土等进入桥梁结构连接处造成阻塞;要求安装、检查、养护等都简易方便等。

桥梁伸缩缝的主要作用在于调节由车辆荷载、温度荷载、桥梁自身变形等原因所引起的上部结构之间的位移。

常见的伸缩缝类型主要有钢板式伸缩缝、橡胶式(剪切式)伸缩缝、模数式伸缩缝、弹性体(无缝式)伸缩缝等。

钢板式伸缩缝。钢板式伸缩缝的伸缩体由橡胶与钢板或角钢硫化为一体,能直接承受车轮荷载的作用。其缺点是不能适用于大位移量的桥梁,难密封易透水,容易对车辆造成冲击,影响行驶舒适性。钢板式伸缩缝适用于伸缩量为 40 ~ 60mm 以上的高速公路桥梁。

橡胶式(剪切式)伸缩缝。橡胶式伸缩缝采用各种断面形状的橡胶带作为嵌缝材料,根据橡胶带传力和变形机理的不同,可分为嵌固对接式伸缩缝和填塞对接式伸缩缝两类。嵌固式对接式伸缩缝是利用不同形状的钢构件将不同形状的橡胶条嵌牢固定,橡胶条即可以处于受压状态,也可以处于受拉状态,以此来吸收梁体的变形。这种伸缩缝既能满足变形要求,又具备防水功能,因此施工及维修都非常方便,适用于伸缩量在 60mm 以下的高速公路桥梁工程。填塞对接式伸缩缝是以沥青、麻絮、木板、橡胶等材料填塞桥梁缝隙,伸缩装置一直都处于受压状态,适用于伸缩量小于 40mm 的桥梁,现已很少使用。

模数式伸缩缝。模数式伸缩缝的伸缩体由异型钢梁与单元橡胶密封带组合而成,橡胶材料具有吸震缓冲性能好、容易密封等特点,异型钢具有强度高、性能好的优点。因车辆通过时引起的梁端转动与挠曲变形会产生拍击,使伸缩缝装置会产生很大的噪音,且易造成损坏,所以需采用螺栓弹簧的装置固定滑动钢板,以此减少拍击和噪声。模数式伸缩缝的复杂结构使其具有良好的弹性变形与防水防尘功能,适用于伸缩量为 80 ~ 1200mm 的高速公路桥梁工程。

弹性体(无缝式)伸缩缝。弹性体伸缩装置分为锌铁皮伸缩缝和 TST 碎石弹性伸缩缝。锌铁皮伸缩缝是将锌铁皮弯成 U 形断面的长条,分上下两层,上层的弯形部分开凿梅花眼,其上设置石棉纤维垫绳,然后用沥青膏填塞;下层 U 形锌铁皮可将下渗的雨水沿横桥向排除桥外。TST 碎石弹性体伸缩装置是一种简易的伸缩缝装置,是在清洗加热的碎石中灌入加热熔化的特制弹塑性材料 TST,形成 TST 碎石弹性伸缩缝。TST 碎石弹性伸缩缝能适应不断重复的温度和荷载位移,不但适用于温度单一地区,而且适用于 -25℃ ~ 60℃ 的大温差地区。对于中小跨径的桥梁,当伸缩量在 20 ~ 40mm 以内时,可以采用弹性体伸缩缝装置。

模数式伸缩缝病害类型及破损原因。桥梁伸缩缝直接承受车辆荷载的反复作用，因暴露于自然环境中，而且位于梁端构造最薄弱的位置，经常发生各种不同程度的损坏，且难于修补。模数式伸缩缝作为高速公路桥梁普遍使用的伸缩装置，经常发生的病害有异性钢断裂、防水材料老化脱落、伸缩缝挤死、伸缩缝高差、位移控制系统断裂、后浇带混凝土破损等。

异性钢断裂。当伸缩缝内存在杂物影响伸缩缝的自由变形时，便可影响角钢和混凝土之间梁锚固件的牢固性。加之在车辆荷载所产生的冲击力反复作用下，最终便可产生伸缩缝异型钢的断裂。

防水材料老化脱落。防水材料老化脱落的主要破损原因有铆钉松动，橡胶板老化、变形等，最终导致伸缩缝橡胶的老化脱落。

伸缩缝功能丧失。伸缩缝功能丧失的主要原因为砂石等杂物的累积，导致伸缩缝丧失自由变形的能力，严重时导致桥面出现坑槽等病害，甚至导致主梁顶起或桥台背墙开裂。伸缩缝过窄是伸缩缝挤死的另外一个原因，主要因为安装伸缩缝时预留伸缩量过小导致伸缩缝出现功能丧失。

伸缩缝高差。桥台沉陷、安装误差以及支座垫石碎裂等是引起伸缩缝高差的主要原因。伸缩缝高差是引起桥头跳车的最主要原因，桥头跳车所产生的较大冲击荷载，最终使伸缩缝进一步破损。

位移控制系统断裂。位移控制系统断裂的原因与异型钢断裂类似，主要是桥梁自由位移受到限制，最终导致破坏的产生。

后浇带混凝土破损。后浇带混凝土破损是伸缩缝一系列病害所产生的连锁反应。

二、伸缩缝病害的防治及快速维修

桥梁伸缩缝病害的原因是多方面的，不但有设计方面、施工方面的原因，更有荷载作用和养护方面的原因。现阶段只有提高桥梁养护水平，以"预防为主、防止结合"为方针，及时做好伸缩缝的养护管理工作，才能有效避免伸缩缝病害对桥梁结构产生更加严重的后果。

伸缩缝病害的防治。

（1）提高设计水平，充分全面地考虑桥梁实际情况，选择类型及性能更加科学的桥梁伸缩装置。

（2）重视伸缩缝施工工艺，严格按照安装程序、标准要求等进行施工。

（3）加强监管查处力度，严格把控超限超载车辆通行。

（4）提高养护水平，定期对桥梁伸缩缝进行清理，对橡胶止水带等易老化、损坏的构件进行更换，及时对桥头跳车等病害进行处治，防止伸缩缝病害的进一步发展。

模数式伸缩缝病害的快速维修。

当伸缩缝出现断裂、挤死等病害时，为避免引起桥梁主体的损坏，需及时对伸缩缝装置进行更换。模数式伸缩缝的快速维修一般采用分段施工的方式，提前确定伸缩缝的断开位置，并在预制伸缩缝时预留焊接接头。

凿除损坏伸缩缝。根据《高速公路养护安全作业规程》进行交通管制，凿除伸缩缝混凝土，拆除损坏伸缩缝。①使用风镐凿除伸缩缝范围内混凝土并将预留槽凿毛。②暴露伸缩缝及预埋钢筋，清除钢筋废料。③割断伸缩缝与主梁的连接钢筋，切忌割断原桥梁预埋钢筋。

清理损坏伸缩缝装置，整理钢筋。预埋钢筋的数量、安装均需符合设计图纸的要求，预埋钢筋存在严重损伤时，需结合相关标准及实际情况进行植筋。

清理预留槽，堵塞空隙。凿除松散部位混凝土后，借助吹风机等工具将杂物进行清除，同时使用泡沫板填塞梁端伸缩缝预留空隙。

安装新伸缩缝。前期工作完成之后，安装新的伸缩缝。整个伸缩装置的安装温度宜控制在 10 ~ 20℃，在安装之前应仔细检查梁的间隙尺寸，保证其满足相关标准规范，之后便可进行伸缩缝装置的焊接。安装过程中，必须保证桥梁结构缝与伸缩缝位于同一直线，且根据图纸要求焊接钢筋。为避免伸缩缝出现移动，在靠近边梁位置也需焊接钢筋。

浇筑混凝土。为防止浇筑混凝土流入伸缩缝影响其伸缩性能，伸缩缝间隔位置需使用泡沫板进行填塞。安装模板，清理预留槽，浇筑混凝土，然后进行养生。浇筑混凝土应选择高强度混凝土，24h 后强度应达到设计强度的 70%。混凝土浇筑后覆盖草毡子，洒水进行养生。

伸缩缝的更换一般采用半幅施工的方法，安装养生结束后再进行下半幅的更换。除使用高强度混凝土外，还可使用快硬水泥混凝土。快硬水泥混凝土的初凝时间一般为 30min，1h 后检测混凝土强度，达标后便可开放交通。

伸缩缝的快速维修更换工艺，施工速度快，施工质量有保证，能够在短时间内开放交通。快速维修所采用的特快硬微膨胀硫铝酸盐水泥，具有凝固速度快，早期强度高，施工方便等特点，24h 便可开放交通。伸缩缝的快速维修更换工艺在不中断交通的情况下，凿除混凝土拆除损坏伸缩缝，安装新伸缩缝后浇筑混凝土，24h 养生后便可开放交通，整个工序下来仅需 2 ~ 3d，整条伸缩缝的更换时间不超过 7d，不但降低了施工时间，而且提高了道路的通行能力。

桥梁伸缩缝作为桥梁的重要结构，不但直接影响桥梁的使用寿命，而且在通行舒适度方面起着至关重要的作用。在完善设计、确保施工质量的基础上，应进一步加强对伸缩缝装置的养护与管理，制定更加详细的养护措施，在确保道路正常通行的前提下，进一步推动预防性养护工作的实施。

第七节　高速公路桥梁常见病害养护维修施工技术

在进入到 21 世纪之后，我国社会经济得到大幅度的提高，这使我国人们的生活水平和生活质量也得到了普遍提高，国家建设重点也从解决人们温饱的层面上，转移到建设国家基础设施上，尤其是高速公路桥梁的建设，在最近几年来，受到我国政府的广泛关注。但是随着交通车辆的增加，尤其是一些重载型车辆的增加，使我国高速公路桥梁面临着更加严峻的考验，基于此，本节对于高速公路桥梁常见病害养护维修施工技术进行了分析和探讨，希望对以后的聚义施工起到实际的参考作用。

一、桥梁养护与维修的必要性

桥梁是我国基础建设的重要内容，其作为高速公路建设的一个组成部分，在保证高速公路顺利通行中发挥着巨大的作用。近年来，随着经济的飞速发展，现代交通建设对桥梁建设提出了更高的要求，同时，经济的发展也促使了大型载重车辆的数量增加，这些大型重型车辆由于迫于生产压力时常出现超重的现象，甚至在某些时刻其重量超出了桥梁的承载能力，这对于桥梁的质量是一个极大威胁，它不仅会影响桥梁的使用寿命，严重时还可能造成重大交通事故，危害人们的生命安全。

二、高速公路桥梁面病害

高速公路桥梁面病害的主要表现是桥面出现凹陷、孔洞，甚至个别桥面铺装钢筋外露以及型钢伸缩缝变形，锚固混凝土局部破损，出现啃边、麻面与锚固钢筋外露和坑槽、局部破损等情况。这些病害有损桥面的整体美观，如果裂缝或凹陷不断增大，还会影响桥面的承重能力。桥面裂缝会使雨水等液体渗透到桥体内部，会导致桥面铺装钢筋锈蚀，梁端和墩台受到盐水腐蚀，降低了结构的耐久性。钢筋外露、变形不仅会使桥面震动明显，也会影响司机的视野，甚至会诱发交通事故。

高速公路桥梁上部病害。高速公路桥梁上部经常会出现混凝土脱落，严重者还有主筋或钢绞线外露、崩裂等情况，影响了梁体的承载能力。也有的梁底被刮蹭、局部混凝土剥落、有大面积的划痕，影响了结构耐久性。还有预制板铰缝脱落、漏水，T 梁横隔板混凝土开裂、脱落、露筋锈蚀等情况也很常见。T 梁横隔板混凝土开裂、脱落会导致桥梁横向联系降低，单梁受力较大，就会使横梁的寿命缩短，有时候横梁上的脱落物也会砸坏行驶中的车辆，甚至会造成人员伤亡。

高速公路桥梁附属设施的常见病害。高速公路桥梁两侧一般是土质结构，经常会出现土层塌陷、长草的情况，这对高速公路的外在也有一定影响。一方面，土层塌陷会导致高速公路桥梁两侧依靠物减少，有损桥梁的稳定性；另一方面，路边长杂草会影响路面美观，甚至会影响司机们的心情，诱发交通事故。

桥面系病害。桥面铺装病害：桥梁铺装病害主要是局部破损、坑槽、车辙以及个别桥梁铺装混凝土外露、沥青混凝土出现孔洞等问题。产生此种病害的主要有修建铺装层厚度较薄、车辆荷载、桥梁铺装沥青混凝土骨料出现粘性和破损等原因，小坑槽的不断变化下，加重桥面铺装层破坏。在桥面铺装层破损的作用下，给上部桥梁也造成了很大的冲击力，增加了梁板负担。桥面缝隙会发生渗水，尤其是盐水的渗入，导致桥面铺装钢筋锈蚀，降低桥面结构的耐久性。

梁板非结构性裂缝。可以使用环氧树脂或注胶方法封闭裂缝。施工时先将结构物的裂缝封闭，仅留出进浆口及排气孔，然后将配置好粘度的浆液通过压浆泵将浆液压入裂缝内。使用环氧树脂封闭裂缝，可及时修补空心板绞部位渗水问题。绞缝破损较严重，导致单板受力较大的地方，可以重新处理浇筑绞缝，加强绞缝的连接。用宽为 2cm 小铲刀将封缝胶均匀地刮涂在构件表面裂缝处，使其将裂缝完全封闭；封缝胶的涂抹宽度应控制在2cm，抹胶时要刮平整，应避免产生小孔和气泡，保证封闭可靠。

三、维护高速公路桥梁的具体措施

处理混凝土结构缺陷的方法。在桥梁结构中混凝土所出现的问题，如果混凝土疏松层不深，病害所出现的面积也不是很大，这时候进行修补工作还是比较简单的，使用丙乳砂浆可改善这一问题。如果混凝土病害深度很深或范围很大，这就需要运用高强细石的混凝土进行修补。在修补过程中，也应该按照修补规定进行，决不能胡乱修补，这就需要修补工人具有较强的职业素养。在做好修补工作后，对桥梁结构进行清洗，并填充修补材料，对其他存在缺陷的地方进行逐一修补。

处理裂缝。对于桥梁板结构来讲，出现裂缝病害问题是常见的，这些问题分布范围较广，所以在具体处理中，应结合具体情况，选择出最佳的处理工艺，确保解决所存在的病害问题。目前，在维护桥梁结构中，一些微小的裂缝可以采用聚合物砂浆和环氧胶泥等等材料对桥梁结构进行修补；一些没有超过 1.5mm 的裂缝，可以采用高强度和高黏度裂缝修补方式进行封闭处理修补；如果裂缝大于 0.5mm，那么可以使用填充环氧树脂并粘贴玻璃纤维布的方法进行处理。在处理裂缝过程中，工作人员既要结合裂缝的宽度，也应要结合裂缝所出现的原因，有针对性地进行修补。另外，还要进行定期检测，将裂缝的小损坏控制在萌芽状态，在发现小损害的基础之上予以维护。

桥面铺装破损处置措施。当损坏面积较小时，可局部修补；损坏面积较大时，可将整垮铺装层凿除，重新铺筑。桥面铺装含水浸泡造成的脱落、拥包，应在有效改善排水措施后，再进行面层修补。老化的沥青混凝土桥面，宜尽心铣刨更新处理，不应在原桥面上直接加铺沥青混凝土结构进行补强。沥青混凝土微表处或罩面养护时，不应覆盖伸缩装置。

维修支座。在桥梁支座中也存在病害问题，如果一旦发现支座脱空、支座变形、支座受力不均匀等等情况，应及时调整支座，防止出现安全事故。一旦垫石出现破裂情况，应及时加固垫石，支座出现偏位，及时纠正。定期检查支座是否出现问题，一旦发现支座失去功能，应及时更换支座。

总而言之，随着我国交通运输事业的蓬勃发展，新建桥梁不断涌现，原有桥梁也在不断地老化。旧桥维修加固是一项具有现实意义而又复杂的工作，依据不同的桥梁现状和加固要求采取不同的方法，确保旧桥的改造工作科学合理、经济安全。

第八节　高速公路桥梁施工中钢筋砼的腐蚀与维护

高速公路桥梁施工中钢筋砼腐蚀的出现，将对高速公路桥梁的质量造成严重的影响，因此，应该注重加强对钢筋砼的维护，以此确保高速公路桥梁施工的安全性。

在高速工作桥梁施工过程中，各个部件之间通常需要使用预埋钢筋的方法进行连接，在使用混凝土完成其中某一部件的浇筑后，再使用预埋钢筋将其与另一部件焊接在一起，以此形成具有连续性特点的受力钢体。与其他普通高速公路相比，高速公路桥梁的施工工期更长，甚至有很多项目工程需要跨年度才能够完工，特别是一些冬季比较寒冷的地区，冬季将无法正常施工，需要停止施工。一些裸露在外的钢筋砼很容易被腐蚀，从而严重影响高速公路桥梁的正常使用，因此，必须注重加强高速公路桥梁施工中钢筋砼的维护，以此确保高速公路桥梁的正常使用。

一、高速公路桥梁施工中钢筋砼的腐蚀

在高速公路桥梁停止施工时，为了避免筋膜受到侵蚀，通常会在预留筋膜的表面涂刷水泥浆以此对其进行保护，但是因为涂刷的水泥浆比较薄，再加之长时间在风霜雪雨中反复的侵蚀，涂刷的水泥浆保护层很容易出现裂缝、空鼓的情况，大大降低了水泥层的抗碳化能力，其对钢筋砼的保护作用缺失。钢筋砼长时间暴露在空气中，很容易被空气中的气体，像二氧化碳、二氧化硫等影响，空气中湿度也会对钢筋砼造成侵蚀。另外，随着季节的变化，在冻胀的作用下会破坏钢筋砼表面的钝化层，从内向外腐蚀钢筋砼，致使钢筋砼出现坑蚀。尤其是处于墩柱顶和台盖梁上的钢筋砼，在雨雪天气中，因为排放不及时，很容易出现积水，在干湿交替下出现原电池反应，造成钢筋砼电化学腐蚀，而且钢筋砼根部受腐蚀的情况更加的严重。

二、高速公路桥梁施工中钢筋砼的维护措施

外露钢筋砼的防护。在高速桥梁恢复正常施工以后，可以对预埋钢筋砼的外露部位直

接涂刷一层水泥砂浆，以此保护外露的钢筋膜。这种防护方法操作非常简便，可以直接观察到水泥砂浆的涂刷厚度，并且表面比较密实。但是，水泥砂浆对钢筋砼的保护效果在很大程度上由涂刷水泥砂浆的厚度、水泥砂浆的配合比以及涂刷质量等决定。因此，在加强高速公路桥梁施工中钢筋砼腐蚀维护的过程中，应该对水泥砂浆进行严格的控制和管理，从而确保其可以达到理想中的防护效果。首先，选择使用 1：2 配合比的水泥砂浆，并在其中掺入水泥重量 10% 的 U 型膨胀剂，水灰比需要控制在 0.4 以内；其次，钢筋砼外层涂抹的水泥砂浆厚度需要在 5mm 以上，在涂抹的过程中，应该尽可能地保证水泥砂浆表现的平整度和密实度，并且表面要光滑；再次，将 10% 浓度的 107 胶液掺入到水泥砂浆中，并进行充分的搅拌，水泥砂浆的稠度控制在 45mm 左右最为适宜，这样更加有利于水泥砂浆与钢筋砼表面的结合；最后，因为水泥砂浆需要具有较强的黏结强度，在完成水泥砂浆涂抹后，应该对其进行及时养护，通常情况下，至少需要养护 3 天；

堆放钢筋砼腐蚀的维护。在高速公路桥梁施工中，钢筋堆放的地方一般都很有限，并且钢筋砼的数量较多。如果依然不分实际情况，采用水泥砂浆的方式对钢筋砼的腐蚀防护，不单单浪费时间，同时还会浪费较大的精力。而且从美观的角度来看，高速公路桥梁监理工程师也不会同时使用这一防护方法。因此，在对堆放钢筋砼腐蚀进行维护的过程中，可以将堆放场地的四周降低，并保持场地的平整性。对于堆放地方的外侧四周可以设置 1m 宽，大于 2% 坡地的水泥砂浆，以此达到散水的目的，同时将其与排水沟临时连接在一起，确保雨水可以及时排出，避免因为雨水在堆放钢筋砼底部的积聚，而造成钢筋砼腐蚀。除此之外，在与地面接触的钢筋面上，每间隔 2m 的地方捆绑一根镁条，利用电化学法，防止钢筋发生锈蚀，有效地降低钢筋被腐蚀的概率。

综上所述，在高速公路桥梁施工中，受各种因素的影响很容易出现钢筋砼腐蚀的现象。为了确保高速公路桥梁施工能够保质保量地完成，应该注重加强对钢筋砼腐蚀的维护，最大限度地避免钢筋砼腐蚀现象的出现，从而为高速公路桥梁施工的顺利完成奠定良好的基础。

第七章 高速公路隧道施工技术概述

第一节 当前高速公路隧道施工存在问题

经济的发展，城镇化进程的加快，公路建设项目也随之增多。在国内高速公路规模越来越大的今天，高速公路实现了社会经济的进一步发展与崛起，其促进与带动着交通系统的建设。区域之间的经济、文化交流变得越发频繁，这对社会整体的建设有着很好的推动作用。作为交通系统中最重要的一项环节，高速公路的隧道施工存在很多的困难与问题。高速公路隧道有着非常复杂的自然环境，这一问题影响着高速公路施工有效性。为了改变这一情形，就必须予以施工技术管理更多的关注，更加明确技术要点，提升施工质量。本节就当前高速公路隧道施工存在问题及解决对策展开探讨。

公路隧道施工作为我国交通体系中长期建设的重要部分，有效贯穿了不同道路，提升了道路之间的互通性，对于交通系统完整性建设起着非常重要的作用。由于隧道工程本身的特点、施工环境的复杂性，公路隧道施工中非常容易出现问题，不但导致大量的安全问题出现，而且不利于经济效益和社会效益的获得。因此，为了突出整个公路隧道工程施工效益的最优化实现，应该切实在公路隧道工程施工中贯彻"问题意识"，切实对现有公路隧道工程施工建设存在的问题进行分析，对症下药、因地制宜，提出相对应的改进对策，同时为公路隧道工程施工建设单位实现可持续发展发挥有效的推动作用。

一、公路隧道施工特点

在高速公路中，隧道工程是最难以控制的内容。这是因为隧道施工中需要面临十分复杂的施工环境，这种环境直接影响着工程质量。隧道施工需要做好地质情况的调查与了解。其中瓦斯情况、水流状况都是重要参考要素。且隧道施工有很大的风险，如果没有做好支护工作，就会出现塌方。隧道工程有很多隐蔽项目，且施工环节大多都有一定关联性，即前一个项目的质量会影响到后续工程的走向。因此隧道施工对工作人员有着较高的素质要求，必须做好每一道流程。

二、隧道施工中的质量问题

当前，隧道施工中存在着质量问题，首先，公路隧道相比铁路隧道而言，其施工难度更大、质量建设要求更高，因此隧道施工更加需要全方面掌握。但是，由于隧道管理体系不完善，造成隧道工程施工中地质勘察结果不精确。地层开挖中对于地下暗河、溶洞、断层破碎带等未能有效处理，因此会导致突发性的塌陷现象。其次，隧道建设中出现超挖的现象，一旦隧道出现超挖的现象，会造成后期支护无法有效实现，埋下较大的安全隐患。同时，在开挖后，支护不到位的情况也存在。当前，隧道支护效果的呈现基本上都是通过喷射混凝土而实现的，施工单位混凝土喷射厚度不足、支护回填未能充实、钢拱架、钢支撑间距较大再加上锚杆长度不足等导致支护出现质量问题。最后，二次衬砌存在质量问题。二次衬砌也是当前隧道工程施工中存在的承载结构之一，同时可以发挥有效的抗渗漏效果。但是，当前施工单位在隧道工程施工二次衬砌的过程中，出现衬砌厚度不足、衬砌强度未能符合标准、衬砌钢筋应用缺失以及衬砌同初支间空洞未能密实处理等现象导致二次衬砌无法发挥有效的承载防护效果，出现严重的开裂和渗漏水现象。

三、隧道施工建设问题改进对策分析

严格加强隧道设计图纸的质量审核。一方面，在高速公路隧道工程施工中，工程设计图纸是施工的第一个环节，也是工程施工工作开展的主要依据，直接影响着整个工程施工的质量。如果工程设计图纸的质量不合格或是达不到相关标准，不仅会导致工程施工无法顺利地开展，更会对隧道工程建设的实际质量产生巨大影响。基于此，在高速公路隧道工程的施工准备期间，相关的工程质量监管或者控制人员必须要先对工程的设计图纸进行全面、细致、严格的审核。另一方面，审核工程设计图纸时，施工单位必须依据隧道的地理位置、施工现场的环境因素及具体的地质条件，复核设计图纸，以便在施工未开始之前及时找出设计图纸存在的问题，并且依据施工现场条件实施综合考量，对图纸进行全面、合理的优化和改进，以确保高速公路隧道施工的顺利开展。

做好隧道施工过程中的技术选择工作。在隧道施工的过程中，我们还需要选择好对应的技术手段，因地制宜，确定最适合的施工技术运用在最适合的施工环节。首先，对于隧道施工的工程负责人员一定要熟悉各个施工技术的特点、使用场景，以及具体的操作及应用方法，而且能熟练地运用到相应的施工环节；其次，施工管理人员还需要熟悉隧道的地理环境、地质成分、施工条件等，做好施工场地的勘察与分析整理工作；最后，把施工技术与施工环境有效地结合起来，科学合理地调整施工技术的采用，最大限度地发挥相关施工技术的作用，让施工质量的时效性得到一定的保障。

人员队伍的高水平建设。首先，施工管理人员队伍的高水平建设。施工管理人员管理理念的更新，积极借鉴国外先进的管理经验，强化本土化应用，切实为我国的隧道工程施工管理发挥有效的促进作用。其次，施工技术人员水平的提升。积极学习最新技术，突出新旧技术的融合操作试验，通过自身模拟试验积累经验，提升技术操作责任感和协调配合性，为技术高效应用发挥有效的保障作用。最后，施工监理人员队伍的合理选择。选择经验丰富、声望高、资历高、经验丰富的隧道工程监理人员队伍进入到工程施工建设中，切实发挥科学的监理效果，为公路隧道工程高标准建设进行有效的监督。

做好隧道监控量测工作。隧道监控量测作为新奥法的三大核心之一，对评价隧道施工方法的可行性、设计参数的合理性有重要作用，为了解隧道施工实际围岩级别及其变形特性等能够提供准确、及时的依据，同时对隧道二次衬砌的施作时间具有决定性意义；因此，它是保障隧道建设成功的重要手段。隧道监控量测的主要任务应做到提高安全性、修正设计、指导施工、积累建设经验。

隧道工程是高速公路至关重要的组成部分，其施工的质量直接关系着整个高速公路质量和水平。高速公路隧道施工企业必须要对隧道工程的施工质量和安全进行严格控制，进一步优化和改进施工技术。

第二节　高速公路隧道施工关键技术

随着时代经济的发展，交通的压力逐渐地增加，因而有效地对高速公路隧道施工可以让道路的施工技术进一步提升和进步。新奥法是在高速公路隧道建设施工比较常用的技术，其中不仅钻爆施工以及防排水施工等等的技术，对施工的质量和技术有着重要的影响。在此基础上，将对高速公路隧道施工关键技术进行有效的研究，促使施工安全性和质量的有效提升。

一、高速公路隧道施工的技术的具体分析

新奥法与钻爆施工技术的分析。新奥法简单来讲就是将围岩作为整体支护的组成部分，通过对围岩和支护等等方面的具体测量，来指导和推进隧道施工的方法和原则，让隧道的建设更加安全有效。而新奥法在隧道中的应用内主要施工重点分为以下几点：第一，因为在整体隧道施工的框架结构中，围岩是作为承载结构的一部分，因而将围岩技术的自身的承受能力进行有效的运用，从而推进围岩稳定性的提升和进步。第二，在隧道施工进行阶段，应该有效的减少对隧道围岩的阻碍和干扰作用，尽量保持和优化围岩的强度。第三，在一定范围内围岩是可以进行形状变化的，在支护施工的初步阶段应该将软柔性能有效地利用，使得能与围岩有效的连接，充分提高围岩的承载作用。第四：高速隧道的形状设计一定要满足静力学的相关知识点，尽可能地避免集中应力的产生。通过这样的方式来支撑隧道施工与支护结构的有效运行。新奥法与传统的矿山法相比较，让围岩发挥自身的承载

能力和稳定性能，使得在施工后期阶段对围岩支撑防护的要求相对减少，让支护的成本得到有效的节约的同时，又加固隧道的质量。另一方面，在实际的隧道挖掘时，会根据不同的山体岩石类型而选择不同的爆破方式，让爆破的质量和效果更加优质。

锚杆施工与混凝土的施工技术的分析。隧道的支护的关键就是在不改变围岩本质的情况下，充分的利用围岩自身的承载能力，让支护作用发挥到极致，从而推进隧道施工质量的提升和成本的节约控制。而锚杆施工就是有效的利用这个隧道施工概念。在实际的隧道施工中，利用锚杆技术施工时应该对锚杆的工具进行有效的检查和清理，确保在应用过程中不能因为钻孔的杂物来影响施工质量以及锚杆的抗拔能力，同时有效的提升围岩的稳定性。并且注浆锚杆的时候应该注重关注注浆的饱和度和质量，将反流式注浆技术应用起来，使得尾端的垫板能够准确坚实的安装。另一方面，隧道的施工重中之重就是隧道的稳定性能，高质量的稳定性才能有效地保障车辆在隧道通行的安全，防止塌方事故的发生。因此，"混凝土的喷射技术"就要做到及时有效，才能对隧道的稳定性进行有效地保证。①在混凝土喷射前应该对施工的器材和材料的质量并且是否满足施工要求，并且应该根据具体的施工环境和隧道的地理环境来选择科学有效的混凝土喷射技术，使用施工的湿喷和局部潮喷进行分析选择。②混凝土的喷射技术对于混凝土的强度以及支护的力度有着重要的影响，具体来讲就是湿喷主要适用于需要大量加强防护力度的隧道是施工工程，可以让支护的强度和质量得到进一步提升和完善。而潮喷的施工技术就比较适合应用在混凝土覆盖和粘连面积较大的工程，这样的技术可以有效地促进混凝土的固定的时间的提升，让隧道施工工程更加高效的前进。通过对这样的隧道施工技术的利用，不仅有效的节约施工的成本，还让隧道的强度和抗压能力得到有效的提升和优化，让整个高速公路隧道施工的工程质量得到保障。

对防排水技术和二次衬砌技术的分析。首先是方排水的施工是涉及整个工程，需要将防排，截和堵以及当地的实际情况进行有效的结合分析，有效的推进高质量施工缝隙与变形缝隙之间的衔接防水，要全方位立体化的让各排水的通道进行疏通。在部分有裂缝的隧道区域应该利用注浆的技术，将缝隙和裂口进行有效的缝补和堵截，有效地避免水土的流失。将防水和排水进行有效的结合，当平地水位较高时，能够通过疏通管道进行有效的排放，从而保障隧道的畅通。其次，二次衬砌的利用是对变形的围岩进行有效的加固，为整体的隧道施工提供支护的力量，换句话说就是施工的后期阶段对围岩的稳定性进行完善的措施技术。

二、高速公路隧道施工关键技术应用提升安全性能的措施

规范和优化工程设计图纸，推进施工工艺的完善。高速公路隧道施工的图纸是关系到整个工程的结构以及质量，有效地对图纸进行检查和审核，为后期的施工过程提供正确的指导。并且设计图纸的设置应该对隧道工程的各部分进行全面的考虑和分析，确保设计的

数据的准确性以及设计结构与实际的施工条件的协调性。并且在将施工图纸的理念进行具体的实施时，在不符合发展的地方进行有效的优化，让整个工程更加的合理科学。另一方面，对于隧道施工的工艺质量也应该得到有效的改善和提升，推进隧道施工效率的提升。在具体的高速隧道施工中应该积极引用先进的施工技术，能够更加有效地确保围岩的稳定性，以及混凝土技术对隧道强度的作用等等方面，特别是隧道的混凝土喷射技术可以利用新型的喷射防水的材料和技术，使得混凝土的覆盖面更加的完美。

　　规范和控制施工的步距，加强对施工的动态监测。在隧道施工中合理有效的施工步距可以让高速公路的施工更加安全，并且对于围岩的承载力和稳定性以及隧道的安全性有效的保障。并且施工工作人员也应该有效地对自身的施工行为和范围进行规范，保证自身施工的安全性。作为隧道施工的监管部分来讲，也应该对施工步距进行有效的规范和监管，对超出施工距离的工程进行有效地阻止，对于施工的技术和质量也进行有效的监管。在施工中对新奥法的应用，对隧道施工的检测情况进行有效的监控，对技术系统所记载和反应的数据进行有效的分析和记载，确保隧道施工的准确性和质量。这样的动态检测可以对支护情况以及围岩的情况进行监督，一旦发生不寻常变化检测人员就能及时的发现，从而采取积极的应对措施。

　　公路交通的建设是社会和经济发展的基础条件，对高速隧道施工技术进行有效的研究，可以推进隧道施工质量和安全性能的提高，并且能够有效地提升施工效率，提高隧道工程的质量。

第三节　高速公路隧道施工技术及控制要点

　　隧道在高速公路施工体系中是非常关键的一个组成部分。随着我国高速公路的里程逐渐增加，隧道的数量也逐渐增加。在此背景下，为了能够有效确保隧道施工作业的安全性，就需要科学合理地提高隧道工程项目的建设质量。鉴于此，文章就高速公路隧道施工技术及控制要点展开探讨，以期为相关工作起到参考作用。

一、高速公路隧道施工特点

（一）施工环境较差

　　高速公路隧道工程项目所处的施工环境是由自然情况和实际情况所决定的，一般情况下，施工环境比较恶劣，施工空间也非常狭小。通过对施工属性进行分析可以发现，隧道施工是一种地下工程项目，施工安全和施工质量会受到施工地的水文情况、地质情况、土壤结构以及岩石结构等任何一个因素的影响。此外，和普通的工程项目相比较而言，隧道工程施工包含的施工技术以及施工工序比较多,而且不同的施工工序之间又是紧密联系的。因此,在不同的施工工序之间经常存在同一作业的现象,这样一来就会导致施工工程作业难度提高以及技术含量的增加。

(二)施工风险较高

作为一项复杂程度比较高的综合性作业工程,高速公路隧道施工由于可见度不高,对施工过程中的变化趋势不能准确、及时地做出判断,因此,在实际落实施工作业的过程中会引发一系列的施工故障,从而造成隧道施工的风险系数升高。

(三)施工影响因素多

和其他的工程项目相比,隧道工程施工工期相对较长,因此,会受到不同的气候、温度以及天气的影响。而且,在开展隧道工程施工作业的过程中,所用的施工材料以及机械工具也比较多,施工材料以及机械工具的质量会在一定程度上影响到工程项目的建设质量。此外,高速公路隧道工程质量还会受到市场机制以及国家政策的影响,在对市场机制以及国家政策不利的前提下,隧道工程项目的建设会受到影响,从而出现停工的情况。

(四)施工隐蔽项目多

高速公路隧道工程是一种地下工程,并且施工中的后一道工序是在完成前一道工序的基础上进行的,因此,隧道工程施工中的隐蔽项目相对较多,不同工序之间的施工难度也相对较大,即使是施工过程中存在安全隐患以及质量问题,往往也不能被及时发现。但如果这些问题没有得到及时、有效的处理,就很有可能导致在整个隧道施工中出现质量以及安全隐患。

(五)施工时效性长

在进行高速公路隧道工程项目建设工作的过程中,由于受到外力作用的影响,导致隧道的围岩状态随时都有可能发生改变;此外,在隧道施工过程中,地质环境以及水文环境具有一定的复杂性,一旦进行完隧道的开挖工作,就需要及时对开挖作业进行处理,以免处理时间太长对周围的环境产生影响,最终影响施工效果。换言之,高速公路隧道施工具备时效性,因此,对施工技术的要求也相对较高。

二、公路隧道施工技术与要点

(一)锚杆施工

施工作业开始之前,需要对图纸进行详细分析,并且要设计好注浆的配合比,这些要素都需要将施工现场的实际地质情况与图纸要求结合起来。由于施工材料的质量会对施工质量产生影响，所以，还需要做好锚杆材质、类型、规格的检测以及控制工作。备齐所有的设备，安排好相应的操作人员做好自己的本职工作，同时对人力资源做到优化配置。在隧道施工过程中，注浆、锚杆的安装、清孔以及测量布控是其中比较关键的环节。施工过程中，需要严格按照流程规定，禁止违规行为的出现。钻孔的时候需要用到钻机，孔位的布设需要按照图纸要求，并且让专业人士标出锚杆的实际位置，对孔位的偏差用先短后长的锚杆予以把控。在钻孔的过程中，还需要将人工钻孔和锚杆钻机的方法结合起来，以此来有效把控钻孔质量。岩面应该和孔眼保持垂直状态，控制好钻孔的直径。一般情况下，钻孔直径应该比锚杆大 10mm。在确保各项材料都准备齐全之后，才能够开始锚杆安装工作。施工过程中还应该控制好注浆规格，并且对砂子粒径以及水泥浆度进行合理把控。与此同时，还需要确保孔深的合理性，在此基础之上，及时做好清孔作业，以免杂质对注浆的质量产生影响。在实施注浆作业的过程中，需要将止浆塞打入孔中，使其处于孔中 30cm 位置处，之后让筋骨和注浆管、注浆泵以锚杆相互连接。完成注浆作业之后，需要将锚杆的接头与注浆管拆除。

（二）钻爆施工

手持式风动岩石钻孔机与钻孔架是光面钻爆过程中最为常见的工具。在施工过程中，需要合理控制施工工序，从而有效保证钻爆效果。在引爆之后，需要对其状态进行实时观察，根据岩石情况对钻爆方案予以调整，以此来有效确保钻爆效果。钻爆施工对施工作业的专业性提出了一定的要求，需要专业人员负责装药、引爆以及孔道堵塞的控制工作。施工过程中，还应该对每一项数据进行准确核对，对钻爆区域的具体情况实际进行测量，保障线路的合理性。测量过程中一旦发现施工现场存在问题，就需要及时调整施工路线。开眼的时候需要严格按照爆破图纸的内容进行，控制好开眼间距以及开眼位置，不然就会对爆破精准性产生影响。对开眼的位置进行复核过后，需要控制好钻孔，特别是要对钻孔的深度进行合理把控。孔深会对炸药的效果产生直接影响，为了确保效果应该及时对孔道中的杂质进行清理，之后再在炮孔中装药。施工过程中，需要选择逐一的装药方法，以此来有效保障装药质量。此外，还需要保证泡泥的干燥性，强化封堵效果。抵抗线和眼间距的设置应该按照岩石的特性进行，特别是在运用光面爆破的时候，需要合理把控抵抗线和眼间距，使二者之间的数据降低。增加眼数量和眼密度能够很好地起到降低周边眼以及抵抗线的目的。

（三）洞口施工和支护技术

在隧道洞口处施工的时候，需要遵循从上至下的原则。在开挖洞口的时候，尽可能避免爆破技术的使用，从而有效保障洞口地层的稳定性。在开展该项工作的过程中，应该先用到挖掘机进行开挖，压实工作需要用到专业的公路装载机以及推土机。如果在开展洞口施工作业的过程中遇到了坚硬的地层以及石头，此时就需要使用钻爆技术，在运用该项技术的过程中，应该禁止使用集中爆破技术，以免干扰到洞口的土层，在完成爆破施工作业之后，需要对表面进行清理，使隧道的光面参数和设计标准要求一致，避免其对洞口以及边坡土质产生影响。钻爆技术的使用，要求施工作业人员先落实钻爆模拟工作，以此来有效确保钻爆工作的安全性。截水沟应该设置在洞口边仰坡外侧的 10cm 处，同时要使用比例为 1∶3 的水泥砂浆使锚杆与喷射混凝土、钢筋网紧密联合起来，避免边坡在雨水冲刷或者风化侵蚀之后出现塌方。在施工过程中，还需要做好隧道中相邻拱、墙的衬砌工作，使其都能够与施工要求一致。洞外的排水系统以及洞口的排水系统应该紧密连接起来，以免地表水冲刷隧道。洞口位置处支护作业的实施，可以运用热轧无缝钢管技术，在此过程中还可以通过选择长度以及厚度适宜的钢管完成管端的制作，并且将另一端制成锥头，其余一端则用钢箍进行焊接，确保钢管支护技术的纵向以及横向支护间距与标准要求一致。至于钢管周围的隧道，应该使其沿着钢管管壁四周进行，并且确保两孔之间的间距与标准要求一致，为后期顺利开展注浆作业，确保洞口的无缝支护。

（四）洞身开挖技术

中岛洞的开挖，应该在洞面施工作业完成之后才能进行，并且要严格遵循设计方案，合理运用开挖循环进尺技术。在此过程中，施工人员还需要合理把控围岩级别和循环进尺技术的贴合度，对于三级围岩，需要控制循环进尺的范围在 3～4m，如果围岩属于五级围岩，需要控制在 0.5～1m。完成中导洞的开挖工作之后，需要严密检查工程质量，最后运用混凝土开展浇筑作业，通过将 U 形钢筋插接在拱架的对接处来强化拱架的强度。在开挖左右洞的时候，需要将混凝土从中导洞壁挖出，施工流程是先开展测量工作，之后再在上下台阶处测量放线，台阶钻孔、爆破和初期支护，最后在进行严密监控检测之后，再开展下一步的循环作业。

三、高速公路隧道施工控制要点

科学设计图纸。在实施高速公路隧道施工中，图纸设计质量将直接影响到整个工程的施工结果。这就需要设计人员将施工现场的实际情况充分融入图纸中，从而提高图纸设计的科学性和合理性，作为隧道施工的参考依据，满足施工的具体要求。在隧道施工的准备阶段，相关部门应该组织专业人员对图纸的内容实施严格的审核，使图纸的准确性得到保障。一旦在审核环节发现问题，应该马上上报，并对问题进行及时的修改和优化。

加强施工监管。相关安全部门应该从全面性的角度对隧道施工过程实施监管，从而保证施工的安全性。建设隧道需要用到很多易燃易爆的材料，这就需要相关人员将其小心存放，并安排专门的人员进行看管，将安全隐患规避在源头。另外，可以根据实际的施工情况，适当借鉴国外的监管方法，对其进行调整。这样的方式有利于提高施工监管工作的效率，从而提高隧道施工的质量。安全是高速公路隧道施工的重中之重，还应该培养施工人员的安全意识，对其进行安全方面的教育，使其能应对施工中出现的一些安全问题。

优化施工工艺。优化施工工艺，提高技术水平是保证高速公路隧道施工质量的关键点。施工单位应该定期为施工人员开展一些专业技术培训，向其传授一些先进的施工理念以及知识。这样的方式能在很大的程度上提高隧道施工的效率。例如，在传统的隧道施工模式下，我国的施工单位会采用先拱后墙的方式，这种工艺的适用区域为断层以及复杂环境。在施工技术逐渐得到优化和革新的过程中，这种方法体现出一定的落后性，需要对其进行改进。可以运用新型的台阶法开展施工建设，不仅能防水，还能提高安全程度。

综上所述，高速公路隧道施工是一个复杂的过程，并且存在较多的安全风险，尤其是在一些较为复杂和恶劣的环境当中，很容易产生安全事故。针对这样的情况，应该在对新型技术进行合理选择和使用的同时，科学设计图纸，加强施工监管，优化施工工艺。通过文章对高速公路隧道施工技术及控制要点展开的一系列探讨，希望能为提高高速公路隧道施工效率和质量提供一些参考。

第四节　高速公路隧道施工技术的优化对策

随着社会经济的迅速发展，我国高速公路项目的建设规模与范围不断扩大，对于山区或者地势复杂的区域，隧道工程成为高速公路必要的组成部分。隧道工程的建设直接关系到高速公路工程的整体质量和各项功能的发挥，提升隧道工程的施工质量，是保证高速公路正常运行的先决因素，进而为人们的社会生产生活提供安全且便捷的交通条件。基于此，高速公路隧道施工企业需要对隧道施工技术进行全方位优化，强化施工技术操作的精细化管理，进而为高速公路隧道工程施工质量的全面提升提供基础支撑。

一、高速公路隧道施工的主要特点

作为高速公路建设项目的重要组成部分，隧道工程的质量直接影响到高速公路建设与运营的整体水平。高速公路隧道施工主要包括以下特点：第一，隐蔽工程多。高速公路隧道工程属于地下工程，诸多施工工序的开展与实施需要在地下进行，地下工程的施工环境复杂、施工条件恶劣，增加了高速公路隧道施工的难度；第二，施工环境恶劣。施工人员在隧道施工中需要进行地下交叉作业，由于作业空间狭窄，且支护、开挖、防排水等施工影响到施工人员的生命安全，因而隧道施工中安全事故发生的频率较高。第三，施工风险大。高速公路隧道施工中不乏危险性作业，且隧道施工地段的地势与地质条件较为复杂，如果勘察和预测不当，势必会引起塌方等严重施工事故。

二、高速公路隧道施工技术的优化对策

边仰坡和明洞开挖技术优化对策。在边仰坡和明洞开挖施工之前，需要将测量放线工作落实到位，准确测量明洞阳坡和边坡的顶线，并对放线的精确度进行科学把握，同时在坡顶合理设置截水沟。其次，施工时需要将边仰坡暴露时间缩短，必要时需要增加支护力量，施工中对支护的强化主要针对锚杆之间距离的调整、喷混凝土厚度的增加、和钢筋网的加密。隧道开通中经常用到挖掘机，刷坡施工需要人工配合，辅以风钻打孔，并采用少量炸药实施爆破，与此同时需要选择合理的角度加强位移测定和仰坡沉降量，以提升观测点的稳定性。

钻爆施工技术优化对策。在高速公路隧道实际施工中，钻爆施工需要以合理的爆破设备为基础，并对钻爆施工技术进行严格控制。钻爆施工之前需要对隧道内岩石的性质和结构进行勘察分析，将岩石性质作为钻爆强度的确定依据。在施工中安排专业技术人员负责使用设备的安装，对施工过程进行实时监控，同时做好安全防护措施，以防落实对施工人员造成伤害。

锚杆施工技术优化对策。岩凿机需要在预设点上实施作业，在作业之前做好清扫工作，避免杂物渗入；技术清理锚杆上的污染物，避免因岩石碎屑的污染而影响锚杆的正常工作；做好孔内的清理工作，使其保持清洁与卫生，保证与施工要求和标准相符合；在孔道内放入炸药包时，需要保证炸药包的完整性；在岩石孔道内插入事先准备的杆体，保证钢筋网与杆体焊接成一体。

防排水技术优化对策。在高速公路隧道施工中，防排水施工不仅是保证隧道施工顺利开展和高效进行的必要手段，同时也是保证施工人员生命和人身安全的有效措施。在实际施工中，防排水施工技术主要是借助结构防水得以实现。在结构防水施工设计中，需要以隧道的建造结构及水文地质情况为基准，实施放、排、堵相综合运用的方法，保证施工的顺利进行。其次，在隧道防排水施工中，需要严格控制变形缝和施工缝的施工质量，避免隧道渗漏现象的出现。然后在隧道工程中设置中心深埋水沟，充分利用地温效果排泄地下水，避免水沟中的水被冻结。

混凝土喷射施工技术优化对策。混凝土喷射施工技术在高速公路隧道施工中的运用主要包括两种方式。首先是湿喷，湿喷在高速公路隧道混凝土施工中的运用频率最高，湿喷的回弹力交底，喷射厚度可以达到10cm，并可以促进混凝土平喷射支护能力与粘结性的有效提升，进而将围岩自身的承受能力充分展现出来，达到强化支护质量与强度的目的。相对于湿喷而言，潮喷施工的应用有利于速凝剂的节省，在混凝土喷射施工中，潮喷技术的实施可以将隧道施工环境大大改善，进而降低施工成本的投入。无论是湿喷还是潮喷，在隧道工程混凝土喷射施工中，必须对混凝土喷射的强度、厚度、平整度、附着度等指标进行科学把握和合理掌控，以此促使混凝土喷射施工质量的全面提升。

三、高速公路隧道施工技术的精细化管理措施

高速公路隧道施工技术的精细化管理是保证施工得以顺利开展和高效进行的必要条件，同时可以为施工技术的科学应用打下坚实的基础。在高速公路隧道施工中，施工技术的精细化管理需要做到以下几点：第一，详细审核设计图纸。在高速公路隧道施工过程中，设计图纸始终是施工技术操作的基准，如果设计图纸出现问题，不仅会造成工期延误、成本增高，严重时还会引发安全事故的发生，因而施工人员需要在施工之前对设计图纸进行审核，并在施工过程中对照施工设计图纸展开施工技术操作与运用，发现问题需要及时修改并上报，确保隧道工程的顺利施工。第二，因地制宜地运用施工技术。使用企业需要强化操作人员的技术培训，使其可以充分掌握隧道施工技术的操作与应用，进而使其可以结合具体的工程项目和实际施工条件，对施工技术进行科学合理的调整和因地制宜地应用，进而提升施工技术的应用质量和运用效率，强化高速公路隧道施工的实效性。第三，统筹资源配置。在高速公路隧道施工中，要想提升施工技术的应用效果，首要任务是实现施工要素配置的最优化，以此为施工技术的高效应用打下坚实的基础。因而在施工材料进场之前，需要对其进行取样检测和全面检查，保证其各项指标与性能符合工程施工要求。对于机械设备的应用需要安排专业人员负责操作，并保证其及时维修和定期保养，避免因管理疏忽而造成机器运转故障的产生。

高速公路隧道施工作为一项综合性与复杂性兼具的系统工程，一直是我国高速公路施工中的重点与难点。在实际施工中，施工企业需要从施工技术应用与控制层面出发，落实切实可行的优化与改善措施，针对开挖施工、钻爆施工、锚杆施工等关键性施工步骤，对其施工技术进行精细化管理，进而提升隧道施工质量与效率，促进我国高速公路建设事业的可持续发展。

第五节　高速公路隧道施工工艺控制

在高速公路隧道施工中，受地质结构、地下水、围岩状况等因素影响，提升了隧道施工的难度和工作量，本节主要结合燕山隧道工程项目的施工技术进行论述，对隧道施工中的爆破技术、开挖施工技术、防排水技术、锚杆支护技术等进行简要的说明。

一、工程概况

本工程项目为燕山隧道，隧道双洞长度累计 2355m，设计车速 100km/h，隧道为 3 车道，车道宽度为 11.25m，净高为 5m。隧道位于浙东沿海侵蚀剥蚀丘陵区，山体海拔高程为 30m ~ 140m，隧道轴线通过处最高海拔约 120m，最大相对高差约 90m。该区域地

层主要为第四系残坡积含碎石粉质粘土。隧道洞口位于丘陵坡脚，坡面较凌乱，坡度较陡。地下水主要为岩石裂隙水，可沿左侧冲沟排泄地下水。隧道洞身段，顶板最大埋深约70～85m。

二、高速公路隧道施工技术

钻爆施工技术。在完成高速工程隧道初期勘察设计以后，需要根据隧道施工现场的具体情况，采用钻爆施工技术开展隧道施工前期工作。在钻爆施工过程中，借助硝铵炸药进行爆破以后，才可以进行开挖施工。在钻爆施工过程中，由于爆破具有一定的安全风险，必须要加强钻爆施工现场的安全防护工作，并根据现场的实际情况，编制爆破专项施工方案，并对施工方案进行专家论证，从而确保爆破施工方案的科学性、合理性，避免钻爆施工中碎石砸伤周围人员。

隧道明洞、暗洞施工技术。在高速公路隧道洞口施工中，多采用明洞施工技术，其需要在拱部设置自进式锚杆，从而可以有效地避免开挖施工过程中隧道顶部出现塌落。在明洞施工过程中，多数采用明挖施工的方式完成拱部和墙体施工。在明洞施工完成以后，需要利用钢筋插入洞壁，并进行混凝土浇筑，以增强隧道的稳定性和安全性，确保后续工作的顺利开展。

在暗洞施工区域，对于V级围岩暗洞施工，需要先进行超前预支护，再进行开挖施工。对洞口区段采用管棚支护与注浆相互结合的方式。在双侧壁导坑法施工过程中，洞身段需要应用小导管注浆的方式实现对开挖区域的预支护，再采用弱爆坡开挖或人工开挖的方式对核心区域进行施工。IV级围岩地段可采用台阶开挖的方法，且每阶台阶的长度可控制在1.5B。在暗洞和明洞相互连接的区段可采用分部台阶开挖法和正台阶开挖法，同时需要配合应用超前锚杆以提高围岩的稳定性，防止围岩出现坍塌危害。对于III级围岩需要采用全断面开挖的方式，且在紧急停车带可采用留取核心土分部进行开挖的方式进行施工。

此外，在隧道开挖施工过程中，需要按照设计图纸的尺寸要求进行开挖，严禁对隧道洞体进行超挖，以减少对围岩结构的扰动，降低围岩结构的稳定性。

锚杆施工技术。在隧道施工中，为了确保开挖施工过程中围岩的稳定性，需要借助锚杆施工提高围岩结构的受力稳定性。在锚杆施工时，需要严格按照设计长度、角度进行锚杆施工，对于拱部的锚杆需要利用向上凿岩机成孔，在进行锚杆施工，以确保锚杆插入的深度和角度满足设计要求。对于锚杆与垫板施工时，需要按照设计要求进行。在锚杆施工时，需要对锚杆长度、灌浆饱满度和密实度，以及锚杆的抗拔力进行检测，确保锚杆施工质量，以保障锚杆的锚固效果。

防排水施工技术。在高速公路隧道施工时，洞体开挖施工时常发生塌方事故危害，影响公路隧道施工质量。探究洞体出现塌方的原因，主要是因为隧道处于地质较为烦琐的区段，地质结构受到周边水或者地下水的影响，从而影响隧道周边地质结构的稳定性，在隧道开挖施工中很容易出现山体滑坡、渗透等事故，影响隧道工程开挖施工进度。因此，在隧道开挖施工中，需要加强防排水施工措施，需结合隧道围岩状况及隧道内部的构造等，开展隧道开挖施工的排水，从而提高围岩结构的稳定性，避免出现围岩渗漏引造成的塌方事故。

在防水工程中，可以采取以下防水措施：①衬砌柔性防水工程：可以在衬砌结构的背面，采用 EVA 防水板或者条纶长丝土工布进行粘贴，可以作为衬砌背面排水层和缓冲层，从而实现衬砌结构的防水功能。②衬砌漏水防止工程：为了提高衬砌结构背面柔性防水出现漏水现象，对二次衬砌结构采用防水混凝土进行施工，且为了提高施工便捷性，需要在混凝土拌合料中添加泵送剂、减水剂、膨胀剂等外加剂，从而确保防水混凝土施工质量符合设计要求。对于衬砌结构的施工缝可以采用遇水膨胀止水条，对于隧道结构发生变化的沉降缝可以采用中埋式橡胶止水带来实现防水功能。

施工中的监测。在隧道洞体开挖施工过程中，为了确保施工的安全性，避免出现人员伤亡，需要对隧道围岩结构进行实时或者定期监测。

目测工程地质与支护状况：在隧道工作面爆破施工以后需要对工作面的地质状况进行及时的观察和状况记录。在初期支护施工完成以后，需要对喷层的凝固状况进行观察和记录，对表面层的裂缝状况进行影像记录。

沉降位移测量：在隧道开挖施工后，需要对围岩和支护结构进行位移沉降的测量，且需要加强对围岩周边的位移测量和拱顶部位的下沉测量。

地表沉降观测：对于隧道洞口的浅埋区段，需要对地表的沉降情况进行观察。对于沉降量较大的地段，需要采取控制措施，将地表沉降控制在合理范围内，从而确保地表的稳定性。

锚杆轴力测量：对于锚杆施工，需要对锚杆长度、角度和注浆握裹力等进行检测，且抽检数量需满足锚杆总数的 1%，且每次对锚杆检测数量不小于 3 根。

三、高速公路隧道施工质量控制措施

提高工程施工人员的施工技能。第一，提高对工程施工人员的责任意识，由于施工人员是确保隧道工程质量的重要因素。为了避免因施工人员操作失误造成工程存在隐患，需要对工程施工人员进行培训，确保施工人员按照施工程序认真、负责的进行施工。

第二，在隧道工程中，主要参与者为工程技术人员，其施工技能、施工熟练度直接影响工程的开展。因此需要对工程人员进行专业技能的培训。随着工程工作难度加大，工程任务的要求逐渐提高，导致施工人员的技术水平无法与工程要求相匹配，需要对工程人员开展技术培训，以提高工程人员的施工技术水平。

选择适宜的工程施工方法。在高速公路隧道工程施工中，需要依据工程地质特点选择合适的隧道洞体开挖施工方法，保障工程施工方法符合实际情况。同时，为了保障工程施工工作的顺利开展,需要根据施工方案和设计图纸中的关键环节和主要内容而制定出有效、精确的施工方案,制定与其适宜的作业流程,保障工程方案的合理性,从而确保工程施工工作快速高效的开展。

综上所述,在高速公路隧道工程施工中,需要克服地质结构、地下水、围岩状况等对隧道工程开挖施工的影响,增加对隧道施工中的爆破技术、开挖施工技术、防排水技术、锚杆支护技术等的研究,并在隧道施工中加强质量控制、工程监测、安全管理等,以确保隧道工程施工的质量、进度、安全。

第六节　高速公路隧道施工危险源辨识与控制

隧道施工具有隐蔽性大、循环性强、作业空间有限、施工环境恶劣、工程风险性大等特点,另外在施工过程中围岩和支护常常出现松动变化,整个施工过程是一个复杂多变的综合性环境,这就决定了高速公路隧道施工危险源点多面广、影响因素复杂,辨识不易的特点。目前,对于主要危险源不是以危险物质为主的高速公路隧道施工,对于危险源辨识不清辨识不明,已经严重影响了高速公路隧道施工的管理工作。

一、高速公路隧道施工管理现状

施工人员安全意识薄弱。我国国土面积辽阔且多山地丘陵,基于这种基本国情决定我国交通事业以公路建设为主,并且由于起步晚,在整体管理中缺乏科学性、规范性;管理者对于安全施工的重视度不高,导致施工人员的安全意识比较薄弱,在实际施工过程中养成了松懈心理,对于潜在的突发状况准备不足,一旦发生事故,会严重影响疏散工作,加剧人员伤亡,造成不可估量的损失。

安全教育方法单一。目前,我国许多道路施工管理团队的安全意识薄弱且安全教育宣传方法单一,也未将既定的教育方法政策落到实处,另外由于高速公路施工工作的特殊性,导致安全教育对象和教育时间安排不够明确,造成安全教育措施无法落到实处,安全教育缺乏针对性和指导性,造成安全教育沦为表面,削弱了施工人员对施工危险的预防和判断能力。

施工过程资源浪费严重。目前,我国高速公路施工体系受多重因素影响,从我国目前的高速公路隧道施工的具体情况来看,在施工人员配置和资源配置方面存在严重的资源浪费状况,有些可以重复利用的资源往往只使用一次,对于施工工具回收不及时,致使工具失落严重。另外施工人员具体负责的内容不同,在具体工作中存在权责划分不清,推卸责任的现象,造成管理水平低下、混乱,进一步影响到安全管理工作的实施。

二、高速公路隧道施工的危险源辨识

危险源分类。危险源是指可能致使人员伤害或疾病、物质财产损失、工作环境破坏等这些情况组合的根源及状态因素。

其中包括有害情况和危险情况，有害情况是指会给人体带来慢性损害的情况，危险情况则是会造成突发性人身伤害和财产损失的情况。危险源分为两类，一般危险源指施工中可能造成轻微人身伤害或轻微财产损失的危险源，重大危险源则是指可能造成重大伤亡或损失的危险源。

由于高速公路隧道施工具体地质条件不同，在具体施工中可能发生多重事故，比如：坍塌事故、物体坠落事故、车辆事故、起重事故、爆炸事故、水电事故、中毒窒息事故等。在施工中对于不同的地质条件选择不同的施工方案，所以没有统一的全面的施工管理方案，并且在施工过程中各种施工设备工具并不固定，会随时交替变化，导致潜在危险源也随之出现，稳定性低。

危险源分析。高速公路隧道施工步骤基本包括：隧道开挖、初期支护、二次支护。其中隧道开挖主要是开挖施工和废渣装运，初期支护主要是钢筋网片制作安装、超前小导管、钢拱架加工安装、锚杆施工、喷射混凝土等工作，二次支护主要是模板安装、防水板制作和铺设、无纺布铺设、模板台车行走和保养、混凝土灌注、混凝土拆模等工作。

目前而言，对于高速公路隧道施工中的危险源辨识主要的方法有：预先危险因素分析，灰色危险因素评价、危险因素分析、概率评估等，对于危险源辨识的内容有：事故发生概率和频率、事故后果，根据不同的概率、频率和后果的严重性来评估危险源等级。

三、高速公路隧道施工的危险源控制

隧道坍塌事故控制。根据高速公路隧道施工实际情况，隧道施工中的频发事故为隧道坍塌，因此对于预防和监控隧道坍塌已经成为安全防范管理的重中之重。对于隧道坍塌事故危险源控制提出以下措施。

加强对不良地段的地质监测。水文地质条件是地质工程设计和施工的主要考虑因素，在施工前必须对相应路段的水文地质条件做出准确分析，明确危险源所在和危险源等级，以便在具体施工过程中绕过存在危险源的路段。

对于地质条件无法查明或地质条件存在变化的路段则需要采取必要的预防措施，并做好发生事故的预案。如果遇到有穿越路段的地下水文，则需要勘测地下水条件，并尽量绕过。

加强事故预警。两组患者干预前 ADL、QOL-AD 比较，无显著差异（P>0.05）；两组患者干预 1 年后各评分与干预前比较，均显著提高（P<0.05）；观察组患者干预 1 年后各评分均显著高于对照组（P<0.05）。

加强应急管理措施。对于支护和开挖过程中可能出现的坍塌事故制定详细的应急预案，并对预案进行有组织有纪律的演练，进行救援演练，以确保事故发生后能及时有效地组织救援工作，将事故危害性降到最低程度。

另外，必须有灵活的施工管理方案，对于施工方案进行灵活调整，优化工作方式，灵活安排施工工序、时间。对施工过程实施动态监测，实时监测围岩的发展变形和支护受力状况，准确及时判断围岩的稳定性，及时加强支付设施的稳定性。

对于其他危险源的控制。

加强火工用品的监管。必须严格按照《民用爆炸物品的安全管理条例》以及《爆破安全规程》对爆破物品实施严格管控，建立起出入库检查、登记制度，对于出入库物品必须做到有据可查有据可依。及时回收施工后剩下或者遗留的火工用品，交由专门的火工管理人员管控。

加强瓦斯、一氧化碳、氮氧化物等的监控。使用指标检测仪器定时检测隧道内的有害气体，实施瓦斯分区管理，实时监控瓦斯益出量，必须确保瓦斯浓度低于5%，车辆尾气和焊接产生的粉尘及有害气体浓度达到国家卫生标准。有害气体的管制方法主要是全封闭预注浆方法，使用防爆型设备，设置水气分离装置。

提高消防用品的配备管理。需要分析地质性质、地下水涌水量、瓦斯含量，严格监测其变化，对可能发生的事故进行评估，建立事故等级，从而对可能发生的事故建立科学的预警法案。

近几年高速公路隧道施工中的事故种类主要有坍塌、爆炸、中毒窒息、冒顶塌方、火灾，而高速公路隧道施工中的危险源主要集中在隧道开挖、防水板制作和铺设等工序中。通过加强对危险源的动态监控，配合针对性的技术措施，并制定合理的危险源管理制度可以达到预防危险源，提升安全管理水平的作用。

第七节 高速公路隧道施工特点及常用施工技术

本节介绍高速公路隧道施工技术的特点，对目前在高速公路隧道施工中比较常用的施工技术进行介绍和对比，并对高速公路隧道施工中的控制要点进行分析，以供参考。

近年来随着我国经济的发展和人们生活水平的提高，人们的出行和货物运输需求不断增多，使得我国高速公路的建设数量和里程不断增加来满足以上需求。而随着我国高速公路建设范围的增加，在山区进行高速公路建设时不可避免需要进行隧道的开挖施工，这也成为高速公路建设的重点和难点之一。但是在高速公路隧道施工中，其施工环境较为复杂和特殊，需要采用相应的隧道施工技术对其中可能产生的问题进行处理，并确保施工质量和安全，还需要对其中的控制要点进行分析和重点控制。

一、高速公路隧道施工特点

高速公路隧道施工主要表现出以下特点：一是具有较为复杂的地质条件。这主要是由于高速公路隧道工程需要进行山体的开挖，所以会遇到多种多样的复杂地质条件，而且其地质条件具有无法预测的特点，特别是存在地下水以及溶洞等问题而影响施工的正常进行。二是具有较多的隐蔽工程。由于隧道施工是属于地下工程的类型，其施工空间狭小且环境较为恶劣，所以无法对施工过程中的所有影响因素进行全面分析，以及对施工中的所有施工信息进行全面掌握，诸多隐蔽工程的存在使得无法对其进行精确管理和控制，成为影响隧道施工质量和安全的重要因素之一。三是具有较为明显的时效性特点。在高速公路隧道施工过程中，正是由于影响施工的因素具有不确定性的特点，所以随着隧道施工的开展，其周围岩石以及所在地区的水文和地质条件等也一直处于不断变化的过程中，所以需要在施工中根据实时情况来进行施工技术和工艺的选择和调整，所以具有明显的时效性的特点。四是具有较为恶劣的施工条件。正是由于高速公路隧道工程通常处于山区中地形和地势较为复杂的地区中，而且隧道施工的工序较为烦琐，并具有较多的交叉作业情况，不仅增加了隧道施工难度，而且增加了施工风险，容易对施工人员的生命健康造成影响。

二、常用隧道施工技术

明洞开通以及边仰坡技术。在采用此技术进行隧道施工的过程中，首先需要进行测量放线等基础性工作，而且在测量放线工作中需要对明洞边坡以及仰坡的坡口线进行准确的测量，并且要便于在坡顶进行截水沟的施作。其次在采用此技术进行施工的过程中，需要对施工人员的施工时间和交接顺序等进行合理控制，以尽量减少施工中边仰坡在阳光下的暴露时间。在利用此技术进行施工的过程中，为了确保施工的顺利进行和施工安全，还需要进行相应的支护操作，通常是采用喷锚支护，通过调整锚杆间距、加密钢筋网、增加混凝土喷射层的厚度来提高支护效果并满足施工要求。最后在应用此技术施工中，通过对所建立观测点的稳定性的监控，需要实时调整施工进度，以期实现边仰坡的沉降变形和整体稳定性控制。

钻爆施工技术。此技术也是在高速公路隧道施工中比较常用的施工技术，而且在爆破作业中通常采用的炸药类型为硝铵炸药，但是炸药的用量需要根据实际情况和具体要求进行确定，而且由于爆破施工具有较大的危险，所以在采用此技术进行施工时应重点加强施工安全措施。而且在此技术的应用过程中对可能出现的以下问题应采取相应的措施。一是在炸药类型和用量的选择和确定时，应根据隧道内的岩石类型进行选择；二是在进行爆破作业应由专业的爆破人员进行操作，且需要由专业技术人员进行现场的技术指导和监督管理，严禁出现盲目使用炸药的情况；三是在爆破作业中应重点加强对施工作业人员的安全防护，对爆破时间进行控制和选择。

锚杆施工技术。此技术在目前的隧道施工中比较常用，但技术含量较高，对施工人员的专业技能水平有着较高的要求，且需要在应用此技术的过程中做好以下几个方面的工作：一是在应用此技术进行施工之前应确定并核对岩凿机的预设点位置，二是在下入锚杆之前应对孔底进行彻底的清理防止杂物对施工技术的应用产生不利影响，三是在下入锚杆之前还应对锚杆上的污染物进行清扫，并避免其被钻孔中的岩屑等污染物污染而无法正常工作。

混凝土喷射施工技术。目前在隧道施工中比较常用的混凝土喷射施工技术主要有潮喷和湿喷两种施工方式，为改善隧道作业环境，提高初支混凝土质量，目前大力推行和使用湿喷技术。喷射混凝土的厚度至少应在 10cm 以上，且需要保证其具有较低的回弹力，这样就可以确保混凝土喷射之后使其粘结性和支护能力大大提升，从而发挥出围岩本身的承载能力，确保施工中的支护强度和质量满足设计和具体施工要求。在进行混凝土喷射施工时，需要重点对施工过程中的密实度、平整度、附着度、厚度以及强度等参数指标进行严格和合理的控制。

防排水技术。此技术贯穿与高速公路隧道施工的整个过程中，且通常需要采用结构防水的方式来满足工程施工对防排水的要求。在进行结构防排水的设计过程中，应根据隧道施工所在区域的水文地质条件以及隧道建造的结构进行综合分析和选择，而且通常采用防排堵三者结合的方式来实现防排水的设计要求。在应用此技术进行施工的过程中，还需要加强对施工材料的质量监督和管理，特别是施工缝和变形缝所用施工材料的质量，还要根据实际情况来选择采用对地下水进行排泄或者采用地温来防止水沟中的水发生冻结，甚至可以在高速公路隧道工程中进行中心深埋水沟的设置方法，此外，还需要在以上施工过程中加强现场管理和监督。

三、高速公路隧道施工控制要点

为了确保高速公路隧道施工的顺利进行并确保施工质量和安全，需要从以下几个方面进行控制：一是在施工之前做好图纸的审核工作，对图纸中与工程实际不符的部位进行修改；二是在隧道开挖之前进行地质超前预报，通常采用地质雷达的方式并结合实际情况来对围岩的级别进行判定，针对较为软弱的断面研究所需要的支护方式和参数；三是对隧道工程的施工质量进行严格控制，不仅要做好施工过程中的自检工作，并联合监理做好分项工程检查以及抽检工作，邀请第三方检测机构对前期支护质量进行检测，及时修补施工缺陷和不密实的空洞。四是加强隧道施工过程的安全管理，定期对员工进行安全教育和培训，通过安全管理制度的制定和落实，提高员工安全意识。五是加强监控测量工作的组织实施，并注意定期对监控测量仪器进行标定，保证测量的准确性。

在高速公路隧道施工中，其具有地质条件较为复杂、隐蔽工程多、时效性强、施工环境恶劣等特点，所以需要根据工程施工需要和施工企业实际情况进行合理的施工技术的选择，而且在施工中注意对施工质量、安全以及相应检测检查工作等控制要点的重视，严格执行隧道施工技术的相关标准和规范，确保隧道施工的顺利进行。

第八章　高速公路隧道施工技术

第一节　高速公路隧道施工爆破技术

随着时代的发展我国各行各业均显现出良好的发展趋势，高速公路隧道数量逐渐增多，为建筑企业积累了更多的爆破经验。本节将对高速公路隧道施工爆破技术的实际运用展开分析研究，为我国公路隧道施工提供有效措施。

随着我国经济水平的飞速发展，隧道施工越来越常见，在高速公路隧道施工中爆破技术的应用十分频繁，通常运用到围岩开挖作业中。就目前来看我国隧道施工爆破技术的发展日趋成熟，但在具体实施中还应对相关事项引起重视，确保开挖断面符合设计要求，进一步提高高速公路质量水平。笔者将分别从：高速公路隧道爆破技术研究、爆破技术在高速公路隧道施工中的实际运用，两个方面进行阐述。

一、高速公路隧道爆破技术研究

关于高速公路隧道施工爆破技术可追溯到十七世纪初，当时的匈牙利人利用黑火药来开展巷道掘进施工，在这个时期爆破技术还不够成熟，在隧道施工中施工人员通常采取手工作业对炮眼进行开凿，这些施工方法不仅影响到施工效率，还阻碍了施工进度，直至到十八世纪中期手工开凿才被时代淘汰，风动凿岩机正式登上舞台。

在修建欧洲的仙妮丝铁路时将药卷方式运用其中进行爆破，后来这种技术在修建圣哥达隧道时得到了完善。直到 20 世纪中期光面爆破技术被发明出来，并在公路施工中得以应用，光面爆破技术可对炸药能量合理控制，确保围岩的完整性，使超欠挖量逐渐减少，促进围岩稳定性的提升。随后美国对光面爆破技术进行了改造，从而产生了隧道预裂爆破法、隧道缓冲爆破法等。

我国在 20 世纪 50 年代初期依然在采用人工开眼方法来施工，这种方法的运用会带来巨大的施工隐患，且施工效率难以提高。随着时代的发展我国高速公路隧道施工技术得到进一步发展，倾斜掏槽技术与垂直掏槽技术在道路施工中得到了普遍应用，在这个时期光面爆破技术逐渐被引进。

二、爆破技术在高速公路隧道施工中的实际运用

综上笔者对高速公路隧道爆破技术进行了研究，为确保爆破技术在高速公路隧道施工中得到更好的应用，还应注意相关要点，包括：对炮眼直径合理控制、加强装药结构的堵塞管理、开展起爆工作、对瞎炮进行处理、扩大爆破，笔者将从以下方面展开阐述。

（一）合理控制炮眼直径

在高速公路隧道爆破技术施工应用中，施工人员应对炮眼直径进行控制。如若炮眼直径较大便会对凿岩能力提出更高的要求，在隧道爆破处理中通常会采用硝铵炸药，直径一旦过小便会发生据爆或传爆不良等现象，据此施工人员应对药包直径进行控制，其直径应在 40mm 左右。随着时代的发展，隧道爆破技术得到了有效创新，出现各种新型炸药以及新型机具，为确保爆破效果的提升，施工人员可通过调节炮眼孔径来实现，增大孔径可使炸药性能得到改善。

总的来说在相同条件下，合理的炮眼可加快工程掘进速度，这也是在高速公路隧道施工中需要考虑的问题。

（二）装药结构的堵塞

与此同时施工人员还应对起爆药包装药结构的堵塞加强管理，不论是起爆药包或是普通药包都应设置在炮眼上部或下部，如若药包不连续便可利用木棍将药包隔开，这也被称为分散装药结构。值得注意的是药包需要堵塞，据此施工人员在选择堵塞材料时应确保其具备良好的可塑性，利用砂、黏土制成的炮泥来堵塞。通过药包堵塞可避免因高压气而降低的爆破效果，施工人员应对其加以重视。

（三）起爆

在高速公路隧道爆破施工中起爆是一个关键的施工环节，是指将药包按顺序一一引爆，起爆顺序直接影响到爆破效果，据此施工人员应对施工顺序引起注意，在道路施工中常用的起爆方法包括：电雷管起爆、非电起爆两种，非电起爆包括非电导爆管起爆法、火雷管起爆、导爆索起爆法等。

在起爆前应组织不相干人员撤离现场，并提前预备充裕的时间为人员退避做好准备，如若施工人员采用电雷管起爆方法则需提前检查电路，以防安全事故的发生。在施工前利用监测技术，多观察隧道地下活动，保障施工人员安全，在最大程度上缩减企业经济损失。

（四）瞎炮处理

所谓瞎炮是指因爆破器材质量问题、施工人员操作不当导致药包未发生爆炸，瞎炮对施工人员生命财产安全影响较大。如若在高速公路隧道施工中一旦出现瞎炮，应按科学流

程来进行处理，常见方法如下：

首先应对其进行引爆，在瞎炮 30mm 处钻一平行炮眼，装药进行引爆，如若缺乏条件则可采用裸露药包方式进行处理。另外还可选择用雷管起爆药包，利用竹木器具将原本炮泥掏出，施工企业应对该环节加以重视，为公路的运行奠定基础，为人们的出行带来更大便利。

（五）扩大爆破

施工人员在扩大爆破时应按实际要求来进行，对欠挖、超挖合理控制，如若超挖多便会增大工作量，而欠挖过多则会对结构强度造成影响，据此施工人员应对爆破环节加强管理。在爆破工作中应做好安全管理工作，确保人员撤离后方可进行引爆，如若发现瞎炮应对其进行处理，防止险情的发生。

高素质人才队伍能较好地帮助安全控制体系的建立，在实际施工过程中，可以通过亲身示范、检查纠正等方面，提高施工人员的操作水平，特别是在操作一些现代化施工设备时，应该举办专门的培训讲座，详细讲解操作流程，规范施工人员操作流程。同时，必须明确施工过程的责任制度，将工程施工质量责任安全落实到部门、个人，建立有效的奖惩制度，加强施工队伍管理。据此建筑施工企业应对该环节加以重视，为公路的运行奠定基础，为人们的出行带来更大便利。

与此同时还应提升人员质量安全意识，适当增加巡视，将安全隐患杜绝在源头，在施工现场安装各类显眼安全标志，提醒施工人员穿戴好安全服和安全帽，注意日常施工细节，贯彻落实"安全、高效"的施工理念。

综上笔者对高速公路隧道爆破技术展开了研究，目前公路隧道施工爆破技术在工程施工中的应用频率逐渐增加，在具体实施中施工人员应对相关要点引起重视，并做好安全管理工作，以免产生安全风险事件，为我国建筑事业发展奠定重要基础。

第二节　高速公路隧道施工塌方原因及控制

高速公路的运行和发展对我国整体经济有着十分重要的作用，本节主要探究高速公路隧道施工塌方控制的必要性，研究高速公路隧道施工出现塌方的原因及可以控制的因素，对这些内容展开详细的探讨和研究，在此基础上提出强化高速公路隧道施工塌方控制的相关意见和防控措施。

一、高速公路隧道施工塌方控制的必要性

和发达国家相比我们国家的隧道建设工程发展较迟，但随着改革开放进程的推进我国

在这方面的发展成是比较快速的，现在我国是世界上隧道工程建设量最多的国家，整个发展速度也站在世界领先的位置。但是因为我们发展比较晚，很多和技术相关的工作和工程设计方面的工作还有一定的不足，包括施工的周期长、资金消耗量大、施工技术比较落后以及施工过程中容易出现的风险的控制性能力较低。特别是在进行挖掘和洞身施工的过程中可能出现的塌方因素，比如融水等自然因素，都有可能影响的施工安全。没有明晰的可控制管理方案，这样隧道塌方在整个高速公路的隧道施工中就比较容易出现。如果发生塌方现象就会造成比较严重的施工影响，所以我们要在问题出现之前进行强有力的预防和控制。

二、高速公路隧道出现塌方的原因

首先是不良地质因素，如果高速公路修在比较薄层板岩体的小曲折错洞区域或者是穿过断层地段的地区，施工后过程中就比较容易出现岩石不稳，内部水释放等状况进一步引起坍塌、掉落的塌方现象；第二就是地形、地貌的影响，高速公路隧道建设会穿越一些包含水源和地表覆盖比较少的地区。很容易出现滑坡及断层的现象引起塌方；第三就是地下水的影响，因为地下水会对施工地面地段造成塌方影响；最后就是其他方面的原因，包括设计方面和工艺技术以及施工方案选择等方面，如果在施工之前没对施工地段的实际情况进行详细的勘察很容易设计出不合适的方案从而影响到整个工程的施工。

三、高速公路隧道塌方的控制与防治措施

洞口塌方的处理。塌方体比较小的位置可以在清理的时候从上到下进行，根据其坡面的塌方情况看是否需要使用刷坡卸载，另外还要结合喷锚网的情况进行坡体进行加固，对于塌方严重的位置，就要结合特定的形式进行清理，在清理的时候通过挖台阶的形式集中清理塌方体的残渣，然后逐步通过喷锚网的方式进行。

2 初期处理。一旦发生坍塌就要在第一时间防止塌体蔓延，一定要处理好善后工作。我们要及时将塌方体封闭，在后方对其进行加固，结合普适平衡拱理论在特定的地质环境下开始挖掘。挖掘宽度和塌方的实际高度是相对应的，也就是说如果不再继续挖掘出现的塌体就不会再扩散，可以使用塌体高度计算公式对塌方的高度展开计算，然后根据高速度和理论宽度计算两者的差值分析塌方的稳定性。但如果没严格计算分析，塌方的数据并不是理论中的数字，那么塌方的状况就和计算公式中算出的数据就会存在一定的差距。所以我们要在塌方出现后的第一时间判断其稳定性，哪怕是有可能出现松动的小石块也要被重视起来。避免塌方蔓延到地表。如果塌方一旦延伸到地表就要对出现塌方的位置进行截水处理，防止地表被灌入雨水，要进行遮雨设施的搭建，从根本上防止塌方的蔓延。在处理好动态工作之后，要及时使用土石将塌方位置填实，一定要高出之前的地面高度，这样做除了能够稳定地表以下的塌方，还能够实现初期处理的稳定性。

塌体处理。第一，在工程区域内，如果地质条件不好，土质也比较松散，但是塌方面积比较小的时候，可以在施工处理的过程中采用小导管注浆法将松散的岩石及塌方体的四周进行注浆，使其更加坚固，然后通过苗喷混凝土和钢拱架完成整体处理。

第二，在隧道塌方出现的第一时间要遵守加强支护短进尺，尽量少爆破及时测量、尽早封闭、严密封闭这几项原则，之后再开展施工，通过三台阶开挖法也就是人工搞、挖掘机和微弱爆破这几种形式联合进行挖掘，同时配合挖掘机装载残渣将其移出塌方位置，这样良性的循环能够保证在维护现有状况的情况下尽早地处理塌方残留。

第三，如果塌方地段位置的塌方地段大，一定要注意强化加固，也就是说通过强化混凝土强度的方式加强衬砌内的钢筋与钢轨，采用塌体稳定加固的方式避免超负荷，避免出现土质松散的现象，使得塌方程度进一步加重。

四、加强高速公路隧道施工塌方控制的建议和措施

建议：

第一，想要实现对塌方事故的有效管理，最主要的一点就是要做好预防。高速公路隧道施工的所有地下工作人员一定要强化自身的思想认识，要重视地质勘查。在工程开工之前尽量详细准确的分析地质情况，所有人员要养成预防塌方事故的思想保证，在出现问题时及时应变处理。

第二，如果一旦发生坍塌事故工作人员和施工方面负责人要及时分析事故产生的原因，要结合有针对性的方法，做出总结找出事故的起因，联系施工的细节总结出塌方事故的前兆，为日后的工作做出有效参考。

第三，在处理严重塌方事故时工程管理人员要带领施工人员开展治理地表洞体以及地下水等方面的工作，将这几方面结合起来是实现整个事故治理的重点，一定要确定详细的施工方案，结合工程的实际状况做出最合理的工作安排。

第四，要强化对隧道塌方位置的治理，要在第一时间展开监控和测评强化日常的管理监督，要保证相关人员能够在日后的工作中第一时间发现围岩的异常状况做出迅速的反应。

措施：

第一，工程管理人员要引导施工企业和人员积极面对施工工作，可以结合规范化的管理制度预防塌方再次发生，让相关人员消除疑惑情绪激发工作热情。

第二，要深入研究塌方治理方案结合不同的情况进行分析、总结，邀请专家建立工程数据库积累经验，为日后的施工奠定坚实的基础。

第三，强化高速公路隧道塌方的数据模拟研究，确定完善理论支撑保证在日后的隧道塌方治理工作中有更多的可参考空间。

本节通过对高速公路隧道施工塌方控制的必要性展开分析，研究高速公路隧道出现坍方的原因，拓展到高速公路隧道坍塌的方法的控制与整治。进一步研究了出现坍塌后的实

际处理方法和具体操作。指出了完善高速公路隧道施工塌方的控制意见和建议的，之后做出最终总结。全文将重点放在解决工程施工实际操作上，为日后的实际工作提供有效的参考。

第三节　软弱围岩地质山区高速公路隧道施工难点

软弱围岩地质山区地形地质复杂，在这个区域建设高速公路的隧道施工，往往会遇到诸多困难，另一方面，施工过程中还会出现多种影响到整体施工质量的不良因素，因此需要进行科学设计和控制。本节重点分析了软弱围岩地质山区高速公路隧道工程施工难点，并结合具体案例提出优化隧道施工工艺的方法和措施。

一、工程概况

本节选取某地一段山区高速公路隧道工程为研究案例，结合案例实际情况分析软弱围岩地质山区高速公路隧道工程的施工难点。本次案例中，隧道工程对应的单洞净宽为15m，为了有效实现对隧道工程的检查和作业，在隧道两侧还建设了对应的专用通道。设计隧道内部轮廓的时候，考虑到隧道净空以及横断面以及通车要求，需要保证隧道高度能够达到对应的行车净空标准；不但如此，由于隧道内基本上没有光线，还需要在隧道内沿线安装对应的照明装置，同时还需要在隧道内部做好相关的消防设施建设，这也是隧道施工建设过程中必须考虑的问题。本次案例处于软弱围岩地质山区，综合分析高速公路隧道工程的施工环境，发现由于当地特殊的地质构造，也就是软弱围岩地质山区，要求高速公路的隧道工程施工必须达到更高水准和要求，才能有效实现隧道工程的顺利施工，才能保证隧道工程达到相应的施工标准和使用效果。

二、力学参数分析

由于高速公路隧道工程所在地特殊的软弱围岩地质特点，受到软弱围岩自身强度较低的影响，导致隧道在后续使用过程中很容易出现不同程度的变形问题，这种情况下，隧道相关部位的受力值出现明显改变。为了准确检测相关的数值，对工程进行现场考察，在此基础上基于上下台阶法进行计算，结果显示，本次工程中，应力最大值在开挖边界的二衬外侧区域，实际检测结果为37MPa。此外，在实施导洞临时支护的拆除作业过程中，发现隧道工程中，仰拱中部出现较为严重的底鼓现象；实地考察还发现，隧道内部开挖边界的两侧区域和对应的拱脚区域，都存在不同程度的应力集中现象。施工过程中，如果基于单侧壁法进行施工，这种情况下右侧边界区域以及相关的仰拱部分都出现了较为严重的应力集中现象。从整体上进行分析，发现本次隧道工程中二衬受力均在合理范围之内，但是在具体的施工建设过程中，必须结合具体工程以及应力集中情况做好相关区域的支护工作，从而确保工程的顺利实施，以达到最佳的施工效果，并促使单侧壁法的施工达到更好的实用性和适应性。

三、数值模拟分析

理论模型概述。基于本次隧道工程的实际情况，尤其是具体的软弱围岩地质条件，综合考虑多方面因素和数据，建立对应的理论模型，为后续施工建设提供参考。具体实践方法如下：

在隧道轴线方向选择长度为 87 的距离进行研究，基于隧道洞径大小，在对应区域延展一定宽度，将仰拱与模型底部的距离控制在 75m。为了有效提高分析结果的准确性，需要保证理论与模型的状态相同。在具体分析过程中，还需要充分考虑到边界效应的影响，选择对应的断面作为分析面，并将各种方案进行对比实验，最终确定其最优施工方案。

计算模型分析。在具体实践过程中，首先对上台阶部分进行开挖处理，当达到一定深度时，就需要实施锚固和初衬深度的确定，注意确保两者处于相同水平；在此基础上实施后续开挖施工，当深度达到 10m，就需要展开下台阶的挖掘工作，这种情况下，需要保证上下台阶之间的距离达到一定数值，具体为 10m。进行下台阶施工的过程中，当深度达到 1m，需要做好相关的锚固处理和初衬处理；施工过程中，当仰拱达到 20m，就有必要进行二衬的施工。

具体实施过程。本次高速公路隧道工程的施工，结合当地实际情况，需要以 V 级围岩段式方法进行施工；施工前，需要在指定位置做好相关的超前支护等准备措施，在此基础上结合双侧壁导坑展开后续施工，针对侧导洞的施工，需要结合具体实际选择对应方法，一般选择正台阶断面法。开挖过程中，需要结合断面预留法进行，一般情况下需要将开挖速度控制在两米以内。开挖过程中，需要严格遵守弱爆破、强支护的方式，不仅如此，在施工过程中还需要做好相关数据的监测，并对其进行分析，以此指导后续作业，并帮助施工人员有效掌握隧道工程的施工质量。实施二衬施工的过程中，针对拱部和边墙的施工都需要使用相应的混凝土，具体为防水混凝土；需要注意的是，针对仰拱部分的施工，需要使用普通混凝土，这是需要特别关注的一个细节。整体施工过程中，不同环节使用的材料和施工方法均存在差异，因此，在施工前必须做好相关的准备工作，并注意控制材料的质量；施工过程中需要对相关指标进行监测，以及时掌握隧道施工质量。

土石方开挖技术。针对软弱围岩地质山区高速公路的隧道施工，其中很重要的一个环节就是土石方的开挖，这也是关系到整个工程施工质量的一个关键因素。实施土石方开挖技术的过程中，需要对当地软弱围岩的实际情况进行深入分析，掌握相关的信息和数据，在此基础上结合施工要求和标准对土石方开挖技术进行优化，为实现良好的施工效果打下良好基础。尤其是有效避免土石方开挖过程中对当地软弱围岩造成干扰，从而有效提高其整体安全性。基于软弱围岩地质山区特殊的地质环境，一般采用多台阶法进行施工。不仅如此，在施工过程中也可以根据需要采用2台阶预留核心土法，而且这种方法的应用范围更广，还可以达到多台阶的施工优势，在施工过程中降低对相关围岩的干扰，避免软弱围岩出现严重变形或者松动，为确保整体施工安全提供支持。需要注意的是，土石方开挖过程中，需要做好软弱围岩的监控，根据围岩实际情况控制开挖速度和力度，尤其是需要控制好开挖距离，促进开挖工作的顺利开展，为实现良好整体施工效果打下基础。

隧道掘进技术。隧道掘进是高速公路隧道工程施工过程中非常关键的一个施工环节，也是确保隧道工程施工质量的关键。在实践施工过程中，要基于软弱围岩地质山区实际情况，综合考虑各种因素，在此基础上得出最佳的隧道掘进施工技术。需要注意的是，针对隧道的掘进施工，需要确保相关的施工安全性，保证掘进施工的整体安全性。具体来讲，可以综合使用爆破开挖和钻眼相结合的方式，达到最佳的隧道掘进效果，并实现对隧道变形的有效控制，确保隧道处于相应标准以内，并有效控制软弱围岩的整体稳定性。

超前支护技术。高速公路隧道工程施工过程中，针对超前管棚和超前小导管进行施工的过程中，需要结合实际应用超前支护技术。超前支护技术能够实现对软弱围岩的加固作用，并有效提高软弱围岩的整体安全性和稳定性，这种情况下，就是在施工条件很复杂的情况下也可以顺利进行施工，并有效提高超前管棚对软弱围岩的适应性。综合参考隧道工程的实际状况，在此基础上确定出合适的管长，从而确保隧道工程的施工质量。

综上所述，文章将软弱围岩地质条件作为基本背景，围绕其高速公路隧道施工展开探讨，总结其中的施工难点，综合考虑工程实际环境等因素，从而提出了数值模型分析法。通过对施工技术方法的探讨，所得的施工方案对于软弱隧道工程而言具有可行性，取得的成果良好。

第四节　高速公路隧道施工测量技术

通过分析高速公路隧道施工测量中存在的问题，从布设隧道控制网、建立隧道测量坐标系统和估算贯通误差等方面，阐述了改进高速公路隧道施工测量技术的有效策略，有利于提高隧道施工测量精度，保证高速公路隧道工程质量。

隧道施工测量是高速公路隧道建设中特别重要的一个环节，测量数值的准确性对隧道施工质量起着决定性的作用，所以，隧道施工单位要高度重视高速公路隧道的测量工作，尤其要关注测量中控制网的布设、坐标系统的建立等一系列问题，切实提升公路隧道的施工质量。

一、布设隧道控制网

布设原则。建立高速公路隧道控制网的流程主要有：一是在制定隧道控制网方案之前，工程人员要先收集施工场地的相关资料，比如施工场地的水文情况、地形地势、隧道建设的竖井、斜井及平行道坑等辅助设施的布置情况等等，为制定控制网方案提供重要的参考依据；二是确定隧道控制网的时候，工程人员应当综合考虑隧道工程测量仪器的性能和种类，充分了解并掌握施工外界因素和交通干扰状况，按照工程质量和施工要求对隧道控制网设计方案进行不断优化，从而提升控制网的精度；三是在隧道测量过程中，要确保每个洞口应当至少有 3 个水准点，将其作为测量的参照物；四是为了保证布设洞口投点方便，隧道施工过程中中线放样测量、联测洞外控制点和向洞内测设导线，在进行洞内传算时，工程人员应当将起算的边长控制在 300 m 以上。同时，为了加强对控制网的检查、定向，施工过程中要保证控制点之间能够通视。

精度要求。建设高速公路隧道控制网的意义在于确保隧道两侧相向挖掘的工作面能顺利贯通，控制网的精确程度关乎隧道贯通的形状、贯通的情况、贯通的长度以及施工的方法等多个方面，所以提高隧道控制网的精度对于保证隧道施工顺利具有非常重要的意义。当前最为常见的控制网形式有三种，即三角网、GPS网以及导线网，其中GPS网的精度较高、限制较少，是目前我国应用最为广泛的一种控制网形式；三角网适用于地形复杂、地势起伏大、通视情况较好的施工地点；导线网适用于地势较为平坦，通视情况较差的施工地点。

GPS 网是目前最常用的一种控制网形式，在控制点之间不必通视即可把隧道的两个洞口投点连接，可以大大缩减工程所需要的控制点数量。另外，GPS 网是运用我国 GPS 定位系统来实现精准定位的，尤其是运用大于 1 000 m 长度的测量基线边时，GPS 控制网的精度会更高，可以满足隧道施工的需要。

例如：洞口控制点坐标精度表示为 M0，GPS 网的观测精度为 M1，那么 GPS 网精度公式可表示为。

其中，Q 为 GPS 网图形强度，一般按照 GPS 网的矢量协方差或形状来决定；M1 为地面 GPS 网测量误差的值，一般是由测量设备性能决定的。

为保证GPS网的精度符合高速公路隧道控制网的需要，工程测量人员可按照隧道长度、施工地形以及各洞口的位置，运用不同的测量基线边长长度检验GPS网的测量方案。例如：使用长度不同的测量基线边时，利用GPS网矢量协方差矩阵求Q的值和洞口控制点的精度，选择精度 M1≤20 mm，并且效率高的 GPS 网为最优测量方案。

二、建立隧道测量坐标系统

在高速公路中，对于长度超过 500 m，直线长度超过 1 000 m 的曲线隧道，需要根据横线贯通精度的要求确立独立平面坐标系统。

确立坐标系统时，应当先考虑隧道施工放样方便，同时还要考虑与隧道两端线路的正确衔接问题。可以选择任意经度的中央子午线高斯平面坐标系统或者国家高斯平面坐标系统，但是通常是利用独立坐标系统。为了施工方便，常规的测量网通常是把隧道的主轴线进口到出口方向作为 X 轴的正向，隧道中某一线路中线里程作为 X 坐标系统的起算值，向右旋转 90° 确定为 Y 坐标轴，坐标原点的值可以为零，也可以为正常数。

在实际设计方案中，可以将隧道底部平均高程面作为投影面，把隧道中心线作为中央子午线，根据高斯正形投影计算平面直角坐标系统；也可以把抵偿高程面当作投影面，根据高斯正形投影来计算平面直角坐标；还可以将椭圆面作为投影面不变，选择适当的中央子午线，也就是把长度投影到该投影带所生成的变形，也就等于这一长度投影到椭圆球面而形成的变形。

三、估算贯通误差

高速公路隧道贯通的误差值是指在隧道中相向挖掘的施工中线中，贯通面的中线点不相重合，致使隧道贯通存在精度差。隧道贯通的误差值大多是在隧道贯通以后才能够确定，但根据工作需要，施工人员需要对贯通误差值进行事先估算，用来更好地指导施工工作的开展。根据产生方向不同，误差可以分为纵向误差、横向误差、高程误差和平面贯通误差等几种形式。其中，纵向误差是指与贯通面垂直方向的分量，也叫作纵向贯通误差；横向误差是指与贯通面平行方向的分量，也叫横向贯通误差；高程误差是指在铅锤面上的正射投影，也叫作高程贯通误差；平面贯通误差是指贯通误差在水平面上的正射投影。横向的误差将会对工程线路的方向产生直接的影响，如果误差超过了一定的范围，将会造成隧道几何图形的改变，严重的将会入侵建筑界限，而必须拆除重建，这不但会延误工期，而且会给施工单位造成严重的经济损失；纵向的误差一般会影响到隧道中线的长度以及线路的设计坡度；高程误差主要是影响线路的坡度。

高速公路隧道测量的准确程度对隧道施工质量有着决定性影响，是确保隧道顺利贯通的重要依据，所以施工单位必须给予隧道测量工作高度重视，采用精准度较高的 GPS 网来提升隧道工程测量的精准程度，提高对隧道贯通误差值的估算准确度，以提高施工单位对隧道测量的准确性，确保高速公路隧道工程的顺利贯通，确保工程按期、优质、高效地完成。

第五节　复杂地质环境下高速公路隧道施工技术

随着我国"一带一路"战略的实施，使周边国家对基础设施建设的需求越来越大。由中国路桥工程有限公司承建的巴基斯坦 KKH 二期高速公路项目，就是作为一带一路的旗舰项目。在巴基斯坦 KKH 二期项目阿伯塔巴德 2# 隧道施工过程中，针对各种复杂地质，我们充分运用国内的施工技术和经验，并在此基础上进行了不断地总结和优化。确保在复杂地质环境下，也可以进行高速公路隧道施工，从而实现我国高速公路工程稳定的可持续性发展。

隧道施工在高速公路的施工过程中不仅属于极其重要的内容，也是高速公路建设中最为基础的部分，通常在对高速公路进行施工时，都会对隧道施工技术进行使用，主要是因为使用隧道施工技术，不仅可以对工期进行缩短，也可以缩减施工成本，从而对工高速公路施工过程中存在的问题进行解决。同时在建设高速公路的过程中，会涉及多种多样的环境以及具有较强的技术性与专业性，所以在高速公路施工时，在复杂的地质环境下需要积极使用隧道施工技术，才必须严格监管整个施工过程，使高速公路隧道施工技术的质量得到提升，从而大幅提升高速公路的整体质量。

一、常见的复杂地质环境类型

在高速公路施工过程中，主要包括 5 种常见的复杂地质环境类型。不良地质条件。一般情况下不良地质条件包括滑坡、泥石流、煤层瓦斯和湿陷性黄土等，如果在上述地质上开展高速公路隧道施工，极其容易发生下沉、围岩变形、塌方与瓦斯爆炸等事故。岩溶。在我国部分地区岩溶属于比较常见的，岩溶会直接影响高速公路隧道的施工，甚至会发生突水、突泥等情况。大断层带。在对高速公路深隧道进行施工时，会部分存在区域性断层问题，对高速公路隧道的整体施工造成极其严重的影响，一般高速公路隧道工程的规模都较大，而且无法对大断层带的风险进行判断，不仅需要较高的施工成本，也导致作业难度越来越大。膨胀岩。在膨胀岩中一般都含有大量的水分，会使其体积变大，具有较大的内应力。软弱围岩。因为软弱围岩的承载力与黏结力较小，所以遇水就极其容易发生软化，从而导致高速公路隧道工程发生裂缝、塌方与滑坡等问题。

二、复杂地质环境下高速公路隧道施工存在的问题

地质环境过于复杂。随着高速公路发展越来越迅猛，导致高速公路的覆盖范围越来越大，使高速公路开始在山区或者地貌奇特的地区进行修建，因为地质环境与条件的发展，会直接影响高速公路的施工进度，甚至对施工工作人员的人身安全造成极其严重的影响。同时在高速公路隧道的施工过程中，主要是由于施工地区自身地质环境较差，地下岩层的结构不仅十分复杂，坚固性也较低，还位于断层地带等，在上述这些地区对高速公路工程进行施工具有较大的困难，如果岩石的硬度较低，会致使岩石发生变形，从而发生隧道倒塌的情况。并且我国会在有效特殊地段，例如矿洞、黄土地等，对高速公路工程进行开展，所以在对高速公路隧道进行施工时，会接触地下水管道、天然气管道等基础设施，会使地表结构发生改变，极其容易使地面发生坍塌的情况，从而直接威胁人们的人身安全。

隧道施工技术较低。在高速公路隧道的施工过程中，施工技术极其重要，能够有效保障高速公路隧道施工的整体质量，主要是因为施工技术的实施与高速公路隧道施工质量、施工安全具有紧密的联系。为了确保对高速公路隧道施工过程中存在的问题进行解决，需要对掘进机法、钻爆法进行引进，再与原有的支护技术、通风技术相结合，但是这些技术由于某些原因无法充分发挥其最大的效用与功能，资金投入的不够充足、施工人员的技术水平较低等，都会导致无法准确地勘测地质环境，从而会增加高速公路隧道工程的施工成本。

三、复杂地质环境下高速公路隧道施工的技术

地质勘测。因为复杂地质的环境会对高速公路隧道的施工质量造成极其严重的影响，所以必须极其重视复杂地质环境的地质勘测工作。一方面，需要结合地貌图对实际的施工地质情况进行科学预测，必须加强分析容易发生的意外事故与地质灾害，首先准备测量仪器，再对相关方案进行编制，最后分析高速公路隧道施工情况实施的可行性。另一方面，根据具体高速公路隧道施工场所的地形地貌，对地质探孔进行布设与打设，确保结合所得芯样，判断隧道线型范围内的地质情况。同时需要通过全方位的分析，确定高速公路隧道施工范围内的岩溶、破碎带与软弱围岩等不良地质范围以及对隧道的涌水量进行明确，从而对高速公路隧道的围岩级别进行综合确定。

断层与破裂带的施工技术要点。高速公路隧道工程如果在断层区域内进行施工，需要运用直径为 42 mm 的超前注浆导管进行隧道支护，而且需要通过施压的方式进行水泥浆体的灌注，确保实现固结松散岩体的作用，不仅可以使围岩强度得到提高，也可以对围岩的变形情况进行改善。因此，需要将花管样式的导管作为注浆的支护导管，一般将导管的长度设置为 4.5 m 以及在对隧道进行开挖时，需要采用光面爆破技术。同时在隧道开挖的过程中，需要根据围岩的情况对相应的钻孔装置进行选择以及对相应的爆破计划进行制定，才能够确保实现预期的开挖效果。因此，在隧道进行爆破时，采取光面爆破技术并不会扰动周边的围岩，更加有利于保持围岩的整体性，不需要进行过多的挖掘，从而使高速公路隧道的整体施工效率与安全得到大幅提高。

隧道变形控制技术。大部分高速公路隧道所处区域都存在炭质泥岩与粉质砂岩，极其容易发生软化的情况，甚至发生塌方的问题。为了使高速公路隧道的承载能力得到提升，必须采取有效的技术，不断提高高速公路隧道的抗塌方与变形能力，而且在高速公路隧道施工过程中，通过前期的监测判断塌方发生概率较大的地段，要求相关作业工作人员进行药卷锚杆支护，再将钢筋网挂上，然后补喷一定数量的混凝土，确保对高速公路隧道变形的情况进行约束，才能够有效阻止塌方与变形等情况，从而使高速公路隧道的施工质量得到大幅提高。同时在高速公路隧道施工过程中，即使没有发生塌方与变形，也需要通过使用相应的预防措施，对高速公路隧道施工工段进行保护，从而更加利于高速公路隧道工程

的施工。

综上所述，在高速公路隧道的施工过程中，经常会遇到十分复杂的地质环境，导致相关工作人员需要对常见的复杂地质环境类型进行了解，确保通过使用有效的施工技术，使高速公路隧道的施工质量得到提高。因此，在高速公路隧道的过程中，必须对施工的地质环境进行分析，确保根据高速公路隧道的施工情况，采用隧道施工技术，才能够对裂缝、塌方与滑坡等问题进行解决，从而使复杂地质环境下高速公路隧道的施工质量与安全得到大幅提升。

第六节　高速公路、隧道施工中灌浆技术

近年来，我国的交通行业有了很大进展，高速公路工程建设越来越多。高速公路是现代交通中的重要组成部分，高速公路的运行通畅是交通便利的基础，由此，对高速公路整体的工程质量把控成为重点。但同时，在高速公路的桥梁与隧道工程的施工过程中，常受到复杂条件的影响，基于此，论文对灌浆技术在高速公路桥梁及隧道施工中的应用展开分析，以期为高速公路质量提供保障。

随着现代社会的不断进步，越来越多的高速公路出现在实际的施工作业中，为了确保桥梁隧道施工作业的质量，防止桥梁隧道中裂痕的出现，导致其开展整个桥梁隧道的正常使用，为人们的出行带来不便，在实际的工作中，人们通常利用灌浆技术来保证桥梁隧道施工的安全性和稳定性，而本节也将主要以灌浆技术为主要话题，对桥梁隧道施工中应注意的问题和灌浆技术的具体应用进行论述，为从事该工作的有关人员提供一些参考。

一、灌浆加固法的原理

在进行高速公路工程建设时，往往会遇到一些工程病害，这些病害会影响高速公路隧道的正常通行，所以施工中一般会采用灌浆法对工程项目进行加固，而灌浆法加固技术的原理主要是指，将水泥、砂子、黏土，以及相关的化学溶剂，按照一定的科学比例进行配比，配比后形成水泥砂浆，然后将这些水泥砂浆通过一定的方法和器械灌入到施工工程的地基中去，起到了对地基进行加固的作用，也填补了地基中出现的裂缝，增加了工程的稳定性和安全性，提高了工程的荷载能力。在一般的工程施工中，灌浆法主要有两种，即高压灌浆和低压灌浆，浆液在进入地基后会在地基的裂缝处形成浆柱，这种浆液柱能够快速冷却凝结，填补地基的裂缝，夯实地基，从而解决施工中的病害问题，起到加固工程的效果。

二、高速公路隧道工程中的裂缝问题原因分析

高速公路隧道的施工过程中，裂缝问题比较严重。裂缝问题的原因较为复杂多样，可

以统分为自然原因、人为因素以及原材因素。在高速公路的桥梁及隧道施工中，大体积混凝土施工技术应用较为常见，在浇筑完成后的养护工作中，容易受到环境温度的影响。在没有控制措施的情况下，混凝土的水化热反应较为剧烈，由此会使结构出现热胀冷缩现象，容易产生裂缝；人为因素多是施工人员对施工操作不规范，不能合理进行混凝土养护及控制导致。对于混凝土结构的养护，需要对外界施工条件开展勘察，并明确结构内部的水化热反应，从而采取加热或冷却措施进行控制。原材影响也是混凝土成型中的影响条件。不同类型、不同配比的混凝土材料，在固结强度、水化热反应方面也相对不同，混凝土结构较大时，水化热造成的影响相对更为大，由此使混凝土产生裂缝问题。

三、高速公路隧道施工中灌浆法的应用

灌浆施工前的准备工作。在进行灌浆之前，必须做好准备工作。首先，应该先对施工现场做好勘察工作，了解施工现场的实际情况，做好施工设计，选用合适的方法对现场进行施工；其次，要安排好施工队伍，必须使用专业的施工队伍，而且要明确好施工队伍中每个人的分工，确保施工工作能够顺利进行，将责任制落实到每一个人的身上；最后要将灌浆加固技术施工所用的机械设备运送到施工现场中去，而且要确保施工设备都能正常运行，同时所需要的施工材料也要在施工前准备好，确保开工后工程能够顺利进行。

布孔。首先，应确定孔洞的具体位置，施工人员需要根据前期设计方案和现场施工情况设定钻孔位置，并做好放线测量工作，保证钻机的安装方位符合施工需求，从而有效提升工程设备的安装质量。

安装灌浆管道。在做完钻孔工作之后，就要开始安装灌浆管道，灌浆法加固的目的是实现对工程项目的加固，但是因为施工环境和工程使用环境的特殊性，普通灌浆管道在使用的时候往往会出现管道外壁破裂的现象，从而影响整个工程的正常使用，为了以防这种事故的发生，通常在安装灌浆管道时要在灌浆管道外部包裹一层软橡皮胶进行保护。一旦管道破裂，就容易导致浆液流出，这样不仅影响施工工程，而且浪费了施工材料，而在软皮胶的包裹之下，泥砂不容易流入到灌浆管道中去，可以起到双重保护的作用。在铺设好灌浆管道之后，还有一步非常重要的工作就是对管道衔接处的孔隙和钻孔留下的孔隙进行填补，一般选用与管道周围相同的材料对管道进行填补加固。

在隧道项目施工时运用到的灌浆技术分析。隧道项目中也是很容易出现裂纹的现象，在施工过程中，要解决隧道支撑的柱体以及隧道表面出现的砌石的问题，根据隧道项目施工时所出现的问题和现象，对问题及时地解决，选择适合的灌浆材料，选择合适的灌浆的技术和方法，施工人员要注意施工的具体操作流程和施工的时间，同时还要确保施工材料的配比，对施工的材料和质量进行严格的把关，确保使用高质量的施工材料；在隧道项目运用灌浆技术时，这对施工的时间是有一定要求的，要尽量控制在一定的时间内，要保证灌浆材料和裂纹在一定的时间内可以凝固，防止出现灌浆材料流失的情况。最后的成果验

收时，有关审核人员要加大审核的力度，确保审核流程的规范化，还要安排相关人员进行定期的检查,在检查过程中发现问题,要进行及时的改正,并根据问题制定相应的解决方案,确保最终隧道项目灌浆施工时的质量,更好地提高隧道的加固作用,保障人们的出行安全。

堵孔工作。堵孔工作是灌浆加固的最后一步,完成灌浆工作之后,要控制好堵孔的时间,不能太早,也不能太晚,要在浆液冷却之后立即进行封口,在封口完成后的24h之内,施工人员需要及时观察灌浆封口周围的变化,一旦封口处的浆液有下降的情况,要及时开封进行填补,补浆作业可能是一个连续的过程,要一直到封口处完全到顶才能重新停止补浆进行封口。

综上所述，工程施工中的灌浆加固技术,对施工工程有着重要的影响,能够大大地提高工程的稳定性,而且此技术造价相对较低,操作过程相对来说也比较简单,但是此工程施工步骤较多,施工技术人员要做好各项监察工作,不断创新施工方法,推动工程质量的提高,推动我国高速公路隧道工程能够得到更好发展。

第七节　高速公路隧道施工支护技术

结合长邯高速牛王垴隧道工程的水文地质条件,从初期支护、超前支护、洞身二次衬砌三方面,阐述了隧道施工的支护技术,介绍了施工中的操作要点及注意事项,为同类工程的施工积累了经验。

一、工程概况

工程概述。牛王垴隧道全长1 540 m,含明洞150 m,采用高速公路技术标准设计,计算行车速度80 km/h,路基顶宽16 m,设计车辆荷载为公路—Ⅰ级,主洞建筑限界净宽14 m,净高5 m。紧急停车带建筑限界净宽16.75 m,净高5 m。

气象水文。项目区属暖温带湿润大陆性气候区,四季分明,冬长夏短,雨热同季。降水量年际变化大,秋季温和凉爽,冬季寒冷雪少。

地形与地质。项目区位于山西省东南部,东连太行山脉,西连黎城、长治盆地。太行山区海拔为900 m ~ 1 250 m,盆地区海拔为810 m ~ 1 027 m。线路地处两个低山区、两个盆地区。

二、隧道支护施工技术

初期支护。中空注浆锚杆施工。中空注浆锚杆直径25,长3.0 m ~ 4.0 m,一般主要设在拱部范围,采用锚杆钻机钻孔,注浆泵注浆施工。

a.锚杆位置、锚杆方向。根据锚杆的环向及纵向间距要求定出孔位,并做出标记,采用锚杆钻机钻孔，钻孔要注意方向与围岩壁面以及岩层的主要结构面垂直。

b．钻孔及安装锚杆。成孔后及时检测孔深是否达到设计要求，孔深允许偏差为 ±50 mm，杆体插入锚杆孔应处于居中位置，锚杆杆体露出岩面的长度应不大于喷层厚度。

c．水泥净浆液。杆体钢筋保护层厚度不小于 8 mm，注浆材料为水泥净浆液，水泥水灰比 0．5：1 ~ 1：1，水泥为 42．5 普通硅酸盐水泥，注浆压力初压 0．5 MPa ~ 1 MPa，终压 1．0 MPa，注浆顺序自拱两边向拱顶。

φ22 药卷砂浆锚杆施工。锚杆施工工艺：先钻孔→再清孔，并在孔中填入锚固剂→最后杆体插入。施工时先用凿岩机按照设计要求钻凿孔眼，达到设计的标准后，先清除孔内的碎屑细岩，然后进行锚固，最后进行杆体插入，一定要将锚杆与钢筋网焊接为一个整体。锚杆抗拔试验要待锚固剂终凝后，按规范要求抽样进行。

钢筋网加工与安装。

a．为了防止钢筋网片锈蚀、污染，应在钢筋堆放现场搭建临时的遮雨棚，在堆放时钢筋下方应垫方木进行防潮。

b．钢筋网的加工应严格按照设计要求的尺寸，将钢筋焊接成 200 mm × 200 mm 的钢筋网片。网格尺寸应保证在允许误差范围之内。

c．钢筋网的安装必须在系统锚杆施工质量验收合格后方可进行，安装时钢筋网与被支护岩面的间隙应控制在 2 cm 左右，锚杆与钢筋网采用铁丝绑扎或点焊，以保证钢筋网在喷射混凝土的时候不晃动。

工字钢架施工。先按设计尺寸将工字钢架加工成型备用，初喷混凝土之后将加工好的工字钢架拉入洞内进行安装，安装时钢架与定位的钢筋要焊接牢固。在钢拱架间应设纵向连接筋，钢架间用混凝土填平。

a．现场加工制作。先在洞外布置结构件加工厂，用 C15 混凝土硬化加工场地，按照设计要求的尺寸先放出大样再将工字钢架加工成型。工字钢冷弯成形要做到尺寸准确，弧形圆滑顺直，放样时应预留焊接收缩余量及加工余量。钢拱架加工好以后应进行试拼，由拱部、边墙及各单元钢构件拼装而成；沿隧道周边轮廓允许误差应控制在 3 cm 以内；各单元间用螺栓连接，栓孔中心间误差应控制在 ±0．5 cm 以内；钢拱架平放时，平面翘曲控制在 ±2 cm 以内。

b．钢拱架架设要求。钢拱架应放置于稳固的地基上，当地基不达要求时应在钢拱架基脚处设置槽钢以增加基底的承载力。钢拱架架设应垂直于隧道中心线，上下左右偏差应控制在 ±5 cm 以内，钢拱架的倾斜度应小于 ±2°；回填应在拱脚标高符合要求后方可进行，为确保安全，钢拱架的安设应在开挖后 2 h 内完成。钢架之间用钢筋纵向连接，钢拱架与围岩之间留 2 cm ~ 3 cm 保护层。钢拱架架设处若有锚杆时应尽可能利用锚杆定位，没有锚杆时钢拱架架设前需打设定位系筋。系筋的一端与钢拱架焊接，另一端应锚入围岩中用砂浆锚固。钢拱架架立后应立即喷射混凝土，并将钢拱架包裹覆盖，使其共同受力来满足质量要求。钢拱架与锚杆焊接，并且设置纵向连接钢筋以确保其整体稳定性。

喷射混凝土。

a. 喷前应用高压风或高压水清洗岩面，将附着在岩面上的粉尘、硝屑冲洗干净，以保证混凝土与岩面粘结牢固。若用高压水清洗会引起岩面软化时，只可用高压风清扫岩面杂物（视地质情况而定）。

b. 喷锚支护分初喷和复喷两次进行。喷射混凝土需紧跟开挖面的时候，下一次爆破距喷射混凝土作业的完成时间间隔不应小于 4 h。

c. 喷射顺序一般采用先下后上，先墙后拱。先用高压水冲洗再进行，喷射混凝土终凝 2 h 后，喷水养护不少于 7 d。

d. 喷嘴移动轨迹应因地制宜，横条、竖条、圆圈等应交替使用，移动速度要慢，使混凝土"堆"起来，有了一定厚度再移开，然后逐渐扩大其喷射范围。

三、2 超前支护

明洞进暗洞部位设套拱，套拱采用 4 榀Ⅰ 20b 工字钢，纵向间距 50 cm，用 Φ22 钢筋连接。管棚纵向长 2 m 厚 70 cm，采用 C30 混凝土浇筑，预留变形量 10 cm ~ 15 cm，套拱内预埋 φ127×4 导向管，管棚外插角为 1° ~ 3°，管棚末端与超前小导管搭接长度不小于 2 m。

洞身超前支护采用 φ50×4 超前小导管或 φ25 超前砂浆锚杆进行超前支护。a. 钢管前端做成尖锥状，尾部焊上箍筋，以满足小导管插入围岩。严格按照设计尺寸，间距保证在 15 cm，沿着对角线钻 φ8 mm 注浆孔。b. 超前小导管注浆，沿开挖外轮廓线向前以一定角度打入管壁带有小孔的导管，且以一定压力向管内压注起胶结作用的浆液，待其硬化后岩体得到预加固。c. 注浆前应检查机械设备是否能正常运转，管路的连接是否正确，并对注浆机进行水压试验。d. 注浆时的压力应控制在 0.5 MPa ~ 1.0 MPa，在注浆的过程中要随时观察并做好书面记录的项目有：注浆压力、注浆泵排浆量的变化，如有堵管、跑浆、漏浆的现象应及时采取措施。e. 注浆采用一次升压法，从注浆开始要在最短时间内将压力升高至设计规定值，直至注浆结束。

洞身二次衬砌。施工工艺流程。a. 二次衬砌作业前，应检查围岩及初期支护的变形是否稳定，分析监控数据，直到位移率明显减缓、收敛值拱脚附近小于 0.2 mm/d 和拱顶下沉小于 0.1 mm/d，位移值已达到总位移的 80% 时，方可进行二次混凝土衬砌。b. 测量放样要在测量工程师和隧道工程师共同参与下进行。c. 二次衬砌进行前，应先启动衬砌台车液压系统，使钢模准确定位，确保钢模衬砌台车的中线与隧道中心线一致后，方可进行衬砌施工。d. 衬砌前应先清理基底杂物、浮碴和积水，按照设计要求安装好橡胶止水带，并对防水系统设置进行自检，合格后方可进行。e. 灌注混凝土应在前道工序自检合格，并经监理工程师签字同意后方可进行。f. 混凝土二次衬砌在强度达到设计强度的 70% 时，方可拆模；若二次衬砌处于受力状态，混凝土强度须达到设计强度 100% 时方可拆模。

二次衬砌。二次衬砌采用自行式、全断面液压钢模衬砌台车进行泵送混凝土灌注，衬砌台车长度约 9 m。混凝土衬砌施工时，尽量采用两台输送泵对称灌注，这样既缩短衬砌时间，又能防止钢模台车跑偏。在衬砌混凝土接缝处必须进行凿毛处理。衬砌混凝土应由下至上、先墙后拱对称进行灌注，混凝土的自由倾落高度不超过 2.0 m。在混凝土浇筑过程中，技术人员应勤观察模板、支架、钢筋、预埋件和预留孔洞的位移等，发现有变形、移位时，应及时采取措施。因故混凝土灌注作业受阻需停工时不得超过 2 h，否则要按接缝处理。混凝土衬砌泵送灌注施工中辅以插入式振动棒捣固。挡头模板采用制式钢模，确保施工缝处混凝土质量。二次衬砌混凝土灌注后，混凝土强度达到 8 MPa 以上时，即可拆模，并进行养护。

混凝土仰拱的施工。为了确保支护结构的稳定性，施工时混凝土仰拱应及时进行施工，并使衬砌尽早闭合，从而达到整体受力。仰拱采用大模板，由中心向两侧对称进行施工。与侧墙连接处要捣固密实。仰拱的一次施工长度应控制在 5 m 左右，仰拱施工采用过梁形式，以保证掌子面开挖、支护正常进行。

隧道是高速公路施工中重要的组成部分，支护技术在隧道施工中又占有举足轻重的地位，所以在隧道施工中要加强支护或早进行衬砌，洞内支护宜随挖随支护，随着隧道各部分开挖工作的推进，应及时进行衬砌或压浆，以保证隧道衬砌顺利进行。

第八节　不利岩层地质条件下高速公路隧道施工技术

不利岩层地质条件下高速公路隧道施工难度增大、施工人员面临的挑战和困难也在不断增多，对施工技术应用要求也在不断提升。而面对当前部分高速公路隧道施工必须经过不利岩层的现状下，针对现实积极加强这一地质条件下高速公路隧道施工技术应用分析具有非常必要的现实意义。

一、不利岩层地质条件下高速公路隧道施工技术应用要点分析

首先，稳定性。不利岩层地质条件的存在相比一般、常规岩层地质条件而言，其存在的明显问题则是岩层构成比较特殊、岩层结构比较复杂、岩层整体不稳定，在隧道掘进的过程中容易出现塌陷的不良问题，引起不可预估的损害。面对这一现状，在针对不利岩层地质条件下高速公路隧道施工中，必须首先保证稳定性，在强化前期分析，做好相关支护工作基础上，进行隧道的掘进施工，保证工程施工的安全性。其次，经济性。大量实践证明，不利岩层相比常规岩层而言，其需要投入的精力比较大，人力、物力和财力等方面的投入都是较大的，整体造价较高。面对这一现象，在实际不利岩层地质条件下高速公路隧

道施工技术应用中，在技术可行性、可操作性分析基础上，对其进行经济分析，严格按照施工图纸和施工规划基础上，优化技术应用组合，控制这一阶段成本投入。最后，安全性。本身隧道工程施工环境特殊性，其存在较大的挑战。再加上不利岩层地质条件带来的挑战，这一阶段隧道工程施工更是难上加难，在技术深入应用中，为了突破技术应用存在的挑战，施工技术人员需要切实深入到施工现场进行细致化的勘察分析，这样可能遇到的潜在的安全风险是较大的，容易出现安全事故。基于这一方面而言，加强不利岩层地质条件下高速公路隧道施工技术安全化管控也是当前管理的重点。管理人员需要在稳定性、经济性、安全性实现基础上，提高隧道掘进的效率，提升不利岩层地质条件下隧道工程施工质量。

二、不利岩层地质条件下隧道施工技术应用分析

地表处理。不利岩层地质条件下隧道施工技术应用首先进行地表处理。地表处理工作的进行需要工作人员先进行测量放样。这一方面，工作人员结合施工设计图纸，对隧道洞口的里程精确测量，并且做好标记标注。其次，不利岩层地质条件下需要在建设临时排水沟。主要体现在隧道洞顶上，这一方面开挖要充分考虑地面，尽量放缓坡度，将截水沟和路基排水沟有效连接在一起。对于坡度较大的截水沟，增加跌水槽，以此有效减缓水流冲击压力。然后，截水沟的构建。截水沟的施工要选择饱满的砂浆进行砌筑，且控制相邻砌筑缝隙，保证整体砌筑的平顺性。最后，不利岩层地质条件下，为了避免隧道施工出现滑坡和塌陷的不良问题，要对边仰坡做好加固处理。边仰坡加固处理要严格按照设计方案进行，做好加固检测工作。

大管棚施工。由于不利岩层地质条件非常容易出现塌陷和崩裂的问题，在隧道施工技术应用中，积极应用大管棚营造稳定的施工环境是特别必要的。这一方面实际施工中，首先，施工人员要针对钢管的第一节进行特别化的加工处理，将其加工成尖锥状。在钢管准备好基础上，使用专门的套环将钢管组合成一个整体。在将管棚定向钢管内部预埋的时候，要保证钢管外侧端部与套供内部保证平整。同时钢管内部埋入土中合理，控制钢管和隧道轴线协调性。然后，工程人员使用钻机对预先标注好的孔洞进行钻进，在钻进完成后按照奇数和偶数的方式进行分类标注。其中，奇数孔使用无缝钢管，偶数孔使用钢花管。整个钻孔顺序严格按照顺序进行，完成后进行浆液的灌注和质量管控。最后，对注浆管进行科学化的安装。这一方面，需要使用钻机对钢管进行推送处理，且对推进的每一届钢管采用专门的厚壁管箍实现固定处理。在钢管接头均匀性保证基础上，进行相应的注浆操作。工程注意注浆工作进行中，要控制注浆压力，保证注浆的连续性，注浆比例调整到位，强化注浆过程中的监测管控。

洞身开挖施工。首先，上台阶的支护。这就要求工作人员需要针对事先预留的核心土进行开开挖，按照钢架支设要求在隧道开挖两侧拱脚进行设置。而实际工字钢需要进行横向支撑，实际长度需要严格结合现场施工状况确定。将工字钢有效焊接在刚加上，以此发

挥有效的支撑作用。在横向支撑完成后，工程人员使用喷射混凝土进行喷射，提升强度，增加受力面积，提升对开外两侧带来的压力抵消能力。而在这一部分支设中，为了避免应力过度集中，科学设置钢架支设数量，控制钢架倾斜读数。在保证尾部和钢架有效焊接基础上，实施相关的注浆加固操作，增加整体的刚度。

然后，进行中台阶的支护。在上台阶支护完成后，进行中台阶的加强支护。这一方面工作进行中，要保证与上台阶支护距离控制在合理范围内，且开挖同样需要预留核心土，在设定好的拱架处进行开挖，在开挖后进行工型钢的支设，同时实施混凝土的喷射。

防水层施工。不利岩层地质条件下，隧道施工技术应用同样需要加强防水层施工。这一部分实际施工中，优先采用使用复合型防水卷材。在防水卷材应用中，首先，需要对支护面进行检查。针对支护面是否存在突出的钢筋头和刚尽管，并且使用混凝土进行防水卷材铺设面的抹平处理。然后，准备好复合型防水板。在复合型防水板施工中，要保证每一个防水板的铺设与预埋件之间牢固绑扎在一起，控制相邻的防水板之间的宽度。而防水板焊接工作的进行，严格控制焊接的缝隙，合理选择焊接方式，保证整个焊接工作连续、均匀化的实现。在对防水卷材施工完成后，强化检查，重点核查焊接质量，提高整体的焊接水平。

施工技术应用监测。由于不利岩层地质条件下隧道工程施工技术应用比较复杂，为了保证技术应用水平强化技术监测工作是非常必要的。针对施工技术监测中，强化动态化监测分析，通过使用无损探测方法的使用对技术操作效果分析，精确问题出现的位置，针对存在问题，及时强化分析，及时处理。施工技术应用监测是技术应用的关键，对于提升技术操作水平具有非常重要的作用。

第九节　铁路隧道下穿既有高速公路隧道施工控制技术

基于施工控制技术，笔者就其在铁路隧道下穿既有高速公路隧道工程施工过程中的具体应用进行了剖析，分析了其施工的诸多长处，并深入地研究了施工控制技术应该使用的措施。而做好施工控制技术，能够及时满足当前铁路隧道下穿既有高速公路隧道工程项目的相关需求。

在现代化交通建设的推进过程中，铁路隧道下穿既有高速公路隧道工程可谓重要的组成力量，尤其是施工质量，更是重中之重。在本节中，针对铁路隧道下穿既有高速公路隧道工程，笔者分析了其施工控制技术情况，特别是最近几年较为重视的施工技术措施。但当前在进行施工控制技术的时候，还伴随各类问题，使得施工的效能难以全面发挥。结合多年经验和施工伴随的问题，笔者提出了几点借鉴建议，希望能够为同行的相关研究提供参考，也有利于他们更好地认识施工技术措施，从而彻底的管理施工控制技术中伴随的诸多问题，使得施工的水平能够得以提高，从而将为现代化交通建设提供保障。基于铁路隧道下穿既有高速公路隧道工程的行业发展视角分析来讲，充分做好施工控制技术，意义可谓是非凡而巨大的。

一、铁路隧道下穿既有高速公路隧道施工控制技术研究

铁路隧道下穿既有高速公路隧道工程施工中的地质风险技术控制：（1）重视对补勘的不断加强，将地下溶洞探查清楚，并结合相关设计要求和现场的施工实际，对其进行有效的加固处理，从而保证其加固的质量。就连续墙而言，在进行施工时要将各个参数控制好，使得槽壁的稳定度能够得以保证，同时准备好相关抢险措施。（2）将抽水试验做好，将承压水可能带来的影响明确出来并依据图纸进行相关处理，防止开挖时在基地出现水涌和沙涌的情况。

铁路隧道下穿既有高速公路隧道工程在溶土洞发育地层的施工技术控制：（1）结合盾构掘进实际，要动态围蔽其位置的前后20m，同时在其机头前方10m，停放地面综合工程处理车，不可忽视对地面的巡视以及值班。（2）动态监测和关注盾构掘进的相关范围，这期间也不可忽视其周边的高速公路动态，确保相关人员能够及时了解隧道周边的实际情况。（3）每环两次，收集一次岩样，统计一次干砂量，并依据相关地质资料诸如盾构出渣等做出综合分析，对设定其参数提供参考。（4）盾构掘进时，要关注管理泥浆性能，尽量控制欠压掘进等情况。在设计泥浆池时，要重视对其容量的加大，以防盾构遭遇溶土洞而流失大量泥浆的现象发生。（5）与政府相关部门合作设置应急联动机制，将相关应急措施准备妥当。

铁路隧道下穿既有高速公路隧道工程在上软下硬地层的施工技术控制：（1）要秉承多多开仓、第一时间开仓进行检查、及时更换损坏刀具的原则。（2）开仓作业时，尽可能将岩块等打捞干净。对大刮刀进行加固处理，预防刀具掉落。（3）控制掘进参数（地层下硬上软）时，要重视刀具的保护，第一时间换刀，开挖直径保证好；重视转速的控制，预防损坏刀具，控制掘进的速度，控制最推理，预防过大的偏心受力，保证泥浆的质量。

铁路隧道下穿既有高速公路隧道工程暗挖法施工技术控制：（1）依据设计需要加固好联络通道，并就加固质量保证好。（2）在进行浅埋暗挖施工过程中，要坚持"管超前、严注浆、短进尺、强支护、早封闭、勤量测"方针，将初衬结构的相关施工尽早地完成。如果在掌子面出现一些异常情况，诸如软弱地层等，要及时应对，可以利用超前小导管注浆的模式。（3）重视监测和巡视高速公路以及周边的地面。（4）要做好应急储备及相关措施，并与政府合作将应急临迁机制落实好。

铁路隧道下穿既有高速公路隧道工程盾构施工技术控制：（1）端头加固外包素砼连续墙接头和内填充加固体的施工质量，要做好相应控制，将接头管的施工工艺应用于连续墙接头，使得接缝不留死角。（2）就盾构而言，不论是其始发还是到达，都要做洞门镜面试水的探孔工作，同时，在碰壁之前，进行开仓降水的试验。（3）针对盾构始发与到达，

还要做好对其掘进施工参数的严格控制。（4）在到达实施之前，要和测量作业做好联系，在到达前100m就将盾构的姿态调整好，在到达前10环，要尽最大可能地实现一环一次人工复测工作。（5）对端头加固外包素砼连续墙、洞门与盾构隧道的接口做好全环补充注浆施工，为保证止水帷幕的质量，可以利用跳孔等模式。（6）重视对吊装的管理，依据相关流程做好操作，针对盾构吊出端的土体承载力，要做好相应的核算，如果不能及时满足施工需求，要做好相应的土体加固措施。（7）注重对施工的监测，并结合监测结果进行施工，如果出现异常情况，及时向上级汇报，并依据设计采取针对性的对症处理。

二、铁路隧道下穿既有高速公路隧道施工控制技术管理措施研究

提升管理水平，完善施工制度。施工单位要进一步关注施工安全相关管理，并在企业范围就安全教育进行相关宣传，使所有员工都意识到施工安全重要性，在工作中形成良好氛围，为做好相关安全防护提供基础。施工企业要不断安全管理机制健全与完善，推行责任制度，将责任落实到每一个人。就各项管理机制进行相应细化，做到有据可依。施工企业要明确安全管理者责任等级，建立合理考核责任体制机制，结合奖惩实际，充分激发施工者工作潜力。

开展安全教育工作，提升人员素质水平。铁路隧道下穿既有高速公路隧道施工安全性与施工者和管理者综合水准息息相关，针对员工，施工企业要进行相关安全教育，定时进行安全活动相关培训，提升企业员工安全水准和素养。在施工组织内部，要建立健全教育培训制度，使安全工作成为正常状态。施工企业要结合丰富措施进行安全教育开展，使施工者安全意识不断提升，重视技能的相关培训，最终实现整体员工素质不断提升。

优化施工设施，提升施工技术安全性。铁路隧道下穿既有高速公路隧道工程施工正常运行和施工技术以及施工设备都有很大联系，企业要做好相关管理措施。建立完善的管理机制，基于相关标准进行操作并结合机制做好相关维修与养护。对易发生事故较为频繁的机械设备，要引起关注并定期做好跟踪和监测，做好相关预防管理工作。具有相对较高技术含量的设备，要进行针对性评判，并做好相应培训，使他们能够在第一时间掌握具体的操作方法。

加强现场协调，做好安全管理工作。在进行铁路隧道下穿既有高速公路隧道工程施工之前，企业要与当地部门进行主动联系，配合好相关工作，避免因为沟通不利伴随安全隐患。施工单位要将现场管理做好，对施工现场做好防护，重视全面排查工作，将施工中的安全隐患在第一时间找出来。结合施工现场自然氛围，做好相关防护工作，施工中，可能伴随很多复杂问题，需要针对性一一解决，才能对施工发生率进行有力控制。

建立健全工程项目施工管理机制。铁路隧道下穿既有高速公路隧道工程项目施工的时候，要全面而仔细的了解自身企业的质量体系，如此，才能更好地提升自身企业的团队水平。就相关责任的分配，一定要合理地进行配置，从而能够将责任在各个技术岗位上得以

全面落实，防止责任不明的情况发生，如此，才能有效地激励管理层以及其他员工的工作积极性。

综上所述，最近几年，我国铁路隧道下穿既有高速公路隧道工程建设行业有着突飞猛进的发展，并且在社会发展中扮演的角色不容小觑。尽管在施工技术实际应用的时候还伴随诸多问题，但施工管理工作者还是要做好技术改革的各个环节。在本节中，基于施工控制技术，笔者就其在铁路隧道下穿既有高速公路隧道工程施工过程中的具体应用进行了剖析，分析了其施工的诸多长处，并深入地研究了施工控制技术应该使用的措施。伴随不断加快的现代化交通建设步伐，就社会各界而言，日趋重视项目施工的质量，这也是项目施工的一个巨大的威胁。而应用施工控制技术，能够及时满足当前城市铁路隧道下穿既有高速公路隧道工程项目的相关需求。希望基于本节的分析，能够为同行提供一定的参考，也有利于他们更好地认识施工技术措施。

第十节　毕威高速公路水塘高瓦斯隧道施工技术

隧道工程施工环境比较复杂，在施工过程中，安全隐患比较多，其中，瓦斯爆炸事故的危害性最强。在高瓦斯隧道工程施工中，必须加强安全管理控制，避免出现爆炸事故。对此，笔者将以参加贵州毕节至威宁高速公路水塘高瓦斯隧道的施工经历，对高瓦斯隧道施工技术要点进行详细探究，以期为类似工程提供借鉴之处。

高瓦斯隧道工程施工条件比较特殊，围堰结构破碎，并且可能有涌水，施工难度较大，对于施工技术的要求比较高。在实际施工过程中，必须综合考虑隧道工程地质实际情况采用相应的隧道施工技术，加强通风监测管理，这样才能够保证隧道工程施工的顺利进行。

一、隧道工程瓦斯概况

瓦斯其主要的成分为甲烷，比重为 0.554，是常见于隧道中的一种无味、无色的混合型气体，对人体会产生严重的不良影响。瓦斯通常会存在与隧道的顶部位置，在其遇到明火的时候极易产生爆炸事故。瓦斯在人们的日常生活中也属于比较危险的物质。瓦斯这种物质处于不断生成和不断扩散的过程里，在长期的地质时期中，大量瓦斯会直接透过岩石发散到空气中，也会有一部分会存留在岩石里面。瓦斯有着渗透性、水溶性、爆炸性和不稳定性等特点。公路的隧道施工中会预先性的对其地质地形等方面进行勘测，在检测中发现隧道中存有瓦斯，就会把这类的隧道定义为瓦斯隧道。瓦斯的隧道在施工过程中，经常会发生 7 类危害。这 7 类危害有：瓦斯爆炸、巷道坍塌、煤尘爆炸、瓦斯突出、煤突然顺出、瓦斯和岩石的突出、煤突然突出。在发生此类危险事故的时候，需要进行施工的风险性识别，避免对后期建设造成更加严重的损失。按照不同的瓦斯区域配备适宜的施工设备与手段，可以有效地节约和简化施工程序。

二、工程概况

水塘高瓦斯隧道是毕威高速公路的控制性工程，毕威高速公路全长126km。水塘高瓦斯隧道，是贵州省公路工程集团有限公司第九分公司承建的贵州毕节至威宁高速公路的控制性工程，位于赫章县水塘乡，总投资为1.8亿元，隧道为分离式双向四车道隧道，左洞长1854m，右洞长1845m。水塘高瓦斯隧道穿越煤系地层，地质情况极为复杂，采空区分布零乱，含涌水、突泥、瓦斯突出等危险地质状况较多，瓦斯防控要求高。

三、毕威高速公路水塘高瓦斯隧道施工技术要点

（一）高瓦斯隧道施工技术

1.合理划分隧道施工区域

在进行隧道工程施工过程中，首先需要采用先进的技术，科学判断隧道内所含有的瓦斯含量，在含有瓦斯的区域前后10m左右阶段中，根据地质条件和瓦斯含量等，将瓦斯的层划分为不同区域，可划分为费瓦斯工区、一般瓦斯工区、严重瓦斯工区、煤与瓦斯突出的危险工区等。在实际施工过程中，对于不同划分区域，需要结合实际情况选择施工方式和设备，这样不仅能够有效保证隧道工程施工的顺利进行，同时还能够在最大程度上降低施工成本。在一般瓦斯工区可加强瓦斯的监测与通风，使用较普通的施工防爆设备与施工电气设备；在严重的瓦斯工序则需要使用防爆设备；在煤与瓦斯突出的危险工区，应该注意不但需要采用良好的防爆设备，而且还应该针对瓦斯突出事故制定完善的应急方案。根据不同的瓦斯区域配备适宜的施工设备与手段，可以有效地节约和简化施工程序，对控制工程的进度和成本节约有着良好的成效。

2.隧道工程开挖和支护施工

在进行高瓦斯隧道工程开挖施工过程中，首先需要做好完善的通风准备，避免瓦斯进入，对施工人员生命安全造成不良影响，与此同时，还应该对隧道工程加强观察，严格依据施工规范进行开挖施工。在进行高瓦斯隧道工程开挖施工过程中，应该合理采用正台阶施工技术，综合考虑隧道工程施工地质实际情况，确定台阶长度，在通常情况下，台阶的长度越长越好。在爆破的施工需要注意使用安全度较高的材质，如果要使用雷管，应当选择那些瞬间爆发式的雷管，爆破延长时间应该控制在130ms以内。瓦斯密度小于空气密度，因此，在隧道工程中，瓦斯一般悬浮在隧道工程的上方位置，因此，在隧道施工过程中，应该尽量保证爆破点周边岩石的平整性，对隧道工程顶部位置加强观察，避免在隧道爆破施工过程中，瓦斯聚集在隧道的死角位置。另外，隧道工程开挖施工完成后，还需要采用

相应的支护措施，对周边岩层进行封闭和堵塞处理，防止出现瓦斯泄漏的问题。在进行隧道工程支护施工过程中，应该尽量选择严密性较好的复合型衬砌结构形式，并且衬砌结构厚度应该控制在17cm以上。在进行衬砌浇筑施工过程中，采用气密性比较好的混凝土材料，并加强衬砌结构混凝土浇筑施工质量控制，防止在隧道工程后期施工过程中出现安全隐患问题。

（二）高瓦斯防控施工技术要点

地质超前预报。隧道掌子面逐段进行超前地质钻孔，每个循环各施工3个前探钻孔，每个钻孔孔深40m。第一循环（在目前掌子面开工位置）在掌子面向前移动施工前必须提前施工，掌子面向前施工移动30m暂停施工，保留水平距离10m安全距离施工第二个循环，依次类推，过油井段共需4个循环。

瓦斯监控。整个隧道工程的施工并不都是高瓦斯区域，只有在某一段才能碰到高浓度的瓦斯区域，即便是如此，也要做好瓦斯监测体系，通过自动遥测、人工监测相结合的方式便能够实现对施工的密切监管。在隧道工程瓦斯浓度监测中，主要有两种监测技术：①人工监测。在隧道工程人工监测过程中，常用的监测设备包括便携式智能光干涉甲烷测定器、甲烷检测报警仪等，借助于人工监测仪器，进一步强化对瓦斯进行检测。在实际监测过测绘能够中，需要委派专职的瓦斯检测员，严格依据相关操作要求进行操作。在监测设备的实际应用中，应在洞外新鲜空气下置零，并相应地调整好报警极限。检测工作者应严格依据瓦斯巡回检测制度，在洞中巡回检测瓦斯浓度，相应的做好记录。需要注意的是，在对瓦斯异常涌出点进行监测时，应委派经验丰富的检测员对瓦斯浓度进行检测。高瓦斯隧道应对其危险部位做24h持续性的浓度监测。在开挖面位置，应保证在装药、放炮之前以及放炮之后三个时间段各检测一次瓦斯浓度，如果在装药、放炮之前，检测的瓦斯浓度高，则应停止手头所有工作，做好通风作业后，再次检测瓦斯浓度，保证瓦斯浓度降到了允许施工的安全范围之内，才可小心进行爆破。②自动监测。在高瓦斯隧道工程施工中，无论是在哪一个工区，都相应地安装一套遥控式自动瓦斯监测系统，该系统主要是由自动报警器、风速探头、远程断电仪所组成的，将其安置在洞口监测中心以及洞内控制关键施工点等地。

用电防护。考虑到瓦斯隧道通风系统的特殊情况，该隧道采用了双电源供电方案，即公用电网和自备发电站双电源，并安装备用电源自动切换装置，洞内供电采用单电源线路。洞内配电设备及照明电器全部采用防爆型，并做到"三专"、"两闭锁"，即专用防爆变压器、专用开关、专用供电线路和瓦斯浓度超标时与供电的闭锁、局部采用风扇通风与供电的闭锁，以确保瓦斯隧道安全施工。

静电控制。在隧道工程施工中，需要在洞口加强置监控值班登记检查，对于进入隧道工程的所有机械设备，都必须实现进行预防静电改装，同时，在经过机料部门签批后方可放行。另外，所有进入隧道的从业人员，都必须按照规定严格检查穿戴物等措施。除此以外，在实际施工过程中，还应该注意全面控制隧道施工及人员活动生产的静电荷。

隧道通风。在进行高瓦斯隧道工程施工中，必须加强隧道内部通风，避免施工人员受到有毒气体的影响，保证施工的顺利进行。现如今，在很多高瓦斯隧道工程施工中，施工难度比较高，因此，只有保障一个良好的通风质量，才能正常的进行施工。为了更好地避免施工的通风风险，采取合理的设备是不可或缺的，并严格禁止自然通风，进而达到通风量最大，风速最小。另外，隧道工程工作面和风筒的垂直距离应该控制在 10m 以内，这样能够有效提升隧道工程通风效果，确保隧道内部有毒气体能够顺利排出。除此以外，还需要注意的是，独立的通风系统的必须在瓦斯隧道的各个施工区进行安装，可以在紧急情况发生时，通过通风系统来对公路瓦斯隧道进行安全维护。

防爆设备改造。根据高瓦斯隧道施工要求，所有进洞车辆和设备必须为防爆型。项目部通过技术分析和防爆试验，确定对所有进洞设备进行防爆改装。进过对防爆改装过的装载机和自卸汽车进行瓦斯浓度达到 0.5% 条件下的模拟试验确定改装后的设备能满足施工安全要求。设备在隧道施工中未出现爆炸事件。

综上所述，高瓦斯隧道工程施工的危险性比较高，必须加强施工技术管理和控制，避免瓦斯泄漏对施工人员的生命健康构成严重威胁。具体而言，应该合理划分隧道施工区域，加强隧道开挖支护施工控制，对隧道工程内部进行通风，对瓦斯浓度进行持续监测，同时，在实际施工中，要点遇到异常情况，必须立即做出预警，这样才能够保证施工安全。

第十一节　高速公路隧道防排水施工技术

首先探究了高速公路隧道防排水施工的原则，其次重点阐述了填充防水材料、铺设防水板排水管、围岩堵水和开挖防排水沟渠四种防排水施工技术的应用方案和策略，最后从加强施工过程监管和采用综合防渗漏处理两方面提出了高速公路隧道防排水施工技术应用优化的建议。

一、高速公路隧道防排水施工原则

高速公路隧道防排水施工是整个项目中的关键点，施工技术选用和实施的科学性、有效性将直接关系到高速公路隧道防排水的质量，对后期的运营维护、车辆行驶安全等也将起到至关重要的影响。应本着如下原则进行高速公路隧道防排水施工：综合性原则。应从防排水、堵截水、引流水等多个方面出发制定高速公路隧道防排水施工技术方案，实际施工建设中也应该依据既定方案构建综合立体的防排水体系。完善性原则。地表水和地下水是高速公路隧道中水害的两个主要来源，施工中应针对项目水害的具体来源构建完善的防排水系统。（3）适宜性原则。具体施工中应依据隧道建设的具体情况采用最适宜的防排水施工方案。

二、高速公路隧道防排水施工技术应用方案及策略

填充防水材料。填充防水材料是目前高速公路隧道防排水施工中应用最广泛的技术类型，它主要应对公路隧道工程中由于沉降缝和伸缩缝积水产生的水害问题。常规的防水材料以缓膨型的化学材料为主，将其填充到隧道项目的缝隙内通常能够阻断缝隙内的涌水，并可防止缝隙开裂膨胀变形，起到保护缝隙结构的作用。近年来，随着化学材料工艺研发技术的发展，一种新型的多功能高分子合成聚氨酯防水材料被研发出来并逐步应用到高速公路隧道防排水施工中，该种材料填充至隧道缝隙内部后能够迅速与周围环境产生化学反应，形成高分子固化防水膜，具有超强的抗渗性能力，在具体施工时应注意：对施工缝表面进行平整、干燥和清理工作；聚氨酯防水材料极易固化，应保证在 30 min 内用完调配好的涂料。

铺设防水板排水管。铺设防水板排水管也是高速公路隧道防水的主要施工技术，通常应用在隧道二次衬砌时的防水层体系建设中，具体施工时又包含防水板施工和排水管施工两项。首先，防水板施工。施工中应先切除防水板外露的钢筋部分，再应用混凝土封堵防水板，并在其周围铺设无纺布，将防水板固定至铺设点后在其表面喷射一定比例的混凝土固定，此外还要保证防水板铺设位置的绝对平整，并按照防水板顶点距隧道拱部 0.5 cm，距侧墙 1.2 cm 的标准施工。其次，排水管施工。在高速公路隧道排水施工中，可将排水管与盲沟相互连接起来构成侧式排水系统，如此可确保隧道中的积水能够快速排出。

围岩堵水。围岩堵水是用于高速公路隧道富水区防排水施工的重要技术手段，可有效封堵高速公路地层裂缝中的渗水，防止隧道围岩的漏水问题。应用围岩堵水技术进行高速公路隧道防排水施工的流程和注意事项为：选择注浆材料。目前常用的注浆材料有化学浆液、水泥浆液等，根据施工现场的实际情况选择最适宜的浆液顺着打好的钻孔注入。实施注浆作业。浆液浓度、灌注时间和固化速度均会影响隧道防排水的实效，因此在施工中要控制好注浆的时间和压力，以注浆能够有效围堵渗水为作业标准。进行隔水保护。为确保注浆后隧道岩层的结构受力不发生巨大改变，应采用有效的隔水保护措施，可应用摩擦锚杆排水技术实现。

开挖防排水沟渠。开挖防排水沟渠是最为直接便捷的高速公路隧道防排水施工方案，能够有效地应对隧道内的漏水、积水和渗水问题，起到较好的防排水效果。具体施工时应首先在隧道的地面层开挖沟底，并喷射混凝土层，其次在积水较多的区域选择适宜的位置开挖防排水沟渠，沟渠末端应延伸至隧道外部并与城市排水系统相连，确保隧道内的积水能够顺利排出。此外，可在防排水沟渠周围设计截水沟，通过截水沟的有效引导使隧道内的活水得到合理的引流控制，促使隧道内流动性渗水的有效排出。

三、高速公路隧道防排水施工技术应用优化建议

加强施工过程监管。加强过程监管是确保高速公路隧道防排水施工质量的重要措施，首先，施工单位应从提高技术人员防排水作业意识，针对施工作业人员开展阶段性的防排水操作培训，通过学习和培训提升施工技术人员的防排水操作技能；其次，开展防排水施工过程绩效管理。可引入 BSC、360 等先进的绩效管理模型，构建高速公路隧道防排水施工质量绩效管理体系，围绕工程具体情况设置详尽可量化的防排水施工作业指标，在施工过程中依据指标对操作人员的工艺流程、质量级别进行过程化监管，并将结果归纳入作业人员的物质和精神考评中。

采用综合防渗漏处理。采用综合防渗漏处理也是高速公路隧道防排水施工技术应用优化的方向，可应用多种具体的措施，例如：封闭裂缝水、封闭溶腔溶洞、合理利用防排截堵工艺、有效引流等。施工过程中除采用常规的防排水处理工艺外，建议技术人员根据隧道现场环境的实际情况引入上述防渗漏处理工艺，构建一体化综合性的高速防排水系统，以确保高速公路防排水施工的质量。

综上所述，针对高速公路隧道施工的实际情况，选择适宜的施工技术措施构建防排水系统能够有效提升高速公路隧道防排水的效果，对整个项目施工质量的提升产生积极效应。本节仅粗浅论述了填充防水材料、铺设防水板排水管、围岩堵水和开挖防排水沟渠四种较为典型高速公路隧道防排水技术的施工策略，希望能够给予相关施工技术人员以启迪，在今后的工作中不断创新实践，探索研发出更多更好的防排水技术工艺，以确保高速公路隧道防排水项目的质量。

第九章　高速公路隧道施工安全管理概述

第一节　高速公路隧道施工管理的问题

高速公路隧道施工不仅技术复杂，同时难度较大，具有较强的隐蔽性，极容易受到各种外界因素的干扰，因而如何做好高速公路隧道施工管理工作，使隧道施工的质量以及安全得到保障，已经成为高速公路发展过程中迫切需要解决的问题。本节就高速公路隧道施工管理中存在的问题进行了具体的分析，同时提出了有效的改进措施，希望能够为我国高速公路隧道施工管理工作提供参考以及借鉴。

近年来，随着社会经济的快速发展，高速公路建设也得到了蓬勃发展。在高速公路建设过程中，隧道施工管理是特别重要的一个环节，不仅决定着整个工程的质量，同时与人们的生命以及财产安全息息相关。要想提高高速公路隧道施工管理的质量，就必须解决当前施工管理工程中所存在的各种问题。

一、高速公路隧道施工管理中存在的问题

施工单位缺乏隧道施工管理理念。当前，一些施工单位管理理念较为落后，在实际的隧道施工管理过程中，过于注重形式化，使得隧道施工管理工作并不能获得明显的效果，影响整个工程质量。此外，在一些施工单位内部，由于各个阶层的相关人员管理参与意识不足，仅仅将管理工作看作是管理者的职责，认为与自己不存在较大关系，这些错误的思想观念使隧道施工管理的实际效果遭到了严重的影响。

监督力度不足。在施工单位内部所开展的监督工作就是要检查、监督以及评估隧道施工管理的各项工作，对其隧道施工管理的科学性以及有效性进行判断。然而，相当一部分施工单位由于其自身缺乏完善的管理体制，同时存在着管理手段不足的情况，使得隧道施工管理工作存在着严重的监督不足现象，其稽核组织以及外部监督部门的监督作用没有得到充分的发挥。例如，施工单位内部稽查机构存在着明显的职能问题，使得隧道施工管理工作面临着巨大的困难。而在施工单位外部，相当一部分监督工作仅仅是走过场。这些问题都使得监督工作无法充分呈现其自身价值。

管理人员水平不足。当前，很多施工单位在隧道施工管理方面发展时间并不长，其管

理人员并不具备足够的专业知识背景，相当一部分施工专业水平不高，同时并不具备相关经验，使得隧道施工管理过程中常常出现各种问题，最终导致管理工作无法充分发挥作用。

缺乏完善的内部体系。首先，一些施工单位并没有具体落实并且执行其隧道施工管理制度，同时没有建立一个相应的管理体系。其次，一些施工单位在隧道施工管理方法手段较为落后，同时没有做好管理手段的完善以及更新工作，因而在实施过程中最终效果无法得到保障。

施工人员安全意识不强。在高速公路隧道项目的实际施工过程中，施工人员自身并不具备足够的安全意识，极容易导致施工过程中各种安全问题的出现。一方面，一些具备熟练经验的老员工由于在隧道工程方面从事工作的时间较长，认为从未出现过任何事故，导致其在实际工作当中盲目自信，片面认为自己不会发生安全事故，进而导致一些安全事故的发生。另一方面，对于年轻的施工人员，由于其参加施工项目的时间较短，并没有熟练掌握相关知识技能，同时施工单位没有做好相关培训工作，最终致使其存在安全意识不足的现象。

二、改进措施

提高施工单位的重视程度。要想保证隧道工程施工管理的效果，施工单位就必须加强对隧道施工管理工作的重视。首先，施工单位相关管理层必须要充分了解隧道施工管理工作的重要性，从而使隧道施工管理工作得以有序进行以及发展。其次，要提高相关管理人员的管理思想，同时管理人员应将这些思想传递给相关施工人员，进而使施工单位形成一个内部合力，从而做好全员管理工作。此外，还需将风险机制引入到施工单位的隧道施工管理工作当中，使全体施工人员均承担风险责任，对各项施工管理工作进行有效落实，进而使施工单位得以健康发展。

建立完善的内部监督机制。做好内部监督工作可以使隧道施工管理工作具备更高的有效性，通过开展自我评估，实现隧道施工管理的自查自纠以及互查互纠。一旦发现问题，必须及时整改并且追踪。如果出现敏感问题，可以委托第三方来独立审计并且监察，使隧道施工管理工作具备更高的针对性。

提高管理团队整体水平。要想提高管理工作的整体水平，就必须做好管理团队的建设工作，通过高素质人才的不断引进，使管理团队具备更高的工作能力。施工单位在进行专业管理团队的组建过程中，一方面要做好录用过程中的筛选工作，另一方面还需对具备才华的员工进行积极鼓励使其加入到隧道工程施工管理团队当中，只有这样，才能使施工单位经营管理过程中对隧道施工管理团队的需求得到满足，进而提升其工作效率。

建立现代化的管理制度。在施工单位的经营管理过程中，对相关人力以及物力必须要加大投入，从而使隧道施工管理工作得以正常开展。明确隧道施工管理的管理制度，规范其工作内容，使内部管理的各项职责得以明确，对相关责任制进行有效落实，对相关管理人员进行约束，督促其切实履行自身职责，保证各项工作都得以认真完成。建立完善的隧道施工管理制度，保证内部人员都切实参与到施工管理工作当中，对工作人员的职责进行强化，使其第一时间了解施工管理过程中所存在的各种问题并在此基础上制定一个切实可行的管理方案，提高施工单位的凝聚力，使各项工作都得以高效开展。

提高施工人员安全意识。在实际的工程建设过程中，施工人员首先必须加强对安全防范工作的重视。因而，在开展相关工程之前，施工单位需要做好施工人员的培训工作，培养其安全意识，督促施工单位以及管理部门以安全作为第一准则，对相关施工以及管理环节进行优化。另外，还需建立完善的规章制度以及施工责任制，明确施工人员具体的工作内容，不断对其进行安全教育，做好安全知识的宣传以及普及工作。此外，对于专业性不足或者资质不够的工作人员不得聘用。

隧道工程作为高速公路工程的一个重要组成部分，其施工管理水平的高低直接影响着施工质量以及施工安全。在实际的施工过程中，应当充分考虑施工具体情况，对施工管理工作不断进行完善，不断提高施工单位的重视程度，以安全第一作为施工原则，加强对施工质量的监控工作，对工程质量进行全面监管，进而使施工安全得到保障。

第二节　高速公路隧道施工管理的实施及注意事项

高速公路隧道施工作为高速公路工程的主要环节和基础构建，如何有效控制和管理高速公路隧道工程，是提高工程质量和效率的重要途径，本节试图通过深层探究，来找寻出有效解决途径。

隧道作为高速公路的施工过程中的最主要环节之一，同时也是一项高速公路建设工程中最为基础的构成部分。当前高速公路在建设工程中都能够使用现金的隧道施工技艺，施工人员表示使用这项技术能够有效地缩短建设工期，有效减少施工的成本投入，可以最大限度地减少高速公路施工过程存在的质量通病。通过采用积极隧道施工的技艺，同时加强隧道施工过程中的质量监督，可以使高速公路隧道施工质量得到极大增加。

一、高速公路隧道的施工特征

多属隐蔽工程，具有较强的动态性。对高速公路隧道的施工工程来说，工程的步骤除需要进行外饰和配套的工程安装之外，其他的工程基本上全部是属于隐蔽性的工程分类。同时，这类隐蔽性工程仅仅只具有一个狭窄的可视面，所以这些工程的施工质量只能够通过表面内容进行外部观察和笼统评价，对工程施工过程及结果中的部分隐患情况不能进行有效的具有实质性的准确判断。此外，高速公路隧道施工全过程都有可能会受制于地理、地形、地质等条件，会伴随着地质条件的改变而产生难以预知的变动，将会导致施工的过程和初始的设计存在各种各样的差异化表现。因此，在开始的设计方案之中就要对围岩等实际状况开展充分有效的考虑，并能够根据实际情况的变化及时做出动态设计的变更与修订。

多为条件恶劣，具有较大的危险性。高速公路的隧道施工过程和路基、桥涵等工程施工存在比较大的差距，而且隧道施工都是在山洞内进行，掘进、通风、支护等作业程序均需在同样的工作环境状态下进行和开展。所以，高速公路隧道施工过程的作业面较为狭小，各项工序之间均是紧密相连的，在施工过程期间要求施工人员技能水平和适用的各类设备都是较为复杂的，客观上造成了隧道施工空间小、作业面窄、工序之间相互影响力大等特点。同时又因隧道施工环境比较差，能见度相对较低，噪声较大，空气质量浑浊，会对施工人员的心理和生理造成难以预料的负面影响。此外，隧道中的地理地质条件的稳定性较差，并会伴随着偶发性不可预见类危险源的存在，隧道内随时随地都有可能发生危险，所以高速公路隧道的施工过程中危险性是比较强的。

二、高速公路隧道的施工问题

隧道施工的管理人员协调力不足。在高速公路隧道施工的过程中，需要各个不同部门之间的合作平行循环作业，这就要求施工管理人员要有较强的沟通和协调的能力，可以有效地避免发生抢占资源、各自为战等混乱现象。同时，高速公路隧道不同的施工环节一般情况下会分包给多支施工队伍，支钢拱架、打锚杆钻孔、挂网喷浆等不同环节将会由不同的施工队伍承担实施职责，这就对施工的管理工作提出了更高质量的要求。

隧道施工的质量管控力度不足。高速公路的施工人员素质和技术技艺水平高低不一，且人员的流动性强，因此会导致在不同的施工时期，隧道施工的质量具有较大的差异性，特别是在喷浆和支钢拱架等技术相对要求较高的环节上，工程的质量管控力不足体现的较为明显。同时，业主方现场代表一般会对隧道中的左右两个施工的洞口同时开展监控，这样的做法会造成在关键是共同的环节出现质量监控盲点。另外部分监理单位和施工单位可能存在着利益勾结的现象，会导致在关键的技术节点不能得到有效地把控，进而影响工程整体质量。

隧道施工的设计与实践脱节。因为受到施工环境影响的制约，高速公路的隧道施工项目管理部门一般会位于施工现场较远的位置，因此，现场技术人员经常性地发生缺岗现象，在施工现场急需技术指导的时候，项目部的相关技术人员经常不能及时赶赴现场。同时，技术人员不对施工人员将施工技术细节全部传授，也导致了在实际施工的过程中发生的技术难题不能得到及时有效的解决，加上施工方要追赶施工的进度，一般会依照开始时的设计方案进行施工，难以根据实际情况的变化主动做出动态调整，又因建立监控程度不足，会为隧道施工设下重大的安全性隐患。

隧道施工的监控测量质量较为低下。监控测量作为隧道施工管理体系的重要组成部分，具有十分重要且突出的作用，但实践过程中，业主方往往不能对此项工作引起足够的重视，经常性地忽视对监控测量单位资质的严格审查，甚至于会使用非专业人员开展测量的工作；同时，一部分测量单位用于测量工作的仪器十分陈旧，仪器更新换代的速度十分缓慢，也导致测量准确性难以符合施工的要求。

三、高速公路隧道的施工对策

注意边仰坡与明洞开挖过程的技艺优化。在边仰坡与明洞施工开始前，要将测量放线的工作及时落实到位，要求准确测量出明洞的阳坡和边坡的顶线，同时要对放线精确度情况进行科学的把控，并在坡顶位置设置出合理的截水沟。再者，要在施工时边仰坡暴露的时间有效缩短，在必要的时候及时增加支护的力量，在施工中要对支护强化，主要涉及的是喷混凝土的厚度增加、锚杆间距远近的调节以及钢筋网的合理加密。隧道施工工程中要常用到挖掘机，这就需要刷坡施工过程中以人工配合，协助风钻打孔，同时采用少量的炸药实施爆破，并选择合理角度来强化位移的测定和仰坡的沉降量，用以提升观测点的稳定性。

注意爆破施工技艺的优化。高速公路隧道的施工过程中，钻爆施工是要以合理的爆破设备作为基本条件，并对钻爆的施工技艺进行严格把控。施工之前要对施工场地内的岩石性质及结构进行认真的勘察分析，要将岩石的性质作为钻爆强度确定的依据。在施工过程中要及时安排专业的技术人员专门负责对使用的设备进行安装调试，对整体施工过程进行实时监控，并做好相关的安全防护措施，防止造成人员伤害。

注意混凝土的喷射施工技艺优化。在高速公路的隧道施工过程中，涉及混凝土喷射的施工技术主要包含了潮喷技术与湿喷技术这两种技艺模式，潮喷技术的主要目的是通过渐进式改善高速公路的隧道施工环境，最大限度地节省速凝剂的频繁使用，达到减少工程施工成本的目标；而湿喷技术则要求每次喷射的距离约为10cm，因为回弹力比较低，可以有效提高混凝土的喷施技术的粘结性和支护能力，并充分发挥出围岩自身承受的能力，进一步强化支护设施的质量。

注重挖掘洞身的技艺优化。洞身的开挖技术中包括了中导洞的开挖和左右洞的开挖。首先是中导洞的开挖。在中导洞开挖的过程中，相关的施工人员需要在完成洞面之后来进行，开挖的时候应该是以0.5-1.2m的距离循环渐进的模式进行洞身开挖过程，在洞身开挖逐步成形以后，工作人员要加强分段施工质量检测，保证有良好的质量和性能，并要及时开始浇筑混凝土。然后打好定位锚杆孔，使用钻孔的技术，待钻孔、清孔并注入砂浆完成后，需要用U型的钢筋进行插接，并强化支撑拱架的对接后进行台阶挖掘。其次是左右洞的开挖。左右洞的开挖是要在中导洞完成之后开始的，在中墙的混凝土浇筑完成以后，即确保浇筑的强度维持在70%以上时，就可以实施隧道工程左右洞开挖的技艺，施工人员需要使用的是两台阶分布平行开挖的方式进行。

防止防排水技艺的优化。通常在高速公路的隧道施工过程中，防排水的施工不但是保证隧道施工能够顺利开展和高效率进行的重要手段之一，同时也是保护和防范施工人员的生命及人身安全的重要措施之一。在实际的施工过程中，防排水的施工技艺主要体现在借助结构性防水来实现的。在结构性防水的施工设计之中，需要做到的是以隧道的建造结构和当地的水文地质情况作为基准条件，并运用放、排、堵相互结合的方式，保证施工的顺利完成。在隧道的防排水施工过程中，还需要严格地控制变形缝及施工缝的工程质量，坚决要避免隧道出现渗漏等现象。并在隧道工程中挖置中心深埋水沟，通过利用地温效果来排泄地下水的方式，最终避免水沟中留存的水出现冻结的情况。

注重施工管理人员协调能力的提升。由于高速公路的隧道施工特点决定，施工的各个环节必须能够实行连续的循环施工，因此，高速公路隧道施工对开展施工的管理人员协调能力方面提出了更加高的要求。如何能够按照顺序完成好各项工程目标，既是业主方的深切期望，更是优化施工管理、提升工程效率的基础条件。要保证好施工的连续性，就要求施工的管理人员保持好与施工人员的连续性沟通，对施工行为既是进行安排和指导，从而避免现场引发混乱的情形。

注重施工方和设计方的配合衔接。要注重施工单位和设计单位沟通的顺畅性，双方能够针对隧道工程的施工环境变化、施工工序变更等情况及时进行协调与配合。在高速公路的隧道施工开始之前，设计单位就需要和施工单位及时就工前技术与安全交底做好衔接。施工单位在施工的过程中会不断遇到围岩与设计不相符等问题，因此这就需要施工的现场工程技术人员强化与勘测设计单位之间的沟通，及时就现场实际条件和施工情况进行有效的调整，从而对施工的全过程开展实时和有效把控。

在新时代工程建设的新要求下，高速公路隧道建设工程作为复杂性和工艺性较强的技艺类别，使其在高速公路建设中成为一道需要不断攻克并优化的难关。在隧道建设的实际实施过程中，要不断提高工程深化提升的工艺技能，优化强化工程监管模式，创新创造施工技术水平，同时更要确保隧道施工的工程安全，为新时期下国家高速公路建设事业的不断提升发展夯实坚实基础。

第三节　高速公路隧道施工现场管理

作为高速公路工程的重要组成部分，隧道工程的施工质量直接影响着高速公路项目的建设水平及投入使用后服务功能的发挥，而强化施工现场管理是使隧道施工质量得以保证的必要条件，因此高速公路隧道施工参与方需要积极落实有效措施，强化施工现场管理，实现施工要素配置的最优化，为高速公路建设水平的整体提升打下坚实的基础。针对高速公路隧道工程，对其施工现场管理进行了分析与研究，旨在为高速公路隧道工程施工质量的提升提供必要的参考与借鉴。

一、完善质量管理体系

高速公路隧道施工现场管理的开展与进行需要以健全的质量管理体系为基础保障。因此需要建立健全施工质量管理体系，组建隧道施工质量管理监督小组，结合具体的工程条件制定施工现场管理机制，并设定具体的质量管理标准，安排专业质检人员负责施工现场的质量检测监督，依据质量体系文件与标准严格开展质量管理与控制，同时在质量检查监督管理上强化施工组织。具体操作中，首先需要实现现场检查与监理质量检查的有机结合与整体统一，尤其需要在后者检验合格后才允许后续施工的开展与进行，对于不合格的工程需要根据规范严格处置。其次，项目负责人需要对隧道施工的全过程进行实时监督，及时解决施工中的技术性难题，保证现场施工始终处于受控状态。此外，对于隧道施工的原始资料与数据需要进行及时搜集、整理与汇总，为施工的可追溯性及技术交工验收提供保障。

二、严格控制施工材料质量

目前高速公路隧道施工材料主要包括沥青与混凝土，其质量直接影响着隧道工程的建设水平。因此需要在材料进场之前对其出厂日期、标号、种类等进行全面检查，然后进行严格的取样检测，保证其各项使用指标符合工程施工要求。对于材料的保管来说，需要依据其类型、性质与用途进行分开存放，并实施隔离设施设置，避免材料因潮湿、腐蚀等发生变质，同时需要在材料安置处设置排水、通风、防潮等措施，如果环境属于干燥型，需要建立水泥库。在混合料拌和中需要保证其配合比的科学性，同时强化混合料拌和的均匀性，避免花白、离析等现象的出现，并在拌和过程中对温度进行严格控制，以保证混合料拌和的效果。拌和完毕后使用自卸汽车进行材料运输，在车底板铺设砂石，并使用油水混合液对底板进行涂刷，以防混合料与车底板发生粘结。

三、适时调整机械组合

高速公路隧道施工需要应用到多种机械设备，保持机械组合的稳定性是提高高速公路隧道施工质量的有效手段。因此需要以施工质量要求和进度计划为基础参考，对主导机械进行科学选择，并留有适当的余量。全套机械的生产能力取决于其中生产能力最小的机械设备，因此需要强化机械设备的统一调配，实现机械组合的最佳配置，以保证机械设备运用的整体效率。此外需要构建抢修、维护小组，备有关键配件，保证机械设备的及时维修与定期保养，将其故障率降至最低，以保证其在隧道工程施工中充分展现自身功能，为高速公路隧道施工的顺利开展与进行提供支撑。

四、完善施工现场技术管理

高速公路隧道施工具有线广、面长、点多等特点，并且影响因素较多，加之施工环境比较复杂，因此一旦出现安全故障与质量问题，对其处理就极为困难。例如，高速公路隧道的地质结构较为复杂，塌方问题时有发生，因此其开挖与支护就成为施工中的重点与难点。其次，要想降低塌方出现的概率，首要任务是提高岩土体的稳定性，因此需要在岩土体打入超前锚杆，对岩土体的变形进行约束，通过向围岩施压，处于二轴应力状态的洞室表层围岩会处于三轴应力状态，如此可以降低围岩体刚度的恶化程度。如有必要，可以针对岩土体实施系统锚杆支护，以构成加固圈，进一步提升岩土体的稳固程度。此外，在围岩裂缝处及围岩破碎洞段强化锚杆与钢筋网片的连接，然后采取混凝土喷护措施，以提高支护的强度与稳定性。

五、强化施工安全管理

强化施工安全管理是保证高速公路隧道工程顺利施工的前提条件。在高速公路隧道施工现场实施安全责任制，将安全生产责任落实到具体的人员身上，以此对其发挥督促作用。施工负责人员需要严格依据施工现场安全管理条例实施管理，统筹施工现场各方力量，重点对防火、防爆、防坍塌、防泥石流等工作进行预防性设施布置，将各种灾害隐患消除在萌芽状态，保证施工现场的安全性。其次需要强化监控量测，以信息化技术为支撑，布设监控网络，对隧道施工现场进行实时监控与管理，而量测过程中如果发现净空位移过大或者收敛无明显趋势时，需要对支护进行强化。另外需要注重隧道洞顶及生产区周围截排水沟的设置，保证排水的及时性与效率，为工程施工现场的有条不紊打好基础。

高速公路隧道施工是一项工程量大且操作复杂的任务，要保证工程建设的顺利开展与进行，首要任务是强化施工现场管理，因此需要构建质量管理体系，完善施工现场管理制度，并针对施工材料、机械设备、施工技术等要素加强有效管理措施的落实，进而为隧道施工质量的提升打下坚实的基础。

第四节　高速公路特长隧道施工管理

高速公路目前在众多交通系统中发挥着重要的作用。一些特长隧道常出现在高速公路的修建过程中。因此，隧道施工管理和各施工技术在特长隧道的施工过程中发挥着重要的作用。论文结合实际施工案例，对高速公路特长隧道土建施工开展全面的研究。

一、高速公路特长隧道施工技术的特点

高速公路特长隧道施工在整个工程项目建设的过程中发挥着重要的作用。在施工过程中，交叉作业内容和较为恶劣的施工环境都会直接对隧道施工造成非常大的影响。整个隧道施工具有地质情况复杂多变、施工周期短、工作战线长，工程投资大等特点，因此，施工管理较为复杂，且综合要求较高。

二、特长隧道的施工技术难点

特长隧道突出施工技术的难点。在特长隧道的施工过程中，主要包括如下施工难点。

岩爆。由于特长隧道大多贯穿整个山体，因此，埋入深度普遍深，并且常因为应力和岩性 2 个综合因素发生岩爆。在埋深大于 200m 的地段以及混合岩地段，非常容易因此形成岩爆。因此，会对施工人员本身造成非常严重的损伤，甚至会在之后影响隧道的施工质量。

塌方。塌方是任何一个隧道施工过程中都可能会发生的事故。如果在隧道施工过程中穿过了包括水塘、冲沟和水库等水源条件比较丰富的土层，或在施工过程中遇到了溶洞、裂隙和比较明显的岩层分界，很容易引发塌方。发生塌方时，施工用量的估算、施工支护的设计和管线的布置都是施工难点。

涌水。在公路特长隧道内部的施工过程中，常出现涌水现象，会对施工人员的安全造成很大的伤害，必须选采用有效措施进行解决。隧道涌水现象是由于隧道内部的含水层被破坏，从而使水动力的条件和围岩力学内部的平衡状态发生急速改变，并在之后使地下水内部存储的能量以最高的速度运行，在最短的时间内形成的一种动力破坏现象。隧道发生涌水事故后，隧道的内部结构会在最短的时间内被破坏，从而使施工人员在施工过程中不能很好地掌握隧道内部的情况，难以在短时间内选择合适的施工工具和施工方式。

岩溶。喀斯特（Karst）岩溶，是水对可溶性岩石（碳酸盐岩、石膏、岩盐等）进行以化学溶蚀作用为主，流水冲蚀、潜蚀和崩塌等机械作用为辅的地质作用所产生的现象的总称。由喀斯特作用造成的地貌，称喀斯特地貌（岩溶地貌）。我国喀斯特地貌主要集中在云贵高原和四川西南部。

岩溶区隧道在开挖施工中，会多次遇到溶蚀漏斗区、拱顶脱空（涌泥塌方造成的空腔）、拱顶岩溶（填充物多为高膨胀性黏土夹杂孤石）、断层破碎带等不良地质段。而这些地质状况会使混凝土的结构内部产生裂缝，并在之后降低内部的防水性能。岩溶也会使内部钢筋出现被溶解锈蚀的现象，最终干扰隧道施工的正常进行。

三、机电施工安装管理

在金门隧道的机电施工过程中，各类机电设备安装工作是十分重要的一个环节，也是

整个施工过程中的难点，因为在实际的施工工作中，需要要求施工人员交叉作业，而且工作环境极其恶劣，这都会对安装工作增加难度。机电安装工作它的施工时间不长，但是它所需要的投入却比较大，对于施工人员的技术水平有着一定的要求，而且因为所涉及的工作战线较长，这导致施工管理方面的工作十分复杂，它是一项对施工队伍的综合能力要求较高的一项工作。

机电施工安装技术准备。为了做好机电施工安装工作，提升它的质量，在进行具体的施工之前，需要做好相关的施工准备，以充分的准备来迎接接下来的高难度工作。这样可以有效地提高机电安装工作的质量，准备工作主要包括以下几个方面。

人力、施工技术准备。高速公路特长隧道建设的过程中需要大量的人力资源，在机电施工安装工作方面，它要求施工人员的团队具备电气、消防、通风、排水等多个方面的专业知识，而且团队里面的每一个成员都要拥有极强的专业水准，其工作能力和专业水平都需要拔尖，这样才能够保证安装工作的施工质量，保证施工的安全可靠，按照要求进行施工安装，有效的控制安装工作的进度。

机电安装施工材料准备。因为金门特长隧道建设的过程中的机电系统工程量巨大，机电安装工作贯穿隧道土建后期，而且对于它的质量要求也极高，所以为了能够更好地做好安装工作，这就需要做好施工材料的准备，保证在施工过程中不会出现材料短缺或者施工材料出现质量问题的现象，一旦出现这样的问题，将会直接影响具体的工程进度以及质量。所以在进行施工材料采购之时，需要相关人员制定一系列的采购计划，保证采购合理及时，并且做好材料交接及使用，保证材料可以及时供应，还需要制定详细的材料质量检验计划，根据相关标准严格检验材料的合格性。

四、施工技术要点分析

照明系统要点。高速公路特长隧道机电施工管理与技术中需要重视的点有许多。在照明系统的施工中，人们都是通过对逻辑开关的方式加以利用，以保证照明系统的施工质量。逻辑开关方式的相关控制程序相对简单，而且可以有效地对照明系统进行高效的控制，可以将整个照明系统的线路设计清晰地展现出来，施工人员可以更加灵活自由的选择所需的灯具，并且可以更方便的做好维护保养工作。而且为了保证照明系统所产生的实际亮度可以与人眼的曲线相匹配，这需要施工人员在隧道出入口、过渡段的位置做好灯具的亮度以及高度设置，这样就不会因为照明系统的原因而干扰到行人的视线，有效的保证人们在特长隧道中的行车安全。

所以在进行照明设备安装之时，需要计算好安装的高度和位置，按照要求安装照明效果符合的灯具，并且灯具需要保证在照明区域中分布均匀，在保证照明设备的实用性充分发挥之后，还需要保证它的美观性。因此大部分的施工人员都会采用 LED 照明灯作为高速公路特长隧道中照明设备，设备的布置采用两侧对称。而且可以依据 LED 的特点，在安全通道处，进行拱顶安装。

通风系统要点。连英高速公路特长隧道机电施工过程中，因为金门隧道的长度约为6公里，这就需要保证隧道内的通风量。金门隧道包括竖井轴流风机一台，洞内射流风机32台，合理规划高速公路特长隧道中斜井的进风道、排风道，并且做好相关措施，满足在隧道中行车时的通风量。

在进行通风系统的安装时，充分考虑风机的安装位置及安装高度、机组间距等因素，以保证隧道通风时空气流动的顺畅性；隧道内出现火灾等紧急状况时，系统能够有效保持空气的流通，及时快速的排出内部烟尘，净化空气，阻止事故周围环境的恶化，降低二次事故发生的危险性。

隧道机电系统要点。隧道机电系统主要包括消防、通风照明、给排水以及监控等系统，它的组成结构十分的复杂。在这些系统当中，通风照明系统最为重要，它是评价高速公路特长隧道建设质量的关键因素，消防系统的功用则是体现在后期，当隧道投入到实际过程中进行使用，它就是行车最为重要的安全保障。在进行隧道机电系统的安装施工时，需要对其系统结构做出科学合理的分析，这样就可以更加方便的对其质量进行控制。除此之外，因为高速公路特长隧道进出车辆较多，为了保证行车安全，需要做好应急出口，保证发生安全事故之时，隧道中的人员可以快速撤离，还要做好紧急排烟确保行车安全。

供电系统要点。供电系统是高速公路特长隧道机电施工过程中十分重要的一个环节，它的工作主要是做好各电压等级变电站、SCADA系统、配电柜等方面的安装，并保证安装的质量，保证安装的各设备可以正常安全的工作，以保证供电质量。所以为了保证供电系统的安全可靠，通常采用双路外电供电方式进行安装，这样可以有效地加强供电系统供电的安全性，同时通过在变电站内部安装两台功能相互独立的变压器，并且两台变压器可以相互备用，这样就可以保证供电系统供电的可靠性。

五、施工管理措施

受到场地环境等因素的影响，施工人员将会面临光线昏暗、场地狭小的施工环境，而且施工量巨大，作业面也巨大。因此，为了保证施工人员的安全，需要严加重视施工安全管理。所以定期对全部的施工人员进行安全意识培训，在一些较为危险存在安全隐患的施工地点和操作设备处张贴醒目的安全标语，增加施工人员的安全意识。提高施工人员的技术水平，对于工作经验欠缺的人员需要多次提醒，以避免在施工过程中出现错误，增加施工风险。

在施工管理工作中，对施工进度进行管理也是十分重要的内容，因为机电工程涉及十分复杂，所以通过科学合理的管理手段，以保证施工的顺利进行，更好的管理施工进度。所以通过制定详细方案，强化施工环节的监管、控制、管理，缩短工期，进而控制施工进度达标。

在隧道的机电工程的关键施工位置，设立专门的人员进行全面的控制监管，保证施工质量。

机电施工管理与技术对高速公路特长隧道的建设有着巨大的影响，所以需要对其不断地进行改善更新，提高技术水平、管理质量，以此提高机电施工的整体质量。特长隧道的机电施工管理是一项重要内容，它不仅关系到施工过程的安全保证，同时对施工质量、施工机械合理调配、工期进度方面也起到关键性的推动作用。

六、实际案例分析

实际施工的情况。某高速公路全长8350m，其中，隧道左线长4165m，右线长4185m。在实际施工过程中，需要对高速公路特长隧道施工过程中遇到的复杂地质情况进行分析和处治。

解决措施。

岩爆的处理和处理措施。当隧道内部出现岩爆现象时，可以先设置超前锚杆，再根据实际情况进行喷浆处理，之后进行开挖，以便在爆破前有充分的时间防止石块掉落现象。在锚杆安装完成后，也可以在锚杆之间进行适当的钻孔，从而减少二次岩爆发生的概率。如果岩爆现象比较严重，那么相关人员可以在第一时间撤离到安全地点，之后再让技术人员对岩爆部位进行及时找顶处理。

另外，在开挖前，应仔细核对地质资料，并对资料进行判断和分析，从而提前做好预防岩爆的相关措施。必要时，可以给施工人员配置好钢盔和防弹背心，并通过在支护区设置视频监控观察周围围岩的状态。一旦发现险情，可以在第一时间向施工作业人员警示，并通知他们躲避。

塌方的预防和处理措施。在隧道施工前，必须提前做好超前地质预报。对塌方段做好有效的超前支护、开挖断面调整、施工技术交底和工序调整工作，并在之后配合交叉中隔墙法和中隔壁法等施工方法，从而更好地保证其施工的质量。具体而言，可以使用如下方法治理塌方：（1）如果发生塌方，应在第一时间进行迅速处理，并在观察过程中重点明确塌方的范围和形状，查明塌方发生的原因和地下水的活动情况，认真分析后，制定有效处理措施；（2）如果出现小范围坍塌，应先加固两端的洞身，并及时喷射混凝土，配合联合支护的方法封闭坍塌穴顶部和侧部，并在之后及时进行清查。

涌水事故处理措施。为了在第一时间处治在高速公路隧道施工过程中出现的涌水事故，应在隧道施工前做好隧道涌水事故的应急工作，并结合自身情况成立涌水事故救援领导小组。在涌水事故发生的第一时间，相关人员应根据事故性质、现场控制程度对施工人员进行疏散，并对受伤人员进行抢救，通知当地的交警部门对周边的道路有效地进行管制，以保证救援过程道路的通畅。环保部门应加强对洞外的巡视工作，严禁任何闲杂人员进入危险区域内部。注意在洞口配置包括救生圈、安全绳和长竹竿等救生器材。

岩溶区隧道施工措施。在岩溶区采用中空自进式锚杆作为超前支护取代隧道内超前管棚和超前注浆小导管等，可以解决诸如塌孔、成孔困难、无法插杆、自承能力差等难题，发挥锚杆支护的作用，提高围岩的承载能力，保证围岩的整体稳定，并且具有施工工艺流程简单，施工效率高等特点。隧道开挖方式根据现场实际情况易采用中隔墙法或三台阶七步法。保证隧道整体稳定性。

七、特长隧道突出施工的创新点

照明工程中的创新点。照明工程中的创新在特长隧道突出施工的过程中发挥着重要的作用。传统的照明方法已经被淘汰，逻辑开关法在实际施工照明的过程中被有效地运用。这种照明方法不仅操作起来更加方便，而且线路设计的过程也相对较为简洁。

通风技术的创新。由于高速公路的隧道线路较长，要有足够的通风量才能保证整个工作的顺利地进行。因此，在发展过程中，可以运用吊顶压入式的管道通风技术来代替传统的通风技术，运用彩钢板将高速公路隧道内部的斜井分为进风道和排风道，之后再通过相关措施完成隧道通风。

综上所述，本节先列举高速公路特长隧道施工技术的特点和隧道施工的技术难点，结合具体案例分析在施工过程中可能会出现的事故，并提出合理的预防措施。通过分析可知，只有严格遵循施工步骤，并选择合适的施工方案进行施工，才能更好地预防高速公路隧道施工过程中的各种事故。

第五节　高速公路低瓦斯隧道的施工管理

随着交通工程的不断发展，高速公路的建设越来越发达，在建设过程中，难免会进行隧道施工，一些隧道还可能穿越瓦斯区域，其施工管理会直接决定整个工程的完整性、安全和质量，因此作业前必须对瓦斯的特性及其风险有足够认识，做好风险评估，采取有效措施，保证隧道施工安全与质量。本节结合泡桐岩瓦斯隧道的工程实例，就瓦斯隧道工程的施工管理做浅要的分析，以供参考。

营山至达州高速公路泡桐岩隧道，左洞长 1496m，右洞长 1507m，设计为双向四车道。隧道围岩等级为 IV、V 级，根据地勘资料穿越地层为非煤系地层，但下部有煤层，有少量天然气或瓦斯顺构造裂隙上升至隧道洞身，储存在裂隙中。因瓦斯具有较强的隐蔽性和不可预见性，施工不当极易发生爆炸而造成重大的经济损失，甚至人员伤亡。因此，加强施工中的隧道瓦斯管理显得尤其重要。

一、瓦斯监测

瓦斯监测采用自动和人工监测相结合的方式，并建立相关的预警机制，具体内容为：当隧道内的内瓦斯浓度小于 0.3% 的时候可以开展施工，但是当这个浓度到达 0.4% 的时候可以自动报警，而此浓度到达 0.5% 的时候则需要工人立刻停止施工，并且立即开展通风处理。一般情况下，主要于隧道洞口处设置隧道自动监测管理控制中心，同时在隧道的掌子面以及人行通道、车行通道等部位安装一些瓦斯探头，同时每天坚持 24h 对瓦斯的浓度进行监测，从而对施工人员的安全提供保障。人工监测是专职瓦检员使用光干涉瓦斯检测报警仪，重点监测掌子面及其附近 20m 处、防水板背后、车/人横通道处、不同断面交界处等容易积聚瓦斯的地方。

建立自动化监测系统。本隧道为低瓦斯隧道，选用 KJ90NA 型安全监控系统。在洞口设置隧道管理控制中心，在洞内安设 CH_4、H_2S、CO、CO_2、风速、开停传感器等，测定洞内 CH_4、H_2S、CO、CO_2 浓度、风速等参数，以及通风机的开关情况，并将信息传递至管理中心进行分析处理。

人工检测：

检测方式：每班的专职瓦检员携带光干涉式瓦检仪和四合一气体检测仪负责巡回检测整个隧道瓦斯气体浓度及气体有毒有害气体浓度。

检测频率：当瓦斯浓度在 0.5% 以下时，安全检验人员需要每间隔 2h 对瓦斯浓度进行检测 1 次；但是当隧道中瓦斯的浓度高于 0.5% 的时候，安全检查人员则需要立刻对隧道施工现场的复杂人员进行传达，并且指导现场施工人员的疏散。不仅如此，瓦斯安全检验人员在管理过程中，需要在隧道打眼与爆破之前、爆破之后对掌子面区域的瓦斯浓度甲乙检测，同时还要安排隧道施工的班组长、安全员以及放炮员实施爆破操作，期间严格按照相关规定、流程进行。

检测的部分：主要包括开展掌子面开挖施工期间、初期支护施工期间、仰拱开挖以及混凝土施工、立模等施工期间、电缆沟施工、车/人行横通道施工等）；瓦斯可能渗出的地点（地质破碎地带、地质变化地带、裂隙发育的砂岩等）；在掌子面进行超前钻孔前，在附近检测瓦斯浓度。

二、加强通风

通风系统。隧道通风方式采用压入式，隧道掘进工作面独立通风。隧道需要的风量，根据爆破排烟、同时在洞的最多人数以及进洞深度的需要分别计算，采用其中的最大值。在开展隧道施工的过程中需要内部需要时刻保持通风，尤其是对瓦斯容易集中的地方加强通风。在施工期间如果涉及停电、设备检修的时候，施工人员需要及时撤出隧道，并将电源立刻切断，以保障大家的安全。

通风设备：

压入式通风机装设在距离洞口 30m 处。压入式通风机是在洞口安装主风机将新鲜空气压入，新鲜空气由正洞流入，将洞内正洞的污浊空气挤出洞内，形成循环风流。通常情况下，隧道内的通风机电源需要设置两路，同时还需要配上风电闭锁这一装置，这样一来如果施工期间存在一路电源停电的情况，而另一路电源则可以在一刻钟内连接上，从而确保隧道中的风机正常工作，备用电源采用 2 台 250Kw 柴油发电机。

在掌子面施工区域内实施局部通风，可以按照通风机并配备专业的开关、线路、风电闭锁等，而风带可以实施抗静电以及阻燃，当掌子面的距离不低于 15m 的时候百米内的漏风率需要低于 2%。

三、施工管理

洞口监防措施：

隧道口封闭方式。在瓦斯隧道施工过程中确保施工人员、设备与隧道的安全，隧道口外 20m 范围内采取围栏进行隔离，围栏高 2m，围栏长 200m。所有施工人员经过安保检查合格后才能进入到隧道内，外来人员严禁进入隧道。并且严禁在洞口、通风机周围 20m 范围以内或洞内使用明火、吸烟。

设置检查站及物品存放室。隧道洞口设置安全检查岗，检查岗实行 24h 值班，严格洞口检查制度，严防外来人员翻围栏进入洞内引发意外；检查站设置私人物品存放室，所有进洞人员把打火机、火柴、香烟、手机等严禁带入瓦斯洞内的物品放入物品存放箱内，并妥善保管；人员进洞前登记，人员出洞后销号。

隧道内瓦斯浓度监控视屏。为确保能够在隧道进尺过程中及时发现瓦斯的存在，根据瓦斯的性质科学地设计和布置安装瓦斯监测系统与洞口视屏。洞内瓦斯监测系统与洞口瓦斯浓度监控视屏相接，洞口视屏随时公布洞内的瓦斯浓度，使监控人员有效掌握洞内瓦斯状况，并及时的做出决策及处置。

严格瓦斯监测记录制度。瓦斯员每班监测的瓦斯浓度数据如实填写在瓦斯监测记录上和洞口瓦斯通报视屏上，发现异常情况立即报告给安全负责人与项目负责人。

关于施工的用电分析：

分析供电的相关设计。在桐岩隧道中，供电方案主要采取双电源方案，具体就是公用的电网、自备的发电站采取双电源方案，期间以 2 台型号为 250KW 的柴油发电机作为备用电源，同时对于安装备用电源自动切换设备，以保证电源的正常运行。当公用电网发生故障或者停电时，自备电源能够正常供电，近而保证隧道施工的正常进行。而自备发电机只能供应瓦斯检测设备、照明设备、风机的使用，当出现公用电网停电时，隧道内所有施工全部停止。当采用压入式通风，隧道内供电采用单电源线路，当采用压入与压出通风时，隧道内使用双电路供电线路，以保障隧道安全。对在隧道内使用的局部通风机和施工附近使用的电气设备，需要装备风电闭锁装置，当局部通风机停止运作时，能够自动快速切断通风机电源。

电气设备。洞口至开挖面的电缆全部使用不延燃橡套电缆，电缆与电气设备的连接采用防爆型接线盒；洞内配电设备及照明电器全部采用防爆型，并做到"三专"、"两闭锁"，即专用防爆变压器、专用开关、专用供电线路和瓦斯浓度超标时与供电的闭锁、局部通风与供电的闭锁，以保证瓦斯隧道安全施工；洞内的高、低压配电箱全部采用防爆型，低压配电箱必须具有断相、短路、漏电和接地保护功能；供电系统在局部通风机和开挖工作面的电气设备设风电闭锁装置。当局部通风机停止运转时，即刻自动切断局部通风机供风区段的一切电源，保证"风电"闭锁。

施工照明。供电采用动照分供法，照明供电从洞外低压变压器专用电缆单独引出；分路动力开关与照明开关分别设置，照明线路接线接在动力开关的上侧；工作面、防水板铺设和二次衬砌施工等作业平台处及未施做二次村的地段的移动照明，均采用具有短路、过载和漏电保护的照明信号综合保护装置，电压不大于127V，用分支专用电缆，防爆接线盒接入防爆照明灯具；洞内照明器材及开关全部使用防爆型，已衬砌地段的固定照明灯具，采用ExdII型防爆照明灯；开挖工作面附近的固定照明灯具，采用EXdI型矿用防爆照明灯；移动照明使用矿灯，并配置专用矿灯充电装置。

瓦斯自动检测报警断电装置。隧道内敷设监控信号电缆，掘进掌子面紧跟安设甲烷、风速传感器等进行实时检测。局部通风机监控采用1～5mA电流型设备开停传感器，按模拟信号处理。当瓦斯浓度≥0.4%，传感器发出报警；当瓦斯浓度≥0.5%或局部通风机停电，或风速<0.5m/s时，监测分站发出控制信号实现断电；当瓦斯浓度<0.5%且通风机恢复供风时，停止控制信号，解除闭锁，供电方可恢复。

施工措施：

钻孔施工。根据瓦斯隧道的施工要求，确定隧道采用台阶法开挖。钻孔前，在掌子面附近20m进行通风，通风后检测瓦斯浓度小于0.5%时方可进行钻孔作业。钻孔时先开水、后开风以封闭粉尘，停钻孔时先关风、后关水，防止产生火花造成安全事故，钻孔全部采用湿式钻孔，严禁打干钻。

炸材选用。隧道为瓦斯隧道，开挖爆破炸药使用煤矿许用3号抗水煤矿粉状铵锑炸药，安全等级不低于二级，雷管使用延时130ms以内、段位1～5段的8号覆铜壳煤矿许用毫秒延时电雷管，起爆线使用多股软质铜芯线，起爆器使用200型防爆起爆器。

爆破作业管理。爆破作业严格按照"一炮三检"制度进行；隧道爆破前后雷管、炸药数量要及时清点、回收入库，并做好雷管与炸药回收数量记录；瓦斯工区爆破点20m以内，风流中瓦斯浓度必须小于1.0%，车辆、碎石或其他物体阻塞开挖断面不得大于1/3；隧道打孔、装药、封堵和放炮符合瓦斯防爆的有关规定，严禁明火放炮；装药前清除炮孔内的煤粉或岩粉，不得冲撞或捣实；爆破后，待工作面的炮烟被排除，爆破工、安全员、瓦检员必须首先检查爆破现场，检查通风、残炮、瓦斯浓度、煤尘、隧道安全情况等。

通风安全的要求。隧道在施工过程中，为了防瓦斯浓度超标，导致发生爆炸等安全事故的发生，首先，需要定期加强对瓦斯浓度的检测，其次，还需要加强通风，降低瓦斯的浓度。为了防止由于通风不足而引起层状瓦斯的积聚，通风采用 2*110kW 轴流通风机压入式 24h 通风。为避免由于风筒损坏而供风受到影响，对洞内再使用的风筒进行更换处理。

隧道开挖后的封闭。隧道爆破开挖后，隧道围岩会出现较多细小裂缝，瓦斯会从这些裂缝溢出，而造成瓦斯浓度加大，为有效避免瓦斯浓度增加，施工时及时对掌子面进行混凝土封闭，喷混凝土达到封闭瓦斯溢出通道。

临时停工要求。隧道出现临时停工时其工作面不停止通风，否则必须切断电源，设置围栏和警示标志，禁止人员进入洞内，并向现场负责人报告。当停工的工作面内瓦斯浓度超过规定不能立即处理时，必须予以封闭。恢复已封闭的停工工作面时，必须事先清除隧道内积聚的瓦斯。

瓦斯检测。每班人工瓦斯检测结果应及时上交瓦斯监控中，由值班瓦斯监控员对人工检测结果与自动监控系统相应位置、时间的自动监控值进行比对，并填写光学瓦斯检测仪与甲烷传感器对照表，两种方式相互验证，发现异常应及时查明原因。瓦斯检测和监测记录保持连续性、完整性，分类建档，专人负责。

泡桐岩隧道经过以上的措施改进与施工管理，实时的监测隧道中的瓦斯浓度，做到绝对的谨慎，工程得以顺利开展，在保证安全的前提下，稳步推进泡桐岩隧道的施工，取得了一定的经济效益，并促进工程项目的积极性发展。在施工过程中，不断分析与探讨，总结特点与经验，并积极主动地采取针对性地改进措施，从而实现对隧道施工全过程的监督与管理，确保隧道工程的整体施工安全与质量，为营达高速公路的稳步推进提供保障。

第六节 高速公路双连拱隧道施工的信息化管理

目前我国的高速公路工程中双连拱桥隧道的建设难度较大，而且涉及的工程项目环节较多，要达到工程标准和过硬的质量，在施工建设中采用信息化管理的方式来汇总各类双连拱桥隧道建设中的各个要素的分析和总结，在信息化处理和分析能力的帮助下，我们重点研究信息管理技术在双连拱桥隧道的建设中到底发挥了怎样的作用。

双连拱桥隧道施工需要的规划设计、工种类别以及建筑材料的选用等方面的信息数据复杂而庞大，工程的复杂程度受人瞩目，要对庞杂的信息进行处理，协调好各部门的工作规划，最好的办法就是将信息处理交给信息化管理技术完成，信息技术对于现代人来说并不陌生，但是在双连拱桥隧道的工程建设中使用还是一个相对比较新鲜的事情，然而一经使用信息化管理技术就展现了其巨大的优势，各种信息数据的搜集和整理，以及各部门的操作和行动时机的管控都很精确且合理，给工程建设带来了良好的施工秩序和高效的工程进展。因此，相关的技术人员要与工程建设人员加强沟通和交流，不断从专业的角度完善双连拱桥隧道信息化管理的技术创新和应用，以此为模板，争取推广到各种复杂的工程项目中，加快我国工程建设信息化的发展步伐，提升基础设施建设的质量和效率。

一、信息化管理技术的应用

该管理系统的作用与构成。一般情况下，在落实这一施工内容的过程中，基于该项工程施工地质条件较为复杂，加上又受到气候条件的影响，致使在实际施工的过程中相应勘查与测量工作的开展难度极大，人工模式下数据信息采集与处理工作难以得到完善且高效落实。而一旦相应数据信息内容收集的不完善，则就难以落实有效的应对措施，进而不仅加大了施工的安全风险隐患，同时施工质量与效益难以得到有效控制。而将信息化管理技术应用于该项工程施工中，则能够实现对施工现场数据的有效监控，进而通过高效的数据采集与处理技术来保证施工的顺利进行，进而保证在工程规定的工期内保质保量地完成施工任务，并提高工程的综合效益。这一信息化管理技术下系统的构成为：第一，管理系统。主要是围绕勘查、设计、施工数据信息的在线监测、数据信息的采集、传输与处理；第二，反馈系统。主要是针对设计优化与施工优化而言的，在施工前通过对数据信息的采集与分析，能够明确地质条件，进而实现相应施工应对方案的制定，确保施工工艺技术的完善落实，实现对施工安全风险问题的规避，进而落实设计与施工的优化，保证施工的顺利进行。

管理流程。运用信息化管理技术来保障双连拱桥隧道建设的正常运转，就要将各项工程事项逐渐融入信息化处理系统之中，按照信息化的管理流程严格执行相应的指令以及要求。这套管理流程的实施不但维持着工程进展的有序推进，还可以从各处环节和要点之中做好质量管控工作，在以往的质量管理中，主要是依靠管理人员的专业素质和职业操守、管理意识来开展工作，一旦出现人为的干扰和制度机制执行不到位，施工就很容易出现大小不一的问题，导致工程质量最终遭受到不良影响。信息化管理流程在双连拱桥隧道建设的初期勘查、规划以及施工中各阶段的进展情况等方面进行信息和数据的搜集，做出相应的分析后提供给决策者，在一些过程和细节处避免了人为因素的干扰，而且保障了数据的准确性，有助于施工的开展和推进。

此外，信息化管理流程具有掌控全局，扫除勘察盲区的巨大优势，质量管理工作由于受局限性和实效性所限，不能及时全面的掌握施工现场各处发生的事情，容易造成盲区的存在，而信息化管理流程的全盘施工管理方式，不但可以全面细致的了解施工进展，还可以根据其数据搜集后对资料的分析形成的方案计划，有效的指导施工人员有序的按照方案逐步完成建造任务。

二、信息化技术下的施工管理与反馈系统

管理系统。这一系统主要是完成信息采集、传输与处理工作，通过管理系统能够确保工作人员第一时间获取施工相关信息资料，并结合自身的经验来实现对数据信息的处理。

首先，信息采集系统。在当前社会经济高速发展的背景下，物流运输行业的迅速发展促使相应的高速公路建设工程逐渐增加，相应的双连拱隧道项目的施工需要按照具体施工技术规范的要求，实现勘测监控工作的完善落实，以通过施工信息数据的有效获取来实现对施工阻碍因素的有效处理，进而降低施工的难度并提高施工的安全性。而信息化技术的应用能够为实现施工信息数据的有效采集打好基础，通过对数据的监控与采集，能够为落实完善的施工设计方案并及时解决施工中所遇到的技术难题提供保障。在实际获取信息数据的过程中，需要确保所采集数据值与采集项目间是对应的，进而才能够通过对数据的有效采集来实现对施工活动的指导；同时，在落实数据监测的过程中，量测间距的定位要满足行业标准要求，比如在围岩的测量上，相应的间距范围在二十到五十米之间。其次，传输与处理系统。第一，在信息传输上，不同技术的应用所呈现出的作用不同，一般情况下，如采用GPS技术等，能够提高数据传输的精准性，其在实际操作的过程中相对较为简单，而如果采用的是FBG技术，则能够通过技术的抗干扰能力来提高数据质量的稳定性。而采用何种技术则需要结合施工项目当地的状况，根据实际需要来进行技术定位。第二，在信息数据的处理上，需要相应技术人员借助计算机数据处理技术以及自身的能力经验来进行建模，进而对施工的实际情况进行准确预测，为施工的顺利进行奠定基础。

反馈系统。这一系统的功能为：针对信息指导工程施工的情况进行动态监测，在监测的过程中，不仅能够实现对施工情况的反馈，同时还能够为及时明确施工过程中的突发状况进行反馈。而通过这一反馈系统，则能够为确保施工的顺利进行提供保障。同时，能够针对施工过程中所出现的问题进行反馈，进而为实现对施工设计图纸的优化、落实有效的施工工艺技术提供依据。通过信息技术反馈系统，能够在提高施工质量的基础上，提高施工设计的美观度，为满足道路交通运输需求奠定基础，同时，也能够为提升施工质量、确保道路运输的安全性提供保障。

综上所述，针对高速公路双连拱隧道的施工管理工作而言，将信息管理技术应用到这一管理工作之中，能够借助信息技术的优势作用来实现对施工数据信息的动态采集、分析与处理，进而为优化与完善设计方案、提高施工质量、确保施工的安全性提供技术基础。对于隧道施工项目而言，除了要保证隧道的施工质量，同时还需要实现隧道的美观性，而借助这一技术能够通过设计的优化来实现这一目标。在实际应用的过程中，需要按照相应的流程来落实管理技术，以充分发挥出信息管理技术在该项工程施工中的作用与价值。

第七节　高速公路隧道机电预留预埋工程施工和管理

高速公路是交通枢纽的重要组成部分，社会经济的发展促进了高速公路的建设也加快了发展的步伐。隧道机电工程在高速公路工程中发挥重要的作用，与高速公路完工运营的稳定性、安全性、高效性具有直接的关系。本节对如今高速公路隧道机电预留预埋工程施工存在的问题及其原因加以分析，对高速公路隧道机电预留预埋工程施工和管理提出建议。

高速公路是交通枢纽的重要组成部分，是社会经济文化交流的纽带，在社会的发展进步和人类的生产生活中发挥着重要的作用。随着经济的发展，各地区之间的经济交流的增多，高速公路等交通基础设施的建设不断增加，隧道工程的建设和隧道机电工程也随之越来越多。隧道机电工程与高速公路工程建设完毕后能否安全、稳定、高效的运行息息相关，故此，严把质量关，控制机电工程的施工和管理质量是高速公司工程建设的重中之重。

一、隧道机电预留预埋工程施工中容易出现的问题

在高速公路隧道机电预留预埋工程施工中存在一些容易出现的问题，总结起来主要有以下几点：

（1）在我国北方，高速公路隧道工程在排水方面通常设计为两侧排水，通常强电沟的设计上比弱电沟的尺寸要宽些。对于又长又大的隧道工程，通常在弱电沟的设计上加设消防管道。对于过窄的弱电沟需要先敷设直径为159mm的热镀锌无缝钢管，同时加设发热电缆及保温层，支架间保持合适的间隙。但是此种敷设方法带来的后果是管道架设占用了较大的弱电沟的空间，这就会使在进行弱电光缆的铺设以及监控缆线的铺设空间减少。

（2）在进行隧道风机预埋的施工中，吊装钢板的位置、环向预埋过顶管道、软启柜预留洞室位置与实际施工时的桩号位置有较大的距离，这就使得在风机在完成吊装后又拖着一条关系，不仅使美观度大打折扣，在排烟中很容易使线缆起火从而导致线路发生短路造成严重的后果，而且进行重新地预留预埋会特别麻烦。

（3）通行信号灯环向预埋过顶管道的位置不恰当，或者距离横洞太近或者在横洞后面的位置，位置不对导致预埋施工的返工，耽误工期，增加了投入。

（4）机电工程中的预埋件的规格尺寸与设计不符，或者材质不过关，质量控制不严格不规范。

（5）管材的预埋预留没有严格按照工艺的要求进行施工，尤其在连接的工艺不符合质量要求，从而使得在施工过程中的二衬混凝土发生变形，管道内漏浆，接头不规范，使得缆线无法在管道内串通，只能返工重新进行预埋。

（6）洞室预留的尺寸与设计要求不符合，或者洞室形状不正不规正，有的洞室深度不足，宽度不够。

二、问题产生的主要原因分析

针对施工中容易发生的以上几点问题，通过实践检查和总结，对问题发生的原因进行分析，总结起来原因主要有以下几点：

（1）对于又长又大的隧道，特别是超长的隧道管道的预埋所涉及面较广，牵涉的问题较多，如：通风照明、配电电压、强电和弱电的线路等，大部分的施工单位在此类专业

中缺乏专业的工程师，对管道的预留和预埋等工程的具体施工没有清晰的认识，更缺乏专业的设计分析。现代施工技术对于长大隧道的施工中使用的二衬台车多是采用模板一次性的加工制成的，其特点就是有固定的开孔，如果开孔出现偏差，重新开孔操作起来有很大的困难。而在进行吊装风机的钢板预埋的施工中，多是按照预先设计的位置在二衬钢格栅上进行预埋，钢板的预埋和开孔操作二者之间无法同时进行。

（2）隧道机电工程的预留预埋在工程设计交底的时候没能做到清晰明了，对于预埋预留的图纸解释不清楚、不详细或者有歧义存在，使得施工和监理单位对预留预埋的设计不能清楚的了解，对预埋件存在的作用没能明白的理解。

（3）施工单位对隧道预留预埋工程不够重视，缺乏认识，对质量掌控不言，管理不严谨规范，使用不合格的劣质管材。

（4）工程监理单位缺乏隧道机电方面的专业工程师，对专业知识认识不够。隧道预留预埋是隐蔽工程，监理单位缺乏专业知识，同时又对工程的重视程度不够，使得工程的质量难以得到保证。

三、关于隧道预留预埋工程的建议

隧道机电工程预埋件的设计：

隧道记得预留预埋的工程设计图纸最后保持与土建工程设计图纸的同步设计和完成，如果不是出自同一个设计院，需要做好协调工作，以将预埋工程的设计位置和工程量加以确定，以免各自为战产生工程设计上的偏差和遗漏。隧道土建工程一般采用招标的形式进行工程承建单位的选择，在招标文件上应该含有隧道机电工程中预留预埋工程的项目清单，便于进行工程预算。

隧道机电的供配设计和监控设计如果来自不同的设计院进行设计，有必要针对机电工程的设计召开协调会议，对机电设计进行商讨和研究，以免两家设计产生冲突，也避免有遗漏产生。

隧道机电预留预埋在设计的时候就要将线缆的敷设加以充分的考虑，预留出合适的位置和空间，预埋尽可能地使用暗管，充分考虑安全性，保证机电工程在投入运行的时候能够安全、稳定。

设计完成后进行施工之前做好机电工程预留预埋的设计技术交底工作，做到清楚明了，对预留的意图、作用交代清楚，以使土建单位对预埋设计清楚明白。

做好隧道机电预留预埋工程的施工工作。施工单位在进行机电工程预留预埋的施工中，在进行二衬台车和模板的制作过程中要严格按照图纸设计，在模板台车上预留两处洞室和管道开口，以便与在需要的时候对位置进行调整。在施工现场做好施工技术交底工作，使施工队伍对预留预埋的位置进行了解，同时对施工工艺进行明确。对于隐蔽工程，严格控制材料的质量，对接头严格使用套管进行焊接，不可直接对焊，对连接端口的内口进行处理，并对接口进行防锈的处理，一定要确保管道的畅通，坚决抵制假通。保证洞室模板的刚度，避免混凝土发生跑模。配电箱施工完成后对空余钢管进行封闭，对接线的裸露处进行绝缘处理。

做好隧道机电预留预埋工程的监理工作。监理单位要履行职责，严格质量关，对预埋件材料的质量进行严格的控制，对隐蔽工程做好监管工作，尤其是接头的处理，按程序要求保留抽检资料。对二衬施工的工艺进行严格的控制，对于二衬试验段进行单独的验收。对于预埋管道进行细致的检查，保证管道的畅通，无假通的状况存在。在施工单位进场后，监理单位对预留预埋工程进行全面的检查，对发现的问题和缺陷技术沟通，及时修复，做好质量监督工作。

做好隧道机电预留预埋工程的项目工程管理工作。对隧道机电预留预埋工作加以重视，配备专业技术工程师，从技术方面做好质量控制工作。在设计阶段做好协调工作，使隧道主体工程设计和隧道机电预留预埋设计保持同步。加强二衬试验阶段的工程管理工作，定期对预留预埋进行专项检查，从而及时的发现问题并解决问题，保证机电工程的顺利进行，减少返工，从而缩减成本的投入。

第十章　高速公路隧道施工安全管理

第一节　高速公路隧道施工质量控制与安全管理

保障隧道的施工质量和安全是一个系统工程，应从选择科学合理的施工工艺，采用湿喷工艺初喷混凝土，严格执行各项支护参数，施工积水及时进行引排，尽量使用分离式防水板，横坡及纵横向排水管充分考虑地层岩性及水文特征进行设计，按规范埋设各种电力管线及施工安全逃生管道等方面做好该项工作。

一、选择科学合理的施工工艺

开挖方法的选择。开挖方法的选择应充分考虑隧道断面尺寸及所处地形、地质、环境条件，选择适宜的开挖方法，严格按照施工工序施工，尤其是隧道施工进洞，必须尊重断面大小及洞口特殊的地形地质条件，严格按照设计要求施工。特殊地形地质条件下的施工工艺主要有：a）环形开挖预留核心土法；b）双侧壁导坑法；c）中隔壁法（CD法）；d）交叉中隔壁法（CRD法）。

开挖技术及质量控制。隧道爆破在无特殊要求时，一律采用光面爆破技术，且残留炮眼痕迹在开挖面上均匀分布，炮眼痕迹保留率应满足一定的要求，即硬质岩达到80%及以上，中等坚硬岩70%及以上，软岩达50%。开挖过程中，不同围岩地段，开挖面与支护断面间的距离应满足相应规范和设计要求，及时支护，使隧道受力结构体系早日封闭成环，保证结构受力稳定安全。台阶法开挖时，其台阶长度不宜超过隧道开挖宽度的1.5倍；双侧壁导坑法施工时，导坑形状近于椭圆形断面，其跨度宜为整个隧道跨度的1／3；左右导坑施工时，前后拉开距离不宜小于15m，导坑与中间土体同时施工时，应超前30m～50m。

严格控制欠挖，拱脚及墙脚以上1m范围内严禁欠挖，这些位置是隧道结构受力传递的关键部位，必须保证受力面积。在隧道掘进过程中，应尽可能减少超挖，不同地质条件下超挖值应控制在相关技术规范许可范围内，超挖部分必须用同等强度的混凝土回填满，确保隧道衬砌整体受力。

二、隧道喷射混凝土施工机具及喷射质量要求

隧道喷射混凝土采用干喷工艺既违反了规范，也不符合设计要求，结果导致隧道施工质量大打折扣。湿喷可大大降低粉尘浓度，消除对工人的健康危害，且回弹度低、水灰比易控制。喷射混凝土品质比较高，要求隧道喷射混凝土一律采用湿喷工艺，并将湿喷机的技术说明书复印件及现场施工照片提交给驻地办审查后报建设单位核备。

喷射混凝土的骨料及水灰比须满足设计强度及喷射工艺要求，喷射前应清除侵入衬砌欠挖部分的岩块，喷射混凝土应饱满无空隙、表面平整，且保证钢筋保护层厚度不少于1cm，临空一侧不少于2cm。

三、隧道初期支护与二次衬砌施工质量和数量控制

锚杆施工质量及数量控制。中空注浆锚杆施作时应保持中空通畅，并留有专门的排气孔，水泥砂浆锚杆钻孔直径应大于杆体直径15mm，保证砂浆与锚杆和孔壁强力粘结，有效加固围岩；锚杆外端需留足5cm的露头，并用红色油漆标点示意，以便施作锚定板锁定锚杆，同时也方便进行数量及质量检测等计量工作。

钢筋网的铺设及尺寸要求。钢筋网铺设前应初喷一层混凝土，钢筋网应随受喷岩面起伏铺设，与受喷岩面的最大间隙不宜大于30mm；采用双层钢筋网时，第二层应在第一层钢筋网被初喷混凝土全部覆盖后开展铺挂；钢筋搭接长度不得小于30倍钢筋直径，并不得小于一个网格长边尺寸。

钢架（各种型钢及格栅拱架）间距及施工要求。相邻两榀钢架之间的距离必须满足设计要求，严禁偷工减料。钢架供脚必须放在牢固的基础上，应清除底脚下的虚渣及其他杂物。脚底超挖部分应用喷射混凝土填充；钢架应分节段安装，连接钢板平面应与钢架轴线垂直，两块连接钢板间使用螺栓和焊接连接，螺栓不应少于4颗；两榀钢架之间的纵向连接筋直径不小于18mm，纵向连接筋间距不应大于1m；钢架应垂直于隧道中心线，竖向不倾斜，平面不错位、不扭曲，上下左右允许偏差 ±50mm，钢架倾斜度应小于2°；钢架与围岩之间的空隙应用喷射混凝土充填密实，喷射混凝土由两侧供脚向上对称喷射，并将钢架覆盖，临空一侧的钢筋保护层厚度不小于2cm。

模筑混凝土衬砌施工质量控制。质量控制措施如下：

a）模板及支架必须具有足够的强度、刚度和稳定性，尤其是调整模板外伸内收的支撑杆，它是控制隧道二次衬砌外观及净空尺寸的关键；

b）模板必须经除锈、打磨、涂油后才可投入使用；

c）模板安装前，必须检查防水板、排水盲管、衬砌钢筋、预埋件等隐蔽工程是否符合设计要求，并做好记录以便备查；

d）混凝土的配合比应满足设计和施工工艺要求，且应连续浇筑，如因故中断，其中

断时间应小于前层混凝土初凝时间或重塑时间，当超过这个时间后，应按施工缝处理；

e）拱部衬砌浇筑时，应在拱顶预留注浆孔，注浆孔间距不大于3m，每一模板台车范围内预留注浆孔不少于4个；

f）在焊接或绑扎二衬内部钢筋时，必须用木垫板挡在后方，防止操作不慎击穿防水板，导致防水板失效，造成隧道二衬渗漏水；

g）隧道二衬拱脚是关键受力部位，其与仰拱的连接特别重要，如果连接筋间距和位置及保护层厚度不能达到设计要求，容易造成应力集中，导致二衬变形开裂，所以在布设这个部位的竖向连接筋时，必须按照设计尺寸从隧道中心线向两侧放线定位，确保钢筋间距、位置及混凝土保护层厚度，经现场监理检查确认达到设计要求后方可进行下一步施工；

h）隧道结构体系的受力传递基本上是沿弧线进行的，隧道中的"矮边墙"不能保证隧道拱圈与仰拱有效顺接封闭成环，接缝施工质量难以控制，容易漏浆，混凝土密实度低，会造成衬砌渗漏水，致使电缆沟积水，边墙混凝土施工缝容易错台，破坏了衬砌混凝土结构的整体性，带来质量安全隐患，所以高速公路隧道禁止施作所谓的"矮边墙"，二衬混凝土浇筑前，必须严格按规范检查模板台车，浇筑必须一次完成。

四、隧道防排水及施工质量控制

顺向坡排水沟断面应满足排除隧道中渗漏水及施工废水的需要，并经常检查排水设施，防止淤泥堵塞，要确保水路畅通。在膨胀岩、土质地层、围岩松软地段，尤其是亲水性较强的围岩地段，排水沟中不得有积水，宜根据需要对排水沟进行铺砌或用管槽代替，及时将积水引排出洞，防止拱脚围岩遇水软化，降低承载力，影响隧道结构受力。洞内反坡排水必须设置集水坑，其位置应不影响洞内运输和安全，并装配好水泵及时抽水，集中汇流引排。

复合型防水板由于在加工生产过程中会降低防水板纵、横向扯断伸长率和厚度，其产品结构难以到达国家规范要求的指标，因此，高速公路隧道不易使用复合型防水板。防水板铺设前，应整平初期支护表面，清理表面突兀坚硬物，尤其是锚杆多余的露头应锯掉，凹陷处应用喷射混凝土或砂浆找平；防水板之间的搭接宽度不得小于10cm，且绑扎或焊接钢筋时，不得损伤防水板，振捣混凝土时，振捣棒不得接触防水板。

环向排水盲管应使用柔性弹簧软管，其直径及抗压抗变形能力必须满足设计及规范要求，应紧贴支护表面或渗水岩壁安设，排水盲管展布圆顺，不得有起伏。

布设纵向排水管时，应用防水板将排水管向衬砌外侧卷起，这样才有可能充分发挥纵向排水管的作用，否则二衬后的积水不易被排出，将导致二衬漏水或渗水，电缆沟积水。

中心导水管坡度应符合设计要求，管路埋设好后，应进行通水试验，发现积水、漏水及时处理。

止水条、止水带的布设应严格按照相关技术规范施作，特别是止水条，可事先在每一模板二衬前断面中心位置预留一个槽，将止水条卡入填实，预留槽的制作可将一木条或麻绳等易取出的物件预埋在二衬中，板的宽度或麻绳直径尺寸为 1／2 止水条宽，卸模后将其取出成槽。

五、隧道施工安全管理

隧道施工应作为安全标准化工地建设的重点，严格按照工地安全实施标准施工，规范指挥行为、作业行为和生产设施，实施标准化管理。

洞内通风管、高压风管、输电线、照明线、运输道路、人行道路要统一规划并加强维修，做到布设整齐、状态良好，机械设备要规定存放位置，料具要堆码整齐，应派专人负责保管。

成洞地段供电线路必须正确架设，未成洞地段应使用不高于 36V 的低压电源、动力线电缆供电，并固定位置架空敷设。

洞内洞外都应在醒目的位置设置宣传标语及警示标志，使作业人员随处可见，提高安全防范意识，洞口位置应设置值班室，进洞必须登记，佩戴安全帽。

为预防发生隧道坍塌封洞而导致无法逃生，在离隧道掌子面 10m 边墙附近布设逃生管道，管道采用直径 ≥80cm、壁厚 ≥4cm、长度 ≥40m 的钢管。

爆破起爆完毕后，应设专人进行检查，处理危石悬石，并设人监护，确认安全后，其他人员方可进入；同时要做好洞内防尘及降低粉尘工作。

瓦斯隧道应按照相应规范的要求，做好瓦斯气体浓度监测及预警机制。要高度重视瓦斯监测盲点，尤其是超挖空间气体浓度的监测要及时到位，必要时进行超前探测，有条件的地方可安装瓦斯浓度自动监测及预警系统，全天监测预警，确保瓦斯隧道施工安全。

第二节　高速公路钻爆法隧道施工安全管理

针对高速公路钻爆法隧道施工过程中安全管理体系以及安全管理的方法与措施进行了讨论，结果表明，只有将安全生产的意识落实到施工的每一个环节，同时结合先进的安全管理方式，将安全生产的理念贯彻于每一位施工人员，如此才能最大程度减少施工事故的发生，实现项目的施工安全。

随着我国的经济不断发展，我国现有的公路与铁路资源已经不再能满足于现有的需求。为了实现适应于经济的发展步伐，很多的公路与铁路项目都相继进入建设之中。然而在很多项目的施工过程中，由于施工安全管理以及施工人员的安全意识单薄，导致了很多大型项目的施工过程中，安全生产事故频发，这不仅仅对于施工人员的人身安全造成了很多的威胁，同时也导致项目承受了巨大的经济损失以及不良的社会影响。高速公路的隧道施工过程中，隐蔽性大且作业面比较狭窄，加上隧道施工的地质结构变化复杂，对于相关施工人员的施工技术与经验有着相当高的要求，同时也对施工过程中的安全管理问题提升了难度。隧道项目的钻爆法施工时，产生安全事故的可能性为其他施工方式的 3 倍以上。

本节结合自身的隧道钻爆法施工项目的安全管理经验，对于施工安全问题进行了简要的探讨。

一、施工安全的管理体系

安全生产责任制以及相应规章制度的建立。项目的成立初期，项目经理作为项目的总负责人应对于相关部门进行组织管理，设置相应的规章制度以及安全生产的责任制，将责任制管理落实到管理部门的每一个人。值得注意的是，生产安全制度以及规章制度的建立应结合实际工程项目进行设计，同时保证每隔一段时间进行相关制度的更新，以满足实际工程的需求。建立好完整的规章制度与安全生产责任制之后，应做好相关的组织学习工作，使得每一位施工人员的安全生产意识得到提升，确保他们对于自身的安全生产职责有着深刻的了解。同时做好相关的施工记录，以便安全生产责任制得以实行。如此才能有效的使安全管理体系有条不紊的得到落实。

安全施工管理组织机构的建立。施工项目的安全施工管理组织结构应由各级的安全生产管理人员以及项目的安全管理组合而成。为了有效实现项目的安全生产条件，相关的项目安全生产管理人员应具备相应的安全生产意识以及安全生产的管理能力。安全人员专职管理方面，项目部应设置出相应的安全总监以及安全专职管理员等，随时对施工现场的安全进行监测。

实现安全生产的标准化建设。依据高速公路的钻爆法隧道施工要求以及施工的特点，施工过程中应保证安全第一这一核心内容。同时项目施工过程中应严格依据相关的安全生产责任制以及安全管理制度进行标准化操作，通过监控设施及时排除一些隐患位置的危险，并建立相应的生产预防机制，及时规范化生产行为，保证每一个施工的环节都控制在标准范围之内；同时创建相应的安全绩效机制，以确保施工过程中施工人员处于一种安全的施工环境之下。此外，相关的项目负责人应对于施工项目的安全等级进行专业的评定，不断完善施工的标准化流程，同时通过合理的培养机制，有效地进行员工的素质培训，减小施工过程中安全事故的发生。

加强对于安全生产的培训。我们知道，要想减少施工过程中的安全事故，应有效的加强对于施工人员安全意识的培养。因此进行项目的施工之前，相关的项目部应积极组织各种安全教育，提高施工人员对于施工风险的辨认能力，实现安全事故发生时，能及时进行控制与应急处理，如此可以有效降低安全事故产生的影响。对于施工人员的安全生产方面的培训，相关的项目单位应进行定期的组织与安排。此外对于一些新上岗的施工人员，应对其施工技术进行严格的审查，对于一些审查不合格的工作人员，及时开展相关的安全施工培训，直到其通过相关的考核为止。进行隧道项目的钻爆法施工的安全教育培训的主要内容有安全评定结果的解析、安全施工的施工方案、钻爆法施工的相关操作规程、现场的应急措施等等。安全生产的教育培训应彻底落实。

二、高速公路钻爆法隧道施工时的安全管理

对于一些隐形威胁的控制与管理。为了防止施工过程中的安全事故的发生，进行隧道项目钻爆法施工之前，相关的项目部应通过实际项目的情况，合理的施工安全评定方式，对施工项目进行危险等级的鉴定。同时通过各种施工安全评定方式，对项目中的一些隐形危险问题进行控制与管理。在对项目的隐形危险进行及时的排除与控制的基础之上，项目部应及时制定出隐形危险处的安全施工方案，对于每一个操作的流程与细节要严格的控制与监督，有效减少施工过程中安全事故的发生。

高速公路钻爆法隧道施工过程中的隐形危险主要有以下几种情况：隧道的结构失稳、高空作业时的支护稳定、爆破物品的安全运输与储存等等。不同的施工隐形危险，项目的侧重评定方式与侧重点都有所不同，因此进行危险源的排除与评定时，应根据实际施工情况，制定出合理的危险源的排除措施，确保施工过程中所有的危险源都处于一种可控状态之下。

施工安全检查。安全检查是项目实现安全管理的重要内容，同时也是进行安全管理工作的一项必不可少的内容。安全检查的目的在于通过对施工人员、施工器械、施工条件、施工环境等各方面进行危险排除，有效地将安全事故的发生消灭于萌芽之中。通常而言进行隧道钻爆法施工时，生产检查应日常以及定期地进行，对于日常的安全检查，应由一些施工人员来进行，待安全检查之后，方可进行施工；与此同时，项目部应组织相关的项目部的负责人员进行定期的项目安全的验收工作。对于一些安全验收工作不符合标准的情况，相关的项目部应对安全责任人进行严重处罚。日常的施工安全关系着所有施工人员的人身安全，应予以特别的重视。

高速公路钻爆法隧道施工的安全技术措施。高速公路钻爆法隧道施工过程中应结合实际的施工情况，以安全生产为主要的指导思想，依据相关的施工标准进行制定各项施工的安全技术措施。高速公路钻爆法隧道施工过程中，安全技术措施主要针对于洞口的开挖、钻爆施工过程、初期支护、衬砌、隧道内部施工环境的布置等等项目。制定好相应的高速公路钻爆法隧道施工安全措施之后，应给予上级部门进行审核，审核通过之后，方可进行实际的项目施工。

施工过程中事故的应急处理措施。为了及时处理施工过程中所发生的安全性事故，将事故造成的损失控制到最小。相关的项目部应根据实际情况建立事故的应急机制，使得事故发生后可以进行尽快地修复。在完成潜在危险的确认之后，项目部应立即设置相应的安全管理组织，制定相应的危险应急预案，并且设置相应的安全管理责任制。此外，在项目施工之前，应配置好相应的应急物资与器械，并对这些物品进行定期检查，以确保状态良

好。同时项目部应定期开展应急预案的相关培训，确保所有的施工人员在事故发生时知道如何自救与互救。

三、高速公路钻爆法隧道施工的辅助安全管理措施

安全生产平台的应用。目前，我国的很多施工企业都已经开始建立安全生产的管理平台，同时加大了对于项目安全生产的监控力度，并及时控制了施工过程中的各种管理动态，以便于施工过程中的项目预警与规范化施工。安全生产平台的建立，使得施工过程中的安全管理实现了网络化与程序化。经过安全生产平台，可以实现安全管理资料的录入，有效增强了安全管理人员的责任感与监督意识，使得安全管理工作得以贯彻。

HSE 管理体系的引用。近几年来，HSE 管理体系首先被应用于石油天然气的行业之中，得到了各界的广泛认可，使得 HSE 管理系统成了一种共同的行为准则，逐步进入了我国的建筑施工企业之中。系统的 HSE 管理体系在于突出科学的管理方式进行防范可能有的危险，结合全员参与的思想，将整体管理的思想应用于施工过程之中。HSE 管理体系的使用对于企业有着很大的好处，不仅可以节省资源，提升企业的管理水平，同时可以有效地改善企业的形象，确保施工过程中事故发生的概率变小。

随着施工安全事故的频发，越来越多的企业开始重视于施工的安全生产与管理。高速公路钻爆法隧道施工是一项潜在危险性很高的项目。只有通过精细化与规范化的安全生产管理，各种培训与教育的方式提升施工人员的安全生产意识，结合各种安全施工技术以及先进的安全管理体系，将安全管理的理念落实到每一个施工环节，如此才能最大程度减少施工事故的发生，实现项目的施工安全。

第三节　高速公路隧道机电工程施工安全管理

在高速公路隧道工程施工是一个涉及机电、通风、机械自动化控制等多个技术领域的复杂系统工程，技术复杂、施工质量要求和运行安全可靠性要求高，且具有施工线路狭长、工程量大、施工工期紧张、系统复杂、不同领域的技术集成度高等特点，本节重点就高速公路隧道机电工程施工安全管理进行了研究和分析。

高速公路行业作为中国当前蓄势待发的新兴产业，我国高速公路正处于高速的发展期。隧道维护在隧道运行和高速公路管理方面起着重要的作用，是高速公路不可缺少的组成部分。隧道机电设备的集约化管理是高速公路管理部门提高效率与效益的发展趋势，有利于我国高速更好地提高经营效益、增强服务型企业的竞争能力。随着智能交通（ITS）的深入和机电系统标准化、一体化、精细化管理进程的发展，相信我国高速公路隧道机电系统维护一定会有更加美好的发展与未来。

一、高速公路隧道机电工程施工概述

隧道机电工程具有其特殊的作业流程，其中关键的一环就是安全工作的准备和落实，如：准备好标志、标牌、防护用品，正式作业前要按照规定摆好反光锥、标志牌、引导牌、动态警示标志；作业人员穿戴好反光背心、安全帽以及安全带；然后经现场专业安全员检查通过后，安全保障人员各就其位，开始正式施工作业。特别是特种作业，如：电工作业中送电时就要从高压侧往用电侧逐级合闸，断电时就要自用电侧向高压侧逐级断电，并且是两人以上同时在场经严格检查挂牌后操作。如：隧道内高空安装，不允许带人移动脚手架的。特种作业人员持证上岗制度，专项施工方案论证制度，危及施工安全工艺、设备、材料淘汰制度，生产安全事故报告和调查处理制度《建筑施工安全检查标准》等。硬件设施包括按各式标牌和标志、各式电子警示和诱导标志、隔离墙（栏）、反光条、假人等。制定完善的安全管理制度并配备足量的硬件保障设施是避免现场事故的根本保证。特别是在隧道机电工程施工中，最前面有专人摇旗提示、按规定摆放距离标牌、引导标牌；用反光锤桶封住延伸至洞外500米以内的施工区域。作业脚手架区域配备足量的安全保障人员；配备专门的安全管理指挥员，不间断巡视督导是行之有效的方法。

二、高速公路隧道机电工程施工准备

隧道机电安装工程正式开始施工前，应编制确定项目的施工总进度计划方案和单项安装工程的具体网络计划。在安排施工技术人员、现场管理人员组成项目管理部时，应组织抽调在机电、消防、通风、通信及自动化等相关专业且具有相对丰富的施工经验和较高理论水平的工程技术人员。在安装施工所需的机械设备准备方面，应注意配备足够的运输工具（如叉车、工具车等）和高精度测控仪器（如多功能信号源、光纤熔接仪、便携式误码检测仪等）。针对该隧道机电工程项目设备材料需求量大，设备质量要求高等特点，对于大部分重要的大型机械设备和材料选择采用国外进口的先进机械和优质材料，并根据各分部工程的具体工期要求，制定了具体明确的机械设备和材料采购方案。

三、高速公路隧道机电工程施工技术

（一）通风和消防系统施工

该隧道机电安装工程中，通风系统和消防系统的设备是主要的大型机械系统设备。隧道通风系统选用纵向射流风机通风方式，在隧道洞顶上分散均匀地安装了15台1250mm、功率为60kW的射流风机.风机采用预制钢支架固定：消防系统供水设备主要包括有2台潜水泵（型号为QXIO）和2台消防泵（型号为XBD6.4/5—65型），潜水泵安装设置在相应的集水井内，消防泵则安装在消防泵房内。在隧道洞顶上安装射流风机时，要求对每块预埋铁构件进行相应的额定载荷试验，每一块预埋构件的强度和稳定性要通过试验验证后才能进行设备安装，射流风机的钢吊架选材、预制、安装及焊接施工都应充分考虑到通风机长期悬空吊挂持续运行的特殊要求。确保通射流风机的长期运行安全。

（二）消防管道安装施工

消防管道接头处采用沟槽式方式进行连接，其主要安装程序如下：现场测绘，绘制消防管道系统（包括消防栓）加工草图，管材预制，管道支架、吊架预制，支吊架热镀锌处理，支墩混凝土浇注施工，管道、消火栓铺装，设备接口连接，管道吹扫，消防系统试压、调试。为了尽量提高施工效率，拓展隧道内施工作业面，可将管道切割加工、配件制作等工序安排在隧道外的相应场地上进行，待隧道内管道支墩、支架等基础设施完工后再将预制管道构件直接运进隧道内安装，但运输过程中应注意防止管道管口等易损部位或构件压槽碰伤。安装消防管道时，应依照管道走向顺序依次铺装，并遵循先总管后支管、先大管后小管的基本原则，各总管和支管的三通接口处也均采用沟槽式管接头进行连接处理，消防栓应嵌入隧道侧壁结构内进行安装。

（三）电气及监控系统安装

隧道内通风机动力系统及照明系统，以及防雷接地系统等设备，隧道内的照明灯具主要吊挂在隧道洞顶纵向布置的桥架下方，局部侧壁上也安装了转向信号灯。隧道内监控系统主要包括有中央控制室内的计算机、网络服务器、控制台、智能火灾探测器、消防报警系统、扬声器、车速测定仪、紧急求救电话、区域性控制器、彩色摄像机及电力监控系统等设备。安装隧道洞顶部位的桥架时，由于隧道顶部沿水平方向存有相对较大的曲率，直接在洞顶放线定位安装桥架具有相当的难度。经项目部施工技术人员讨论和监理工程师的批准，先在隧道路面上放线定位，然后再用线坠将桥架的设计点位返至洞顶。鉴于隧道洞顶的桥架、灯具、通信电缆及其他测量、监控设备的安装量相对较大，还特别改装并研制了二十多只移动式安装施工平台。

本节结合某高速公路隧道机电安装工程施工实践，对施工准备.通风和消防系统、消防管道安装、电气及监控系统安装等关键施工工序和技术进行了重点探讨，并对施工管理要点进行了总结，对同类工程具有一定参考价值。

第四节　EPC 模式下高速公路隧道施工安全技术管理

为了适应社会发展的需求，高速公路建设项目发展的也极为迅速，虽然高速公路的建造技术得到了完善和提升，但是隧道施工项目中依然存在很多技术问题和管理问题。EPC模式在我国现代公路工程项目实际运作中的引入运用，对我国实现公路工程项目全国性管理干预具有重大意义；EPC 是由承包公司在接受业主委托之后形成的一种承包模式，必须根据合同开展工程项目。本节将针对 EPC 模式下高速公路隧道施工安全技术管理进行分析报告。

在传统的建设中，隧道施工是由要穿越的山体或进行地道打通建设，这两个施工都需要耗费巨大的资源，安全性较低。EPC 是英文"Engineer-procure-construct"的缩写，含义是对某个工程负责实施设计、采购、施工，即工程总承包，是一种相对流行的承包模式，能够显著提高工程项目质量。在公路工程 EPC 模式下隧道施工的安全技术管理也得到了提高，本节将对此做出分析，报告如下。

一、我国高速公路隧道施工现状

随着社会经济的不断发展，我国高速公路隧道施工技术也得了显著提高，但即便如此，我们依然要承认，相较于西方施工技术高超的国家而言，我国依然望尘莫及。隧道施工由于空间小，地质条件变化复杂，很多风险因素都是不可把控的，从而无法确保技术和管理能够发挥出其真正的作用。相关数据显示，公路工程中重特大事故占总数的 35%，死亡率超过 30%，而单次死亡人数大于 10 人的特大安全事故占比高达 50%。由此可见，隧道施工建设中，安全事故问题非常严重。

二、EPC 管理模式的内涵

EPC 管理模式主要分为设计、采购、施工三个内容，指的是工程项目承包商全权负责项目的设计，物资采购及施工等工作，是一项总体性工作，并具体负责与该工程项目的试运行工作相关的服务项目，因此也被称为交钥匙工程。承包方承担了更多的任务、更细化的责任以及更大的风险，但是却降低了建设方的风险与责任。但是在 EPC 模式下建设方与承包方都明确了各自的权利和责任范围，这样既能让建设方从琐碎的事务中解放出来，进一步把控工程项目的大方向，也能方便承包方对项目实施灵活性规划和安排，保证工程项目的顺利开展。其缺点在于建设方参与施工过程不多，控制具体工作的能力较弱。

三、高速公路隧道施工中存在的问题

勘察地形不到位，增加施工难度。不同地域的地理条件也不尽相同，地形、地质的复杂程度也不同，因此对隧道的施工技术要求也有所不同。在开展高速公路隧道施工时，必须仔细勘察施工区域的及周边的地理环境，经过分析研究确定合理的施工方案，有效降低安全事故的发生率。准确判断周边的地形地势，确定所选区域是否具备隧道施工的条件；如发现所选区域位于泥石流频发地带或岩石断层时，在进行隧道施工时务必做好防护措施；而在隧道施工前期没有做好勘察工作，在具体施工中也会忽略掉这一问题，当有突发状况时，无法及时应对，严重影响到隧道施工的质量及工期。

工期短，隐蔽工程多。我国的高速公路隧道项目施工的周期都很短，这种情况使得施工质量及安全性得不到保障，同时由于时间紧迫，也会引起操作失误，设计图纸和施工图纸之间存在误差等；在短时间内施工使得误差的存在是无法避免的，而且容易使完工后的质量检验流于形式，并未认真检查，存在很多安全隐患。隧道属于地下工程，无法掌握工程结构，受到地下施工检查效果的影响，使得隐蔽工程较多；此外，受到各个工序之间关联性的影响，如果无法及时发现隐蔽工程，会严重威胁到隧道工程的安全性。

四、EPC 模式下高速公路隧道施工安全技术管理措施

做好准备工作。在开展隧道工程以前，必须实地考察不同路段的地质条件，即使是同一条公路也要分段检查，从而得出全方位的勘察数据，了解施工区域内的岩层结构及地下水情况，实施动态调整公路隧道施工设计方案，即以公路隧道施工进度的实际情况为依据在遇到问题时随时调整施工设计，确保工程的安全性及质量；保证实际开挖地与设计图纸相符，以免因为不必要的问题而延长工期而造成经济损失。此外，还需细致考察施工区域内的地质、水文条件，为隧道施工提供正确的指导意见。

安全管理责任制。安全管理机制对隧道施工安全管理工作的开展具有重大意义，在实际中，必须结合施工的具体情况，制定完善的安全管理机制，同时将企业效益同安全管理质量结合起来；在隧道施工项目中，第一责任人为项目经理，成立由专业的管理人员组成的管理机构，负责全部隧道安全管理活动；鼓励施工人员参与到安全管理中，结合现场制定对应的安全管理制度，明确规定每个人员的责任，确保其能够按照制度开展管理活动。

增强安全风险防范意识。在隧道施工开展中，必须定期开展动态危险源调查、项目危险源清单、危险源辨识及风险评估、重大危险源清单、重大危险源调查、重大危险源辨识及评价等工作。此外，还要对特种设备、民爆物品、隧道专项施工安全监测及临时用电情况进行检查，机械设备进场前必须做好检验工作，确保机械设备性能优良后方可进场施工，制定机械设备的检查、维修、保养工作方案，保障现场所使用的机械设备均处于性能良好状态，同时建立相关档案。

易燃易爆、有害气体的监测。隧道施工安全技术管理中易燃易爆气体（瓦斯）和有害气体的监测是不可忽略的关键要素；目前，我国对隧道瓦斯浓度的监测主要采用人工监测和自动监控，检测人员使用便携式瓦斯检测仪在检测点直接读取数据；在开展隧道施工前，必须安排专职人员对隧道内的瓦斯实施检测，确保隧道内瓦斯浓度低于规定的范围，以免实施期间发生瓦斯爆炸等安全事故。对于开挖面、断面等地方应安装有害气体监测装置，利用检测仪实现监测功能，使气体浓度信息及时传递到后台，以便工作人员做出防范，确保隧道施工安全进行。

隧道围岩问题。在施工前，技术人员必须对隧道中围岩的情况进行勘探，只有掌握实

际情况，才能做出科学、有效的改善策略；以 V 级围岩为例，V 级围岩受风化及侵蚀的影响严重，使得岩石稳定性较差，传递荷载的性能也较差，为例更好的解决这一问题，可以采用台阶施工方式实施开挖作业，这种不仅能控制台阶高度，也能控制长度。此外，施工中必须在隧道围岩布置监测点，主要监测点为变形、沉降，以便及时获取围岩结构变化信息，做出预警以防安全事故的发生。

安全应急预案。在隧道施工中，任何安全事故的发生都是不可预料的，因此必须制定安全管理制度，确保在出现安全事故后，有关单位能及时做出反应，有效控制事故的发生及扩大。此外，在制定应急预案后要定期组织施工人员进行演练，对突发状况进行现场模拟，结束后仔细记录演练情况，总结演练中的问题并进行修改完善，确保施工人员在发生安全事故时按照指挥迅速及时处理问题。

隧道施工安全的保证措施。隧道内应设有逃生管道，采用特殊钢板制成，随着隧道的掘进，逃生管道也要不断地向前移动；一旦施工中发生事故，洞内的工作人员可通过逃生管道撤离现场，降低隧道事故的伤亡数量。此外，监控技术不仅能够有效保障施工人员的人身安全，从根本上减少安全事故的发生率；还可以通过对现场施工质量的监控，确保施工技术的合理性，进而保障施工安全。

隧道施工的安全和质量直接影响到人们的生命财产安全，因此在每个环节都要把控好质量，在每个安全事故中总结经验教训，制定合理有效的安全技术管理条例，为增强隧道施工的安全性和质量奠定基础。

第五节 高速公路隧道消防技术措施及维护管理

结合隧道火灾的危险性及特点，分析了隧道建筑的防火设计要求，从火灾报警设施、水喷雾灭火设施、水泵接合器、给水管等方面，阐述了隧道消防系统的维护管理措施，有利于保证高速公路隧道的消防安全。

近年来，高速公路隧道内时有火灾事故发生，2014 年 3 月 1 日，位于山西省晋城市泽州县的晋济高速公路山西晋城段岩后隧道内，一辆山西铰接列车追尾一辆河南铰接列车，造成前车装载的甲醇泄漏，后车发生电气短路，引燃周围可燃物，进而引燃泄漏的甲醇，并导致其他车辆被引燃引爆。对此，如何在高速公路隧道内运用消防技术措施防止火灾发生、迅速扑灭已发生的隧道火灾，已经成为高速公路运营管理单位所要研究的一个重要课题。根据相关法律法规、现行隧道养护技术规范及本人多年来对隧道养护管理的经验，结合目前隧道火灾事故的特点，阐述高速公路隧道消防技术措施及维护管理。

一、隧道的火灾危险性及其特点

火灾致灾因素。火灾致灾因素主要分为以下三种：由车辆自身故障导致在行进过程中起火自燃或发生车祸引起火灾；由于运输易燃易爆危险品的车辆物料泄漏遇明火导致发生爆炸或燃烧；由于隧道内电气设备或电气线路发生故障引发火灾。

火灾危险性。隧道建筑空间特性、交通工具及其运输方式，不仅决定了隧道火灾危害后果与一般工业与民用建筑火灾之间存在的差别，也决定了不同隧道火灾之间的差异。隧道火灾危害性后果除人员伤亡、直接经济损失外，其特有的次生灾害和间接损失，甚至比前者对社会、生活以及区域经济的影响更为严重。

人员伤亡众多。长、特长公路隧道内一旦发生火灾，若不能及时发现、及时扑灭，火势就会沿隧道纵向快速蔓延，导致隧道内司乘和工作人员窒息、灼伤、中毒甚至死亡，隧道内火灾常常以造成大量的人员伤亡为结局。

经济损失巨大。隧道火灾还会造成隧道设施的严重毁坏，引起短则数小时，长则数十小时甚至更长时间的道路效能中断，隧道结构破坏、隧道设施设备损坏、交通工具及车载货物严重受损或者被烧毁，造成无法估计的经济损失。

次生灾害危害严重。隧道火灾引发次生灾害是隧道火灾最为典型的灾害后果。通常，隧道火灾发生后会引发交通事故、爆炸、人员中毒等次生灾害。一方面会助长火灾的扩大蔓延，加重火灾危害性后果；另一方面，会打破原有安全疏散、灭火救援和交通控制等秩序，增加安全疏散和灭火救援难度；第三方面，次生灾害的突发性和随机性，会对隧道内的驾乘人员和救援人员构成潜在威胁和突如其来的伤害，可见隧道火灾的危害性十分巨大。

火灾特点。隧道火灾是以交通工具及其车载货物燃烧、爆炸为特征的火灾，其火灾特点如下：

火灾多样性。隧道火灾及其规律因交通工具、车载货物、隧道类型以及火灾时的交通状况等因素而复杂多变。从国内外隧道火灾统计资料来看，隧道火灾中A类（固体）火灾发生频率较高，B类（液体）火灾、混合物品火灾造成重特大隧道火灾的频率较高。

起火点的移动性。隧道火灾时，驾乘人员因视觉受限和特殊视觉感应，不能对火灾做出快速反应，起火车辆会继续在隧道中正常运行，即便驾乘人员发现火灾，为了便于报警、处置，公路隧道中的机动车通常会运行到紧急停车带停下，列车会尽量保持牵引动力驶离隧道，到达开阔空间后进行处置。交通工具的可移动性，决定了隧道火灾起火点会随车辆运行产生位置改变。

燃烧形式多样性。隧道火灾的可燃物主要由交通工具及其车载货物提供，可能出现气相、液相、固相可燃物燃烧，当可燃气体、蒸气预混浓度达到爆炸极限时，还会发生爆炸，这是隧道火灾燃烧形式多元化的表现。隧道越短，横断面尺寸越大，其火灾越接近地面建筑火灾；隧道越长，其火灾越近似于地下建筑火灾。在没有强制通风的情况下，受燃料控制燃烧的持续期间较短，整个燃烧过程主要是受通风条件控制的煅烧，燃烧产物中一氧化碳生成量较多，属于典型的缺氧煅烧。

火灾蔓延跳跃性。隧道火灾扩大蔓延受通风条件、交通状况等因素影响，强制通风能改善隧道内的煅烧条件，交通堵塞为隧道火灾提供了更多类型、数量的可燃物。隧道内可燃物的类型、数量、分布等，取决于卷入火灾的交通工具及其车载货物情况。交通事故、列车颠覆或车辆停在隧道内，火场热量主要以热辐射和热对流进行传递，当热量足以点燃相邻车辆或者车载可燃货物时，即便车辆之间有一段距离，火灾仍能够跳跃式蔓延。此外，油罐车或者其他易燃物品运输车辆起火，可能发生爆炸，出现隧道火灾跳跃性蔓延的极端形式。

火灾烟气流动性。

安全疏散局限性。

灭火救援艰难性。

二、隧道建筑防火设计要求

针对公路隧道火灾特点，设计人员对隧道工程采取主动防火和被动防火两种措施。主动防火设计从防止火灾发生和对火灾采取及时扑救的角度出发，包括内部空间布局、照明系统、通风系统、消防设备布置、灭火发生前后的火灾探测、报警、灭火及疏散系统，以及隧道的运营管理和灾情发生时的应急方案等一系列设计；被动防火设计主要是通过采取提高衬砌混凝土材料的耐火性能、喷涂防火涂料、安装防火板材等防火保护措施来保证隧道结构安全，使灾后只需进行简单的修护而不干扰隧道的正常使用。

三、隧道消防系统的维护管理

根据公路隧道养护技术规范，隧道消防设施应经常检修，并在检修期间采取相应的防灾措施。

火灾报警设施。a.每季度对点型感烟、感温探测器、双／三波长火焰探测器、线型感温光纤火灾探测系统、视频型火灾报警装置、手动报警按钮、火灾报警控制器等设施进行表面清洁，同时检查防水性能和线缆连接是否正常。b.每年应对以上设施各回路的报警随机抽检试验。

消火栓及灭火器。a.每季度检查消火栓有无漏水、腐蚀，软管、水带有无损伤，同时对室外消火栓进行放水试验及水压试验。b.每季度检查灭火器的数量及其有效性，检查灭火器的腐蚀情况，同时检查设备箱体及标识的完整情况，检查阀门有无漏水、腐蚀，操作试验是否正常，导通试验是否正常。c.每年检查泡沫消火栓的使用与防渣情况，每年对消火栓进行放水试验及水压试验，寒冷地区消防管道的防冻检修，并检查阀门保温装置的状况。

水喷雾灭火设施。a.每季度检查系统组件工作状态，检查设备外表，检查管路压力，检查报警装置，检查系统功能等是否正常。b.每年检修清洗雨淋阀本体的密封圈，检查阀瓣断头和锁紧销，清洗控制阀和密封膜，进行管网耐压试验。

水泵接合器。a.每季度清洁表面、内部，检查密封性。b.每年检查送水加压功能是否正常。

水泵。每季度检查水泵运转时有无异响、振动、过热，压力上升时闸阀的动作是否正常；检查外观有无污染与损伤；检查轴承部位加油与排气情况；启动试验与自动阀同时进行；紧固泵体各部连接螺栓；清除离心泵泵内垃圾。

电动机。a.每季度检查电动机运转时有无异响、振动、过热，外观有无污染与损伤，电压、电流检测，启动试验。b.每年检查各连接部位情况，绝缘试验。

给水管。a.每季度检查给水管有无漏水，闸阀操作是否灵活。b.每年检修管支架是否腐蚀、松动，洞外及隧道内水管的防冻、防烟雾腐蚀，管过滤器清洗。

气体灭火设施。每年检查气溶胶，与火灾报警控制器联动试验。

消防车。每季度对消防车辆进行保养，检查灭火装备是否正常。

消防水池。a.每季度检查水位是否正常及液位检测器是否完好；检查泄水孔是否通畅。b.每年对水池进行清洁，寒冷地区进行保温防冻检查。

电光标志。每季度检查、调节 LED 集束像素管的发光亮度，检查显示功能是否正常，检查电光标志外观有无污染、破损、锈蚀，字迹是否清晰。

消防设施的标志应始终保持完好、醒目。

第六节　高速公路总体设计及管理

高速公路作为一项系统性的综合工程，具有整体性强、技术含量高、涉及资金多、建设规模大、线形要求高等特征，与其相关的工程方案相对复杂，如交通工程、立交桥、隧道、涵洞等。在高速公路设计过程中，涉及水土保持、安全设施、土建施工、环境保护等专业工作，需要始终坚持总体设计的原则，采取切实可行的管理方法，以此节省土地资源和资金投入，减少对周边环境造成的负面影响，更加的符合工程实际要求。本节就对高速公路总体设计及管理方法进行分析。

由于高速公路工程有着较广的涉及面，技术要求严格且综合性高，在总体设计工作中应结合项目的定位和功能，准确把握关键点，以交通量组成为依据确定线形和设计指标与设计速度，从不同角度考虑投资成本、远期发展、地方规划、经济效益、现场条件等，选择科学的设计方案。通常在山区地形的公路设计环节，应把握隧道对环保、工程量、线路总体纵、平起控制作用的特点，兼顾好其他专业的设计需求，以此实现最大化的社会经济效益。

一、高速公路总体设计概述

指导思想。高速公路发展的核心与本质就是以人为本。在新时期背景下，公路勘察设计工作的理论基础为"六个树立、六个坚持"，而这也是公路建设与设计中"坚持可持续、协调、全面的科学发展观、坚持以人为本"的具体表现。对于山区高速公路的总体设计，其指导思想为"创新、和谐、安全、经济、环保"；对于平原微丘区的高速公路总体设计，其指导思想为"创新、环保、安全、经济、舒适"。

山区的水文、地质、地形条件复杂，横坡陡峻、沟壑交错，存在较多的不良地质病害，再加上生态环境相对脆弱，一旦遭到破坏，往往难以在短时间内回复。如果山区高速公路的设计对技术标准高，极易增大路基的填挖高度，出现很多深挖高填的路段，对区域自然环境造成破坏，甚至引发地质灾害，不利于公路的安全稳定运营。所以山区高速公路必须要遵循"环保优先"的原则，对各项技术指标予以灵活运用，始终坚持生态选线、地质选线、地形选线，将公路建设与环境保护相结合，实现自然环境与公路建设的协调发展，最大限度保护周边环境。另外，平原微丘区道路纵横、地形平坦，产业布局十分密集，而高速公路对区域经济的发展有着积极意义，强调平纵组合协调、线形顺适舒展，要求路线顺直且短捷，以实现快速高效、视觉良好、行车舒适的目标。一般保证用路者利益和公路功能的基础上，应该对环境与线路之间的关系予以正确处理，注重公路景观设计、环境保护设计，使公路与周边环境相融，形成独特的视觉感受。

当前"以经济为主"的设计思想虽与公路交通发展理念不相符，但不等于公路设计不需重视经济性，因此在设计中不仅要考虑工程造价，还需形成全寿命周期成本的理念，对建设、规划、运营、养护等过程进行统筹考量，有效解决工程结构抗疲劳性和耐久性、环境景观协调性、人车行驶安全性等问题，进一步延长公路的使用期限。

理念及原则。对于高速公路的发展来说，其不仅要实现自然、路、人的统一和谐，还要发挥公路运输的功能，实现公路交通的可持续发展。因此在高速公路设计过程中，必须要有机结合自然景观，以保护环境为基础来选择线路，断面形状要与周边自然相融，且自然起伏的地形要与截水沟、边沟、边坡、路基、坡顶、护坡道、路肩等相适应，借助原始的地貌地形，有效保护环境及生态资源。此外，在高速公路总体设计工作中，应该遵循如下两点原则：①经济合理和安全性相结合的原则：根据《高速公路路线设计规范》，严格遵循相关文件的规定，尤其是服务、管理、养护设施等方面，合理设计高速公路。②差别化设计的原则。针对不同的地质地形条件、功能条件进行差别化设计，如通道桥涵、防护工程、排水工程等，严禁千篇一律，以免增加施工难度、建设成本，影响公路工程的安全运营与作用的发挥。③可持续发展原则：在总体设计中要保护环境、尊重自然，尽量少拆迁、少占耕地、少砍伐树；同时注重"线内景观"的设计，使其与环境、地形相协调，实现技术指标的顺畅和连续，建设成景观优美、顺畅安全、功能齐全的高速公路。

二、高速公路总体设计及管理要点分析

道路桥梁。

线路设计。在高速公路的路线设计工作中，应该始终遵循科学合理、安全经济、可持续发展的理念，对其平、纵横断面的协调性予以把握，合理控制工程造价，以此减少支出费用。同时设计道路线形时，必须要注重其协调感与美观性，将地形与道路曲直程度相结合，如保证路边景观的自然、清新，使其更为美观协调，实现建筑与环境的和谐统一。在路面的平面设计中，要发挥出曲线的作用，重视路线总体走向与沿线特点的设计，采用不同的形式加以设计，争取让总体设计适应周边环境。当然设计中要注重水系、高压电网、高速公路网、丘陵岗区与其他交通方式的衔接。除此之外，设计路线的纵面时，应该立足实际，有机融合地方路网规划，利用低线位选择纵断面设计方案及通道设置位置，使路基的控制高度得到降低。

主体线位。对于高速公路的主体线位而言，其涵盖隧、桥、路等方面，而同一走廊是由桥梁、路基、短隧道群、长隧道等方案组成，各方案的比较成为总体设计中极为关键的内容，对判断设计是否有新意有着决定性的作用。组合选择方案时要从项目整体规划出发，适当纳入每公里造价、土石方价格、占地指标、桥隧总体比例长度、借方弃方总量等项目，科学进行控制和评估，确保规划设计工作的顺利开展。

路基设计。高速公路路基设计的目的旨在满足公路建设技术指标，防止出现较大的填方挖方或水土流失，降低工程造价。要想加强路基的排水设计与防护，必须要对原有的地貌、地形予以考量，保障原有水系的基础上满足工程景观与结构要求；或者是以国家保护耕地制度为基础，尽可能降低路基的高度，与景观设计相配合，彰显排水防护的功效。在桥梁设计过程中，不能将桥梁的水文计算作为控制要求，而是要结合纵坡、地形等，对桥梁的高度及长度进行控制；若桥墩不会对排洪造成影响，则需依靠斜桥正在进行桥梁的跨越冲沟。值得注意的是，桥梁的设计应符合设计流量、桥下净空等指标，与周围环境融为一体，科学确定下部、上部的结构类型，以增添公路亮点。

其他专业。一般其他专业的总体设计及管理要点可从三个方面进行分析：①附属区。设计附属区建筑布局时，需要满足正常使用、机电工程对其的实际要求，密切配合其他部门的作业，合理设置相关排水处理、预留管道等工作，科学安排基础配套设备。②绿化景观。景观设计是实现更高层次公路发展的关键手段，在设计中需要积极打破传统单一的绿化与防护，使其具备更高的水准；或者是遵循适地适树、因地制宜的原则，以公路沿线的实际情况为依据，分段、分类进行设计，将自然环境与所建工程相结合，使两者交相辉映，凸显以人为本的理念。③机电工程。结合高速公路的照明设计、监控、收费、通讯的标准，对各个路段的照明、通讯、监控等布置方式予以选择，在此基础上科学设计机电工程。值得注意的是，监控必须要能对公路上的交通状况进行实时监控，提供及时且准确的交通信

息，减少交通事故的发生，确保道路的畅通及安全，促进交通运输效率及汽车驾驶员舒适性的提升，但也要考量经济效益，严禁盲目追求完全的监控。

综上所述，高速公路的总体设计作为一项系统工程，是以综合考虑设计标准和建设规模为基础，协调好各专业设计、全线总体布局，这不仅要处理好主体工程与各专业、附属工程之间的协作和配合，还要体现公路节约、环保、安全、质量、使用功能的基本要求，确保设计成果的统一性、科学性、完整性。由于公路总体设计包含自然等各种因素，只有综合分析这些因素，从线路、主体线位、路基等层面进行设计，才能让设计更加系统和完善，建造出更高水准的高速公路，展现出公路应有的功能，实现路、人、自然三者的协调发展。

第七节 高速公路隧道通风系统工程施工技术及安全管理

某高速公路隧道工程为双洞单线隧道，左右线间距 38 ~ 60m，为了满足各阶段施工作业通风需要和节能降耗为目的，需要分阶段确定通风系统的施工方案。下面结合工程实例，对高速公路隧道通风系统工程的施工技术及安全管理进行了总结和分析。

一、工程概况

某高速公路隧道工程为双洞单线隧道，左右线间距 38 ~ 60m，开挖断面：单线正洞 84.01m2，斜井 46.43 m2。洞内存在有较高的瓦斯和硫化氢气体。故此，对于通风系统工程的施工提出了更高的要求。

二、施工各阶段实施通风方案

根据施工组织方案的施工阶段，结合本工程特点，为满足各阶段施工作业通风需要和节能降耗为目的，分阶段进行通风系统工程的施工方案进行确定。

第一阶段：跃龙门隧道 2 号斜井施工，最长独头通风长度 599m。

通风方案：采用"压入式"通风方式。在跃龙门隧道 2 号斜井洞口设置轴流风机，接风管至掌子面进行压入式通风。

第二阶段：从进正洞施工左、右线至小里程方向贯通，共往 4 个掌子面通风。

通风方案：采用"风巷通风 + 风箱 + 接力压入"通风方式。在跃龙门隧道 2 号斜井上半部隔成一个进风风巷引新鲜风进入风箱；在风箱上对应各巷道设置 4 台轴流风机往 4 个作业面压入供风，新鲜风用风管送至掌子面，浊流风通过巷道经斜井排出。在交叉口和巷道内设置射流风机引流，加速浊流风的排出，防止巷道内清浊循环影响通风效果，风道应从洞口延伸 30m，避免污浊风回流。

第三阶段：大里程方向贯通后，正洞左右线往小里程方向掘进直至小里程方向与三号横洞工区贯通，共往 2 个掌子面通风。

通风方案：采用"压入式"通风方式。在跃龙门隧道出口左右线右设置 1 台轴流风机往 2 个作业面压入供风；浊流风通过左、右洞排出至隧道出口。

三、施工过程中通风机的安装与监测管理

风机安装与移动。首先，应该确定风机的位置，对该位置进行相应的加固处理。其次，应该安排维修工对安装后的风机进行检测，确保风机能够正常的运行。再采用吊装设备将风机移动到风机确定的位置，对风机进行加固。最后，由风机技术人员和维修人员一起，对风机进行调试，确保能够正常使用。

通风监测管理。

瓦斯、硫化氢监测。对瓦斯隧道的瓦斯浓度监测应采用人工监测，专职瓦斯检测员使用便携式瓦斯检测仪在测点处直接读取数据。应该安排专职的瓦斯检测人员定期地对隧道内的瓦斯进行检测，确保含量低于规定的要求。

其他项目监测。测定方法为电化学法。采用人工监测，在测点处，按照仪器说明操作，用检测仪直接读取测定对象数据。

通风监测要求。监测人员应该做好换班和巡回检查制度，对数据做好监测，并填表进行汇总，及时向相关负责人汇报结果。针对重点地段，应该加强监测的力度，不得空班漏检，虚报数据等。

安全与环境状态评估。当测定结果均小于卫生标准时，可以认为环境是安全的、良好的；当测定结果大部分指标符合标准，仅个别指标略微超标时，可以认为环境是安全的、基本良好的；当测定结果大多指标出现稍微超标时，可以认为是安全的、环境较差的；当虽测定结果大部分指标符合标准，但个别指标严重超标时，可以认为是不安全的，环境很差的。

四、隧道施工过程中通风系统的安全管理

安全管理措施。在隧道通风系统工程的施工中，加强安全管理措施至关重要，应该合理布置通风设备，严格管理，确保通风的效果。现场施工人员，应该始终将安全管理放在第一位，对于发现的各种安全隐患应该上报。

管理制度。对于通风系统工程的安装人员和操作人员，应该经过严格的培训，持证上岗，同时，应该熟悉系统的性能，在通风系统工程投入使用后，能够对项目进行验收，在运营期间，加强巡视和维护工作，保证通风系统的各项性能和技术指标能够满足设计要求。

通风系统定期检查制度。每周对通风系统进行检查，架子队长每天对通风系统必须作例行检查，通风工必须做好日常巡查；通风系统运行正常后，每 10 天进行一次全面测风，对掌子面和其他用风地点根据需要随时测风，做好记录；每周用风速测定仪对风速进行人工检测，检测结果与自动监控系统相应时间、位置、风速值进行核对，确保风速满足施工

要求且回风巷风速不得低于 1m/s；每周在风管进出口测量一次风速、风压，并计算漏风率，风管百米漏风率不应大于 1%，对风筒的漏风情况必须及时修补；建立通风系统运行管理档案，档案包括各种检查记录、调试记录、测量记录、维护记录、运行记录等；值班人员每天按班组对通风系统运行情况进行记录，架子队长每天分别对运行记录予以审核、签认，并建档保存。

通风管理交接班制度。须实行通风班组交接班制度，交接双方签字认可，对上一班存在的问题、隐患、需注意事项、仪器设备状态等一定要交接清楚，交接班记录由架子队长每天定时予以审核签字。

瓦斯、硫化氢隧道通风安全技术措施。防止瓦斯、硫化氢集聚的风速不得小于 1m/s；在施工期间应实施连续通风；巷道通风时，除用作回风的横通道外，其它不用的横通道应及时封闭，平导洞口应设两道风门；压入式通风机必须装设在洞外或洞内新风流中，避免污风循环。瓦斯工区的通风机应设两路电源，并装设风电闭锁装置，当一路电源停止供电时，另一路应在 15min 内接通，保证风机正常运转；通风班组具体负责按照经批准的通风方案进行通风系统的安装、使用、维修、测风等工作。洞口设置通风风量记录牌板，每班每次通风情况由当班通风工及时记录在牌板上，记录牌板要根据通风情况随时进行更新；建立通风系统运行管理各种检查记录、调试记录、测风记录、维护记录、运行记录等。

在隧道施工过程中，通风系统的安装质量是确保通风效果的关键，通风效果是确保施工人员健康的重要保障，因此，在整个高速公路隧道工程通风系统的安装中，对于通风系统工程的施工质量和安全管理极为重要，是确保隧道项目安全作业的关键之处。

第十一章　高速公路隧道施工安全风险管理

第一节　高速公路隧道施工风险管理问题

施工企业应及时确定隧道施工中的各种风险因素，并采取相应的风险管理识别措施，做好风险的评价工作，利用各种质量安全手段，进一步提升高速公路的隧道施工水平。论文通过分析高速公路隧道施工的风险特征与产生原因，简单阐述了具体风险的应对措施。

一、隧道风险管理研究现状

公路隧道施工具有工程量大、技术复杂、工期长、涉及面广等特点，面临着大量的风险和不确定因素，而且这些风险具有复杂性、多样性、综合性、突发性及偶然性的特点。在进行隧道施工之前，进行地质勘查分析，对岩层的分布以及内部构造进行了解，但是这些基础性的工作并不能够完全保证施工的绝对安全，隧道施工作业强度大且面临着不同的技术难题。一般来说，隧道施工的工程规模都是相对较大的，而且施工工艺相对复杂，它需要做好各个方面的准备工作，并对突发状况采取有必要的应对措施。与此同时，我们也要认识到隧道的施工是多学科和多个工种之间综合应用的过程，所以需要由一支专业化程度高，风险意识强的建设队伍，这是预防工程安全事故的重要保证。

二、高速公路隧道施工风险的特点及原因

高速公路隧道特点。高速公路隧道的自身特点决定了其风险存在的必然性。隧道工程属于地下工程，具有一定的不确定性及复杂性。大量的工程实践证明，在地下工程施工期间，施工人员无法准确预测其潜在风险，因而极易引起重大安全事故，为国家与人民带来了巨大的经济损失。为了进一步降低风险概率，减少事故带来的经济损失，地下建设施工人员应科学合理的分析工程的潜在风险。

高速公路隧道施工风险原因。高速公路隧道施工原因与其自身的地质条件、施工复杂性等都具备一定关系，加上风险因素的影响，则很容易引发严重的安全事故。隧道工程所处的地质环境比较复杂，需要穿越很多围岩，变化幅度较大。设计期间，实际穿越围岩类

型存在很大差别，且实际工程往往更加复杂，也具备一定的突发性。比如宜万铁路在野三关隧道便发生了很大的透水事故，经调查发现，引起事故的直接原因便是当地的连续降雨天气，以致产生了大容量的承压水体，但勘探工作没有及时发现，以致岩体揭露后引起岩溶失衡，引起了特大型的突水事故。隧道工程工期长、规模大，施工中将会涉及多个工程主体，因而极易出现被忽视的风险因素。土体材料容易产生干扰作用，以致隧道施工风险出现演变与转化，简单的风险因素也会变成为复杂的风险因素。

三、隧道施工风险识别方法

在管理施工风险之前，应先做到识别风险因素，并掌握正确的识别方法。

专家调查法。这是较为常用的一种风险识别方法，其中应用最为广泛的是德尔菲与头脑风暴法。在使用德尔菲法之前，施工企业应该预先设计调查表，而后专家凭借自身经验进行作答，最后回收表格进行数据分析。但这种方法也存在很大缺陷，它主要依靠专家的主观判断，其结果缺乏深度，一旦表格内容出现纰漏，很容易遗漏关键的风险因素。因此，德尔菲法比较适用于风险较小的工程项目。这种方法比较适合目标较为明确的状况。

事件树与故障树法。事件树主要利用图形表示事件的发生过程，某些事件发生后将会激发更多的事件链条，而事件树法可以追踪事件的破坏过程，并评价其可靠性。随着事件总数的增加，此图形会如同大树那样开枝散叶，可以帮助人员清楚认识整个事件的发生过程。而故障树理论则可以逐层分析事件的发生原因，并明确其逻辑关系，从而可以系统性地评价事件结果。在风险识别管理过程中，事件树与故障树理论使用范围比较广泛，既可以被用作定性风险识别，也可以定量估计风险。因此，在实际工程中应综合使用这2种方法，这样可以在预测故障原因的基础上，及时了解故障发生的可能结果。

幕景分析法。幕景分析法可以识别引发风险的关键因素，主要利用图表或曲线模拟事件的发生过程。但由于事件中一般包含多种风险因素，因而需要利用计算机进行模拟分析，且模拟过程中应重点关注以下几个方面：当某种因素变化时，事件将会向何种情况发展，期间会产生怎样风险。此时整个事件便如同电影般放映在人们面前。但这种分析方法主要依靠过去的知识体系，经验信息存在一定偏差，因而会致使产生很大误差。

四、高速公路隧道施工风险的应对措施

塌方风险。在高速公路隧道施工过程中主要存在2方面的塌方风险：（1）自然风险因素，工程受地下水变化、地质条件变化等影响，产生塌方现象；（2）人为因素，当施工过程使用不恰当的技术方法后，极易引起工程塌方。对此可以采用预加固围岩的方法，利用预注浆方法进行加固围岩，提升工程的稳固性。利用预切槽方法减小围岩的变形程度，加固工程主体。隧道工程施工之前，应采取有效的排水措施，减少隧道内的储水量。施工过程中利用眼镜法、短台阶法等施工技术，并加强初期的支护承载力，通过增加钢筋网来增强

混凝土的实际厚度。做好围岩的加固工作，一旦发现异常情况应及时处理，并提升混凝土的强度等级，增加其厚度，并设计永久性的混凝土支护措施。

岩爆风险。在高应力条件下，高速公路实行地下工程存在一定的岩爆风险。开挖产生的载荷力，会导致岩洞预应力重新分布，极易引起弹射、剥落以及松脱等故障现象。对此应该采取以下几种措施：（1）当高速公路隧道项目设计坚硬且埋度较深的岩层时，应该及时预防可能发生的风险因素；（2）重点关注发生岩爆问题的频繁部位，并将其当作重点的防范内容；（3）利用钻孔、松动岩石等方法，充分释放岩石中的预应力，以便将发生岩爆的风险降至最低；（4）对岩体进行洒水工作，将其全部浸湿，并利用高压喷射水枪冲洗开挖后的岩体，以便充分释放其内部能量；（5）一旦实行开挖工作之后，应该在隧道的拱顶与边墙喷射混凝土材料，而后加固钢筋网设施，以便减少岩爆的发生次数，缩短岩层充分暴露的时间；（6）在岩爆风险发生范围内应设置专门的防护网措施，且施工人员应穿戴专门的防护用具，提高施工的安全系数。

涌水风险。在高速公路隧道施工过程中，涌水也属于情况比较严重的高发型地质灾害。形成涌水的主要原因在于采空区、大型溶洞以及断层处存在积水，对此应该采取以下措施进行处理：（1）查明暗河、溶洞水源之间的隐形关系，并利用开挖水槽、设置暗沟、铺设排水沟等方法进行堵水，如果暗河的流水量较小，则可以寻找其他出口分支进行引流，也可以通过注浆进行堵水；（2）利用抽水机与管道排水相结合的方法，分段设置集水井，并在开挖部位与固定泵站之间设置临时的移动泵，从而将积水排至固定部位。

高速公路的隧道安全管理贯穿整个施工项目始终，为此需要施工单位的严加重视，并做好施工人员的安全培训工作，利用多种新型技术方法全面监管工程的质量水平。总而言之，对于我国日益增多的高速公路隧道项目而言，只有进行有效的风险评估方法，并制定针对性的风险管理措施，才可以保证高速公路隧道工程的质量水平。

第二节　高速公路隧道施工风险管理举措

随着经济发展速度的增快，公路建设的步伐也紧随其后，但是由于高速公路建设中技术难度较大，并且整体地理条件和项目实施条件比较恶劣，就导致项目运行中经常产生很大的施工风险，如何在实际施工中针对相应风险进行有效的管理，需要相关单位在实践中认真思考。本节对于高速公路隧道施工基本风险特征以及产生的原因进行了简要的分析，并对施工队伍应该进行的风险管理操作程序进行了阐释，着重介绍了具体的风险管理措施，旨在提升行业内部对于风险管理重要性的认知。

城市化进程的推进使高速公路建设事业得到了长足的发展，针对不同的地质地貌要进行优化项目设计，并对可能产生的风险进行科学化的预估，保证基本风险管理措施的有效实施，建立更加完整的风险管理体制。

一、高速公路隧道施工基本风险特征以及原因

高速公路隧道施工基本风险特征。基础的水文条件和基础的地质环境，是影响整体高速公路建设的最大因素，在实际的工程运行过程中，施工风险具有不确定性和隐蔽性，还会随着工程的推进产生临时的变动，甚至是风险可能性的增大。另外，由于高速公路隧道施工牵涉很多因素，若是发生就会产生严重的后果，相关管理人员只有对基础施工条件进行集中化的关注，才能实现风险特征的有效管控和预防。

高速公路隧道施工基本风险产生原因。对于高速公路隧道施工来说，复杂的地质条件会加剧风险的产生，预期设计会与实际的情况产生偏差，风险就增加了突发性的特征。在施工中，基础的施工规模较大就导致施工的难度增大，项目运行使用的机械数量也逐渐增多，整体工艺也十分复杂。除此之外，就是相关人员的施工风险意识淡薄，对整体工程的监管力度不够。由于高速公路隧道施工而基础工期较长，若是管理机制一直处于松散的状态，就会致使施工风险的加剧。

二、高速公路隧道施工风险管理基础程序

基础风险项目的种类甄别。对于高速公路隧道施工来说，风险甄别是最为基础的项目，相关工作人员要对基础风险的种类进行细致的甄别，建立相应的识别报告以及对潜在的风险因素进行合理化的汇总。对整体风险形势进行科学预估，强化风险源的识别机制，利用相关工程施工因素进行集合结构的建立，以基础时间节点为基础依据，配合使用层次分析法对相应因素进行集中的识别以及处理。

基础风险项目的等级评估。风险等级评估是对风险评价和预估的有机结合，对高速公路隧道施工的相关施工因素进行集中的分析和处理，并对风险要素和风险产生的影响进行科学估算。在高速公路隧道施工风险预估过程中，相关人员要依据工程施工进程对风险可能出现的时间、结果以及范围进行优化的估算，实现有效的风险监控以及应对措施的实施。

基础风险项目的应对措施。对于高速公路隧道施工过程来说，只有运行基础的应对措施才能实现整体施工项目的顺利进行。一方面要针对风险对象采取相应的应对措施设定，实现风险项目的削减和规避，另一方面要在风险发生后，进行财务措施的有效安排和规划，保证具体应对措施能实现风险的有效转移。

基础风险项目的实时监控。对于高速公路隧道施工来说，基础的监控项目是整体施工过程的收尾，需要相关工作监管人员给予必要的关注，要集中落实和优化，保证全过程的及时监管和数据收集整理，充分发挥监控过程的连续性和科学性。另外，相关管理人员要根据基本的监控原则，对相关项目进行集中的跟踪和评价，以促进整体施工项目的顺利完成。

三、高速公路隧道施工风险管理举措分析

高速公路隧道施工风险之岩爆风险。对于高速公路隧道施工来说，岩爆风险发生在高地应力条件中，由于硬脆围岩被挖掘时弹性应变能力的释放，发生剥落松脱的现象。需要相关工程建设人员提前预估，转移超前释放孔于边墙位置，预先释放岩层原始应力，进行钢筋网与锚杆的加设，以保证岩爆次数的减少，也要对施工人员进行必要的安全维护，若是发生岩爆，要及时查找岩爆点。

高速公路隧道施工风险之塌方风险。在高速公路隧道施工运行过程中，会受到地下水变化和人为设计方法不当的影响，产生塌方风险。相关项目施工人员要利用预注浆措施实现围岩的预加固，并结合防排水措施对地表水进行有效的引排，集中增设钢筋网并且设置加密钢架，并对衬砌混凝土进行集中的厚度升级。

高速公路隧道施工风险之涌水风险。对于高速公路隧道施工来说，涌水风险是比较高发的风险，主要是由于暗河和断层引起的。相关工程人员要针对隧道的基础位置进行相关自然条件的查询，利用注浆法进行科学化的堵水，也可以使用抽水机和管道排水结合的方式，设置基础集水井和固定泵。

高速公路隧道施工风险之岩溶风险。相关工作人可以在高速公路隧道施工过程中，利用干砌片石和浆砌片石对整体土层进行回填压实，强化基础混凝土衬砌作业，要以岩石的破损基准为理论依据加设防护防拱。若是遇到规模较大的岩洞，就要采取加固和相应的跨越处理，要采取相应管棚注浆预加固微震爆破等操作帮助整体高速公路隧道施工的顺利运行。

高速公路隧道施工风险之瓦斯风险。相关工程人员要进行基础照明设备的安装，采取相应的防爆型号，并且要按照基本的封堵技术进行瓦斯的防护，并利用气密性混凝土进行实际的封闭衬砌，也要加强隧道内部的实际通风，对整体瓦斯数值进行良性的控制。

总而言之，对于高速公路隧道施工风险的预估和防护，要实现基本工作的优化落实，保证风险管理措施的可行性和科学性，只有风险维护措施应用得当，才能实现高速公路隧道施工项目良性发展。

第三节　隧道施工安全风险与施工管理

隧道施工建设是我国公路交通建设中一个极为重要的部分，其施工质量和安全对我国市场经济建设具有极为重要的影响。而公路隧道施工环境相对而言较为特别，受当地地质气候等方面的影响较大。论文主要针对隧道施工安全风险管理的重要性与存在的问题进行分析，并阐述在施工管理中的具体措施。

目前，人们的生活水平不断提高，道路运输的需求量也越来越大，为了缓解日益增加的交通压力，我国对桥梁和隧道工程建设提供了极大的支持，而隧道工程施工有其特殊性，相对而言较为隐蔽也比较复杂，施工时风险较多，而且施工环境较为恶劣，地质情况不确定因素较多，因此，为了排除隧道施工中的隐患，在施工中要注重工程管理工作。

一、隧道施工风险管理的重要性

相对而言，隧道工程施工时间较长，施工过程中容易产生很多隐患，进行隧道施工前，施工人员必须要做一些准备工作，比如，对实地进行勘察等，从而制定更加符合实际情况的施工方案，而且要对施工风险进行初步评估。一般来说，建设工作的风险评估在设计阶段进行，而对于全过程的评估相对而言较为缺乏，很容易使施工过程中出现各种不稳定因素。所以，在隧道施工建设中，对施工进程进行安全风险评估非常必要，施工企业需要给予足够的重视。

二、隧道施工存在的安全风险问题

隧道施工方案缺乏针对性。目前，在施工过程中，虽然很多施工方会制定一些施工计划，但是，在实际运用中，存在一些不合理的因素，而大部分施工方案只是针对一个或一部分影响因素而提出，但是，不适合用于工程在不同地段的不同情况。

隧道施工管理不到位。隧道施工管理不合理，也是导致隧道施工建设中存在安全隐患的主要原因之一。一些施工方因为对一些常用隧道建设方案比较熟悉，因此，对内部员工的要求和管理比较松散，而一些施工类的技术人员和操作人员因为有一定的隧道施工经验，因此，在具体的工作中盲目按照经验实施，而没有严格按照相关规定进行施工，很容易使施工制度和施工方案变成一种形式，无法发挥出其实际效用。

隧道施工风险评估不完善。目前，很多隧道施工风险评估制度仍然在其发展初期，对施工过程中与施工完成后的风险评估中存在一些缺陷，这样的情况很容易使施工过程中出现一些突发的安全事故。而一旦在施工中出现问题，很难及时采取补救措施，从而错过风险防控的最佳时机，使整个施工工程的品质都受到威胁。

围岩测量手段落后监测不到位。围岩稳定性测量工作在隧道施工安全风险评估中是一个极为重要的因素，对围岩进行测量时，其准确性和可靠性会对隧道整体的施工质量和安全造成直接影响。但是，一些施工单位的安全风险防范意识相对薄弱，对围岩测量方案的设计不够全面，因此，期测量结构常与实际情况存在较大差距，例如，存在测量点设置不规范以及测量点间距不符合要求等问题，从而导致测量数据出现较大的误差，在很大程度上使测量结果并不可靠，隧道施工整体安全得不到保障，甚至会引发隧道坍塌事故。

施工人员整体素质和安全意识不强。我国隧道工程的发展还在初级阶段，大部分施工人员在操作过程中盲目相信自身经验，随意改变操作方式，现场的安全和管理都得不到保障，时间长了容易酿成重大事故，影响整体施工效率，导致更加严重的后果。

三、隧道施工现场管理办法

科学编制施工管理方案。进行隧道建设前，施工单位需要进行详细的准备工作，对于当地的地质地貌以及气候环境水文环境进行深入的考察和了解，在隧道监测过程中存在的一些隐患，获取各种可能导致事故的情况，根据考察结果进行总结，以此制定科学合理的施工方案。施工方案制定后，需要由专业的审核人员进行全面的审核，审核通过后才能用于施工。

切实落实施工单位安全管理责任。施工单位需要制定在施工过程中的安全管理措施，施工过程中的责任需要落实到不同的责任人，例如，施工方可以选拔一些专业人才负责施工安全，加强对施工现场的安全管理，一些施工方强化技术交底制度，使施工整体情况和安全管理都能落实到实际操作中。在施工过程中，监理人员发挥其作用，对施工现场进行严格的监督与管理。

完善隧道施工安全风险评估方法。隧道施工安全风险评估可以从以下几点进行完善：（1）可以对工作人员进行培训并学习先进的科学技术方法，如进行周期性培训，借鉴国外先进的科学技术；（2）还能够通过将理论与实践相结合的方式对评估方法进行完善，需要评估人员到施工现场进行实际勘察，并根据理论依据对采集的数据信息进行详细的分析，并预测其变化趋势，从而对施工过程中的一些安全影响因素进行可靠的评估，为施工方案及安全措施的确定提供依据。

加强围岩测量质量管理。在隧道围岩测量的过程中，需要对围岩进等级划分，按照等级的差异对围岩实施不同的测量计划。一般情况下，隧道坍塌是一个比较缓慢的过程，是由于围岩的稳定性出现问题导致。所以，施工单位需要安排专业人员对围岩进行测量，并且要使用先进的设备对其进行定期检查，如果围岩的稳定性不符合要求，要立即停止挖掘，分析围岩出现变化的原因并采取支护措施，避免出现安全问题。

增强隧道施工人员的安全意识。提高施工人员的安全意识在施工中极为重要。施工前，施工方需要对工作人员进行严格的选拔，并且按照工作情况进行分类，根据不同的施工内容对员工进行相关培训，增强施工人员的安全事宜，使其深入了解安全施工和管理，减少安全事故的发生。

隧道的安全建设对我国道路工程建设有重要的影响。其隧道建设相对而言时间较长，因此，在施工过程当中容易出现各种安全隐患，施工过程不能得到完全的保障，因此，对隧道施工建设进行风险管理极为重要。进行隧道施工前，相关人员必须提前做一些准备工作，另外，风险评估不仅要在设计阶段进行，还要贯穿于隧道建设的全过程，只有这样才能确保隧道施工过程的安全。

第四节　高速公路隧道安全风险评估及现场管理

阐述了高速公路隧道安全风险评估的重要性，分析了高速公路隧道安全风险的评估，提出了高速公路隧道施工现场管理的有效措施，以提升高速公路整体质量与运营性能，保证高速公路隧道施工的安全性，顺利完成隧道施工。

近年来，随着我国公路交通事业的迅猛发展，我国高速公路工程在数量和规模上都有了很大的增长，尤其是随着高速公路项目不断向西部山区延伸，高速公路隧道工程项目也越来越多。在高速公路建设发展过程中，隧道工程施工中的安全问题和管理问题一直是全社会关注的重点。随着隧道工程项目数量的不断增长，施工过程中的安全问题、管理问题也越来越突出，就近年来隧道施工实际情况来看，其中一些安全及质量问题频频出现。这不仅会对高速公路建设质量产生影响，同时也会在很大程度上影响社会稳定发展。因此，在高速公路建设过程中，要提高对隧道施工的重视程度，针对隧道施工不仅要加强施工现场的管理，同时还要加强隧道安全风险评估。

一、高速公路隧道安全风险评估的重要性

高速公路项目是一项长期、系统、复杂的建设工程，其中涉及诸多人员、机械、工艺等，其具有较高的复杂性、难度性、技术性。而隧道施工相比其他施工项目而言，要更加复杂、危险，并且隧道施工具有一定的隐秘性和不确定性。要想更好地保证高速公路隧道施工安全，就必须加强对风险的评估和识别，进而采取有效的措施进行预防和控制，只有这样才能最大程度保证隧道施工安全。由此可见，安全风险评估在高速公路隧道建设过程中有着尤为重要的作用和意义。在高速公路隧道工程中，如何识别风险、如何评价风险、如何管理风险，使风险得到全面的控制是需要重点考虑的问题。这就需要在高速公路隧道工程建设过程中，采取合理、科学、有效的风险评估方法，尽最大可能对风险进行控制。隧道工程属于地下工程，特殊的施工环境以及特定的施工工艺都会增加隧道施工的难度，同时也会增加隧道施工的安全隐患。而通过实施隧道施工安全风险评估，就可以有效地对风险进行管理和控制，从而有利于降低工程事故的发生。当高速公路隧道施工的安全性得到了保证，那么也可以在很大程度上加快隧道施工进度，同时有效提高隧道施工质量。

二、高速公路隧道安全风险评估分析

风险因子辨识与确定。要想对高速公路隧道施工进行安全风险评估，首先就需要对隧道施工中的风险因子进行识别，比如可以采用专家调查法通过简单的计算和分析，并依照隧道施工的特点和规律，对风险因子进行预测。专家调查法的具体实施步骤如下：首先成

立预测领导小组；其次对预测目标进行明确；之后选择参加预测的专家；最后编制调查表进行风险因子调查。在综合考虑隧道施工风险因子的辨识与分析后，对隧道施工的风险因子进行确定，进而根据确定的风险因子制定出针对性的处理方案。根据调查和分析，高速公路隧道施工的风险事件确定主要可以分为塌方、瓦斯、大变形、岩爆等。针对不同的风险事件，要展开充分的分析和总结，了解风险事件的成因及后果，进而才可以更加针对性地对风险事件进行控制。

高速公路隧道施工风险防控对策。在高速公路隧道工程施工过程中，由于施工条件、施工环境、施工工艺、施工人员等多方面因素的影响，容易存在诸多安全隐患，比如塌方、瓦斯、大变形等安全风险。针对不同类型的风险事件，在进行科学合理的安全风险评估后，就需要采取有效的措施进行风险防控。

就塌方风险而言，在隧道工程施工过程中，塌方主要是由于地质因素以及设计因素的影响而发生的，因此，这就需要在隧道工程施工之前，强化对地质的勘查工作，以及严格做好施工前的准备工作。

就瓦斯风险而言，由于瓦斯特有的性质，就需要加强前期对瓦斯的监控量测，以此来防控瓦斯风险。比如只要能够监测到有瓦斯气体的存在，就应该在通过瓦斯层前后各 15m 处严格按照瓦斯隧道进行施工。

总而言之，无论是哪一类型的风险事件，都需要对隧道安全风险进行充分的评估和分析，只有对风险事件的本质特征、成因背景、发展规律等有充分的认识，才能够更加科学、合理地采取防控措施。针对高速公路隧道施工安全风险问题，还可以通过建立健全完善的风险预警体系来防控风险，比如制定详细、明确的施工操作流程，各项施工环节都需要严格按照设计要求、相关规定进行施工。

三、高速公路隧道施工现场管理措施

在高速公路隧道施工过程中，除了需要对安全风险进行科学的评估和防控外，同时还需要做好施工现场的管理工作，通过全面、科学、严谨的管理和监督，来促进施工的顺利开展，同时保证隧道施工的安全性和有效性。以下就是针对高速公路隧道施工提出的几点现场管理策略。

施工材料管理。在高速公路施工建设过程中，材料是尤为重要的主体，其与施工质量、施工安全性等都有着直接的联系，因此，在高速公路隧道施工现场要严控对施工材料的管理。通过对施工材料进行严格的监督和管理，以此来保证施工质量。在高速公路隧道施工现场，管理部门需要对施工材料的进场进行严格的管理，比如查验材料的出厂合格证、对材料进行试验等，只有材料通过查验、试验后，才可以进入施工现场投入使用。在材料进场后，还需要安排专门的管理人员对材料进行看管，避免材料丢失、受潮等。施工现场材料的使用需要严格做好登记和记录，要做到每一个环节的施工材料其使用、去向都清晰明了。只有加强了施工材料的管理，才能更好地保证施工材料的质量，进而提高整体隧道施工质量和效率。

机械设备管理。机械设备是高速公路隧道建设过程中尤为重要的组成部分，机械设备的运行效率、质量性能与施工质量和进度有着直接的关系，因此，在隧道施工过程中需要高度重视机械设备的管理。比如对于施工现场的机械设备应该加强维修和养护，技术人员需要定期对机械设备进行检查，如果发现机械设备存在问题和不足，就需要及时采取有效的维修养护措施，确保机械设备的正常运行。

施工人员管理。在高速公路隧道施工现场管理中，对施工人员的管理尤为重要。为了有效提高高速公路隧道施工质量，保证施工进度及安全性，就需要加强对施工人员的安全管理、教育培训等。通过有效的管理和监督，提高施工人员的综合素质及综合能力，进而促进施工人员在隧道施工中能够充分发挥其作用。对于一些重要的技术人员及管理人员，应该进行严格的挑选，比如需要持证上岗，并且具有一定的施工经验及技术操作能力。对于施工现场的施工人员可以采取责任制管理制度，将具体责任落实到施工人员身上，这样可以对施工人员起到一定的约束作用，同时也便于对施工现场的管理。

综上所述，安全风险评估以及现场管理是高速公路隧道建设过程中尤为重要的工作内容，通过对隧道施工进行科学合理的安全风险评估，可以有效预防风险，保证施工的安全性和可靠性。通过对隧道施工进行全面有效的现场管理，可以在很大程度上促进隧道施工的顺利开展，同时有效提高施工的质量和效率。因此，在高速公路隧道施工中，应该提高对现场管理以及安全风险评估的重视，比如加强对施工现场的全面无缝隙监督和管理，建立隧道安全评价体系等。只有这样才能更好地保证高速公路隧道施工的安全性，进而促进隧道施工顺利有效开展。

第五节　大断面微瓦斯隧道施工安全风险与施工管理

我国的发展成就举世瞩目，特别是基础设施方面走在了世界的前列。高速公路，高速铁路等飞速发展，路网不断延伸和补充完善，从最初的平原地区，逐渐向山区地带转移。隧道工程在高速公路、铁路的含量占比越来越高，不良地质、涌水突泥、瓦斯等高风险隧道急剧增加，因此需要针对性采取防范措施，加强施工管理，将施工过程中的风险降到最低。本节结合西部某黄土隧道工程进行了研究，并提出一系列提高安全系数的措施。

我国建设了许多铁路以及公路，并在大量实践的基础上，制定了隧道建设标准规范。作为隧道工程危险物质之一的瓦斯，容易引起爆炸、造成氧气稀薄甚至窒息等工程状况，在历史上因为失误发生瓦斯事故的事例数不胜数。在大断面地区建设隧道时，如果遇到瓦斯，危险系数呈直线上升，安全风险极高。本节在具体工程的基础上，研究制定了提高瓦斯隧道施工的安全以及控制风险的方法。

一、工程情况简介

本节所选取的工程案例为张家湾隧道位于自贡市荣县铁厂镇张家湾，距离铁厂镇约4.5km，隧道出口附近有乡村公路通过，交通较为便利；隧道进口位于猴子沟附近，高差较大，没有路通过，交通条件较差。隧道分为双线：右线进口桩号K79+525，出口桩号K83+042，全长3517m，隧道左线进口桩号ZK79+512，出口桩号ZK83+030，全长3518m，最大埋深266m左右，采用三车道，设计行车速度120km/h，净高5.0m，建筑限界净宽15.25m。该隧道为特长隧道，隧道为微瓦斯。

隧道区地质构造较简单，岩层产状平缓，呈单斜构造。本隧道埋藏较浅，最大埋深仅266m，围岩主要由三叠系上统须家河组（T3xj）砂岩和炭质页岩组成，属软质岩，岩体呈中风化，较为完整。地下水类型主要为基岩裂隙水，地下水一般呈点滴状或线状出水为主，对隧道开挖影响较小。隧道穿过水库下方，该段地下水含量较大且补给量巨大，水库水压力使水库附近下方岩体完整性降低，该段隧道围岩为V级。其余隧道洞身段围岩主要为Ⅳ级，隧道开挖后，洞室受构造裂隙和岩层层面控制，拱部围岩自稳时间较短，无支护或未及时支护时易沿层面离层坍塌，围岩局部会出现掉块、落石；洞室肩部也易发生松动变形、小坍塌的情况。

二、主要风险

根据施工地点的实际情况、施工要求及相关资料可知大断面隧道工程必须克服以下难点：

①大断面隧道开挖时危险性严重。②大断面隧道工程需穿越古桥沟水库，工程支护工作受水库水压力影响大，支护设施易变形，施工难度增加，严重威胁施工员生命安全。③该隧道工程区域含有部分瓦斯，施工时需要按照微瓦斯设计施工，时刻保障施工人员的安全。

总之，大断面隧道施工需面对塌陷、支护困难、瓦斯灾害等难点。这些难点会导致施工困难、施工进度变缓及施工安全无法保证等问题。所以在工程开始之前，必须明确以上问题的解决方案及各项应急预案。

三、控制安全风险、强化施工管理措施

（一）大断面隧道坍塌以及变形控制

（1）渗水的控制。目前而言，一般施工单位采用超前小导管进行隧道渗水的控制，通过对其密度、深度等参数的调节，来达到现实的需求。隧道掌子面以及即将施工的四周，安置了环形排水沟，以便将周边渗水引到水坑内。在进行超前小导管的安装时，需要采用

麻花钻做打孔处理。

（2）施工队的工作人员应该本着简短、迅速、严格、及时的四大原则，在处理黄土溶于水引发掌子面崩塌的问题上，老林山隧道施工掘进方法使用的是CD法、环形开挖法等，保持隧道的稳定。

（3）检测人员使用高精度的测量仪器，对大断面隧道的掌子面情况做实时跟进，确保安全平稳，避免出现事故，造成人员伤亡。选取四人小组组成隧道后期检测团队，每天实地测量统计，一旦出现问题，立刻汇给上级，停止工程的挖掘，等待处理。

（二）瓦斯隐患的排除技术

隧道通风优化。大断面隧道施工的时候，应该保持一定的通风，要保证隧道内风速、空气中含氧量、瓦斯比例的数值符合相关规定，确保施工员的人身安全。在隧道口放置的风机要距离瓦斯通道30m开外，也应该准备一个备用风机，以防万一。

瓦斯监测。在整个隧道中，应每隔一段距离放置一个瓦斯检测仪，随时掌握瓦斯的含量。

完善施工方案。机械工作的同时应该结合人工操作，机械化大规模推进，人工精密控制，确保每次进度保持在1m以内，将瓦斯的溢出量降到最低，保证隧道轮廓的坚固。检测人员要定期对隧道的水平收敛以及纵向沉降进行测量，根据数据的变化及时做出方案调整，防止隧道发生塌方或者瓦斯引发危险。施工时使用压入式通风，出渣与通风交替进行，测量完瓦斯浓度之后，工人再进一步施工。

火源控制。各项动火作业必须按照相关安全规范执行，如电焊、气焊、气割等作业。相关流程必须由专人审核及管制，实现专人专项，不得私自进行动火作业，严格管控好每一个环节。

设备选用。在瓦斯含量低或没有瓦斯的工作区域可以采用非防爆型电气及施工设备。在瓦斯含量超过安全标准的区域，所使用的设备必须满足安全防爆规范，例如防爆的施工设备及照明仪器。

（三）使用坍腔瓦斯技术防治灾害

隧道的在穿越过程中由于会遇到自然形成的坍腔。很多的隧道瓦斯爆炸的安全事故都是由于隧道的坍腔内积聚了大量的瓦斯。大量瓦斯的存在不仅会导致安全事故，而且会严重地影响技术人员对坍腔进行技术的处理，如果处理不当，还会导致隧道出现二次塌方，造成严重的安全事故。由此可见，第一方面，坍腔内大量瓦斯的存在大大提高了对坍腔进行处理的难度。在利用注浆抑或是回填的处理技术对坍腔进行处理的时候，都要将坍腔内的瓦斯浓度控制在一定范围内，对施工过程中所需要的机械设备进行防爆处理。

第二方面，隧道内坍腔都是自然形成的，所以具有一定的不规则性，因此就非常的容易致使局部的瓦斯积聚，实用技术进行瓦斯排放的难度就有所上升。瓦斯极其易燃，当大量的瓦斯聚集坍腔内时，是存在相当大的安全威胁的，因此在进行对坍腔进行施工处理之前必须要及时地采取一些措施来有效地来排除坍腔内的瓦斯，从而降低瓦斯浓度，这样才能进行安全的施工。根据本隧道的自身特点，在以下的几个方面都采取了相应的有效措施：

①在地质的超前预测方面。准确的预测本隧道前方地质的实际情况，摸排清楚隧道内湿陷性黄土的分布情况，从而采取相应的有效措施预防坍塌性的安全事故发生。②在建立可靠的供电系统方面。在对隧道进行施工的过程中，一个可靠的供电系统是极其必要的，施工方必须要配齐施工过程中所要用的备用电源或者是相应的应急供电设备，这样才能确保在施工过程中进行隧道通风系统不断电。③在加强施工通风方面。在隧道内安装局部风扇，有效的防止通风死角和循环风的产生，而且加强通风的效果，以至于能够真正地将隧道内的瓦斯浓度降到安全线一下。尤其是在坍腔处要安装局部风扇，并且保持不断地通风。④在认真做好瓦斯检测方面。对隧道内的坍腔认真做好瓦斯浓度的检测是保证处理坍腔施工安全的必要条件。对坍腔内瓦斯检测的方式有以下三种：a.人工检测；b.使用仪器自动进行瓦斯检测；c.人工检测和仪器自动检测相结合。根据坍腔的真实情况，采取以上三种方式进行作业。

综上所述，笔者主要研究论述了大断面微瓦斯隧道施工中的安全风险控制，并以老林山隧道为例，提出了施工管理的防范措施：①在大断面隧道施工中，如果采用本节提出的控制措施，可以取得良好的效果，避免隧道塌方；②当遇到微瓦斯的时候，工作人员必须查明现场瓦斯浓度，从而选择最有效的防治方法，提高安全系数；③如果大断面隧道处于湿陷性的地质中，此时塌方的可能性较大，另一方面，如果坍腔中出现集中性的瓦斯，就要第一时间采取措施对其进行消散，营造安全的施工环境。

第六节　连拱隧道的施工安全管理

隧道工程的地质条件通常比较复杂，往往会产生许多不易察觉的安全隐患。尤其是连拱隧道，由于形式比较复杂，施工过程存在着很大的风险性，因此，对连拱隧道施工进行严格的安全管理非常必要。结合连拱隧道工程中容易存在的安全隐患，对相应的施工安全管理进行分析。

一、连拱隧道施工安全事故类型及原因

施工场地的地质灾害。在隧道工程中因为地质灾害而引发的安全事故比较常见。通常在隧道施工过程中施工人员需要面对各种不良地质情况，其危险系数非常大。某些施工现场施工人员在面对不良地层时，没有针对不良地质采取必要的应对措施，仍然采用已经设计好的施工方法，这样做很可能发生施工安全事故。比如涌水、瓦斯、突水、突泥等安全事故。

支护强度不够引起的安全事故。由于隧道工程中的基岩自身结构承载力不足，或者初期支护层、超前支护加固层、二次衬砌、偏压中隔墙和仰拱等结构强度下降或者不足而引起的塌方等事故也比较常见。在隧道工程中支护结构相关参数的设计，往往是根据隧道围岩的压力来确定的。但是在实际的施工过程中，往往会出现这两种情况：一种情况是施工人员在进行钻爆作业时，技术控制不到位，钻爆作业对周围岩层的扰动或破坏较大，从而降低了隧道围岩结构的承载力，从而降低了结构的稳定性；另一种情况是在进行中导洞施工、中隔墙施工、超前支护和初期支护施工时，施工时为了节省用材，减少了钢筋、钢架和锚杆等关键材料的使用量，或者施工工艺操作不规范，也会导致隧道支护结构的强度下降。如果隧道支护结构下降到一定限度，就会导致支护无法承载上部围岩的超大应力，从而引发各种塌方事故的发生。

开挖方法不对引起的安全事故。根据连拱隧道工程不同的围岩级别，选择合理的开挖方法非常关键。隧道工程根据不同的地质条件，其开挖方法也各有不同，比较常见的是开挖方法有中隔壁法、台阶法，交叉中隔壁法、侧壁坑法等许多开挖方法。如果试时选择的开挖方法不正确，便很有可能导致塌方事故。在连拱隧道施工过程中，通常选择偏压式连拱墙施工方法，这种方法如果开挖方式选择不合理，对中隔墙的偏压影响非常高，也较容易发生安全事故。另外，引起塌方事故的另一个重要原因，便是施工过程的安全控制问题。施工过程中施工人员由于安全意识不强，为了施工方便或者工期需要，盲目的追赶进度，开挖时有意识地扩大了开挖进尺或者断面，从而导致各工序之间的施工距离被盲目拉大，支护、封闭工作往往不能及时完成。这也是导致隧道工程事故多发的直接原因。

监控测量不到位引起的安全事故。施工监控测量是连拱隧道工程安全稳定进行的重要手段，通过有效的监控测量能够使安全管理人员对各类支护变形情况、应力变化情况进行及时的监控和评估。在连拱隧道工程中，中墙所承受的应力情况比较复杂，对其进行严密的监测非常必要，施工过程一旦发现任何异常情况，如果能够尽早的采取补救措施，便会规避安全事故的发生。但是在实际的施工过程中，往往存在监控测量人员安全意识不强，对工作不负责、甚至是随意编造数据的情况，这无疑会给连拱隧道的施工安全管理带来极大的危害。

二、连拱隧道工程的施工安全管理对策

施工前制定安全管理对策：

制定安全控制措施：在连拱隧道工程施工之前，需要制定一系列的安全控制措施，其中包括组织措施、技术措施、制度措施、安全措施等各项有利于隧道施工安全、顺利进行的措施。对进洞的人数进行登记记录，设置专人进行严格的安全装备检查，严格控制进洞人数。同时控制出完善的安全生产规章制度及施工作业规程，以保证施工人员在施工过程能够遵守各项安全制度及操作规程，尽量避免或缩减事故发生的概率。

进行必要的安全教育：针对施工隧道的具体情况，以施工之前对全体工程人员进行必要的安全教育。教育内容可包括施工安全意识、工程概况及技术交底、机械设备使用安全等各项关于安全教育内容。以提升施工人员的安全意识和自我保护能力。

制定科学的应急预案：施工之前还应该制定出科学的救援应急预案。对隧道塌方等事故进行应急演练和相应的应急保障预案。协调好各交通、公安、消防、安监、医疗等相关单位，进行必要的突发事故安全演练。对隧道存在的高危隐患进行安全评估，并制定相应的预防处置措施。进行突发事故应急演练时，可对人员的自救、现场的援救等内容等进行全面检验。在演练后还应该召集各相关部门进行客观的评价，从而能够通过演练提高全体人员的事故预防及处理能力。

施工技术的安全保障措施。在连拱隧道施工过程中，应该针对不同的岩性及时调整爆破的参数，施工过程中尽量使用光面爆破技术，依据勘察、测量、计算的岩性对爆破参数进行及时调整。尤其是对炮眼、药量以及连线的控制，然后根据爆破效果找到存在的问题；超前支护施工时为提高支护效果，小导管采用加厚无缝钢管，对局部围岩不良地段需要在钢管中插入钢筋，以增加刚度；施工过程中需要定期对地质情况进行超前探测，以了解围岩的特性，防止地质灾害的发生；新奥法施工是目前较为科学的施工方法，它可能通过监控测量等手段，来监控和判断围岩的稳定性，判断支护参数的合理性。连拱隧道施工应该充分利用这一手段，制定出不同施工阶段的合理监控测量计划，并对各项数据进行汇总和分析，以科学指导施工。同时在施工过程中还应该重视目测观察，根据丰富的经验对观察到的信息进行准确判断，并及时采用有效的事故预防对策和安全保障措施。

连拱隧道的形式比较特殊，施工工序比较复杂，施工安全管理尤其重要。在连拱隧道的施工过程中，除了需要进行缜密的施工安全组织工作以外，还应该对各道工序的质量问题进行严格控制，特别是对开挖支护工序的质量控制，尽量保证一次成优，安全稳固。

第七节　高速公路隧道施工全过程风险动态

高速公路隧道施工是一项比较危险的工作，整个施工流程需要做好全方位的勘察，由于是在隧道中完成工作，难度系数相对来说比较大，加上其本身就具有一定的风险性。在进行施工的过程中，施工方首先应该对地质进行勘察，在了解环境的基础上设计可行的方案然后进行施工。近年来，随着我国经济技术的快速发展，如何对当下隧道工程动态风险管理中存在的或大或小的问题进行妥善的处理和更加深入的研究成为当下亟待解决的关键问题。

一、隧道施工过程中风险动态分析与反馈设计方法的研究背景

随着经济技术的不断发展，我国的道路设施也在不断地完善，高速公路的普及使得我国的交通运输更加的便利，使得省市与市县区之间的经济交流更加密切，频繁的贸易往来从而带动了经济的发展。近年来，我国对高速公路的建设十分的重视，同时也引起了人们的广泛关注。隧道本身就具有其本身特性的优势，在不破坏原有环境的基础上，使高速公路具有行程便利的优点。伴随着高速公路在全国范围内的大面积铺设，一系列高速公路隧道相继建成，我国已经成为世界上拥有公路隧道最多的国家。虽然我国的公路隧道建设取得了令人瞩目的成就，但是起步较晚所导致的相关技术知识的积累较少的问题还没有得到有效解决，这就造成至今为止我国的公路隧道建设技术仍处在初步阶段，在高速公路隧道施工的工程中，因为隧道需要挖掘，在挖掘的过程中就容易出现挖掘面过大而产生坍塌等现象，这就意味着虽然我国的公路隧道建设技术手段在不断的发展和进步，但是在施工过程中仍然存在着诸多的危险，极其容易引发事故。这些事故的发生，不仅仅会耽误工程建设的进度、延误交工日期、提高工程费用，还可能对施工及技术人员的生命安全造成威胁，给公路隧道日后的维修养护工作造成极大的苦恼，甚至可能造成质量隐患或者根本无法正常使用。由于高速公路隧道的施工过程中具有风险性，工人在施工的过程中容易引发事故，这就要求在施工的过程中要加强施工人员的安全保护教育，在施工之前做好一切准备工作，又因为其隧道工程具有较高的风险系数，这就在一定程度上要求施工的整体团队要具有对风险的认识，管理高层要具有组织领导的才能，才可以最大程度地避免事故的发生。因此，在我国高速公路快速发展的大背景下，对于高速公路隧道施工全过程风险动态分析与反馈设计方法的研究刻不容缓，只有这样才可以更好地减少高速公路施工过程中的各种风险问题，保障高速公路隧道的施工安全，保障隧道的施工质量。

二、公路隧道施工全过程风险动态分析与反馈的目的及意义

高速公路隧道施工的过程具有危险性、不易挖掘性等特征，这就决定了其在施工过程中可能突发勘查设计所不能预见的风险，这就要求我们在遇见可能发生的风险时进行科学合理的处理安排，根据预定的施工方法、方案解决面前突发的具体问题，公路隧道施工全过程风险动态分析与反馈恰恰可以更好地为提高科学决策作为依据，帮助施工设计人员做好风险防范预案，防患于未然。

从高速公路隧道施工的全过程来看，风险系数比较高，在施工中，要设有勘察人员对其工程施工的全过程进行风险分析，在此基础上通过合理的预测采取具体的、有针对性的措施来应对可能发生的风险。公路隧道施工全过程风险动态分析与反馈可以更有效帮助我们及时地调整建筑设计方案，达到避免或者控制风险的目的，把可能风险带来的损失降到最低。

在施工过程中，勘察小队进行风险勘察工作，其分析数据对整个施工工程来说具有很高的价值和意义，能够最大限度地避免事故的发生。其中勘察包含的信息对于交通安全也具有重要的促进作用，为公路交通安全的全面设计也提供了有力依据。

三、公路隧道施工全过程风险动态分析与反馈的设计方法

高速公路隧道的本身特性和其施工过程中可能遇到的各种问题，决定了对于隧道施工全过程风险动态分析的必要性和风险动态反馈的主要内容。风险动态理论分析与反馈即为减少在高速公路隧道施工过程中事故的发生，降低事故带来的损失等一系列施工问题的解决提供了可能条件。

高速公路隧道的施工位置，一般都是覆岩体，地质环境较为复杂，地质勘查受到极大的限制，加上技术手段等其他方面的限制，隧道的施工建设存在极大的不确定性和高风险性，而且其投资金额巨大，一旦发生事故，则不能挽回。因此在高速公路隧道的建设施工过程中必须要借助于风险动态评估与反馈的方法来控制和减少风险事故的发生，保证隧道的施工建设安全、经济。

其次，工程中的勘察研究方法有多重多样：比如专家现场调查法、层次分析法、事故树法等等，这些方法各有各的特点和优势，都是在实际的施工风险分析中经常用到的。

专家调查法。专家调查法主要是以书面形式广泛地征求各个专家学者对于高速公路隧道施工全过程中出现的各种问题的处理意见，首先拟定出明确的咨询主题，使得涉及该专业的专家可以更加清晰明了的理解所提出的问题，更重要的是要找到在该领域经验丰富的专家学者来解答问题。专家要通过匿名的方式表达出自己的观点，提出自己的建议，经过多次反馈，最终获得具有最高准确率的集体判断结果。这种方法具有简单、经济、使用，分析问题透彻深入，具体问题具体分析等优点，缺点是事件的往返时间相对较长，无法进行直接的、快速的、面对面的交流，较容易受到专家专业和所处社会环境的制约。

层次分析法。这个方法是比较客观的。能够在运用网络系统理论的基础上结合多方面评论的方式进行分析总结，这个方法最大的特点就是能够深度的分析问题，掌握高速公路隧道施工的具体方案，以隧道施工作为总系统，并按照既定的分析模式进行分解、比较判断、综合分析的思维模式进行风险程度的评估，不因为各个因素对于整体的影响的优点，但是这种方法也具有其局限性，由于其分析与反馈设计方法中定性的成分相对较多，造成了过分依赖经验，主观因素影响较大的缺点。

事故树分析法。事故树分析法是本身就是在具有危险系数较高的工程中经常运用到的方法，是从故障树分析法转变而来的，是运用逻辑推理对公路隧道施工过程中各个环节的安全性进行辨识和评价，将发生概率较大、需要分析的事故作为其极大事故，能够具体问题具体分析，能够利用事故发生的本质进行分析，透过本质看现象，最终从根本入手来提出解决问题的具体方案。基本事件的发生概率和事故发生时损失的影响程度可以由统计或

详细的调查方式获得。用事故树分析法去分析公路隧道施工过程中存在哪些危险，能够详细的分析出事故的直接原因与客观原因，还能够深入揭示出发生事故的潜在原因和内在联系，能够使得在整个高速公路施工的过程中将每一个事故进全面的分析，并及时地向施工工人进行普及，最大限度地避免事故的发生。事故分析法能够把发生事故的各种原因进行联系，从而做出准确的判断，以科学的方法掌握安全控制的具体措施，并且还具有具体问题具体分析的优点。

在公路隧道施工工程中，由于事故发生的不稳定性，需要不断地研究出不同的方案，能够有利于隧道施工功能能够顺利展开，使得研究方法自身的优势以及缺陷，但是考虑到高速公路隧道施工过程的复杂性，因此，在实际的施工风险动态分析与反馈中要根据实际的情况选用最合适的设计方法，甚至将几种方法进行综合加工，以达到最好的风险分析效果，确保施工建设能够更加安全，更加经济。

总之，本节研究的内容是一门复杂的综合性学科，由于在当前社会还没有形成一个高度统一的有利于隧道施工的安全设计机制，利用风险分析的具体理论依据的积累还稍显浅薄，需要不断地在隧道施工的工程实践中进行积累和提升，在我国高速公路快速发展的背景下，由于道路工程在我国的大力实施，其安全问题自然成为当下人们关注的焦点，对于在道路隧道工程建设的过程中出现的一系列安全问题，对高速公路隧道的施工过程进行风险动态分析与反馈设计方法的研究我们要更加重视，在高速公路隧道施工安全的问题上，我们任重而道远。

第八节　高速公路施工中的技术环节管理

伴随着经济的发展，高速公路施工建设项目与日俱增，由于高速公路施工环境复杂，对施工技术及施工工艺要求较高，因此在施工的过程中要根据实际情况进行具体的施工方案和施工技术的确定。文章以安康至平利高速公路施工为例，对施工过程中隧道施工技术与管理进行分析。

一、高速公路隧道施工的风险特点

高速公路隧道施工风险来源于工程项目所在地的地理环境，一般情况下是指水文环境与地质情况。隧道施工的风险带有隐蔽性和随机性，一旦发生事故，后果严重，隧道施工的风险会随着隧道施工的深度而加大，并不是一成不变的。隧道施工的风险性与施工现场实际条件联系紧密，对一些地质条件复杂、实际施工过程围岩与设计不符、施工难度大、工程规模大、作业空间小、交通不便利、施工过程中使用的机械设备较多、工艺复杂等特点的高速公路隧道进行施工时，要强化风险管理意识，做好施工前的准备，采取科学的施工方法，严格管理，全程监控，保证工程的安全、质量、进度。文章对安康至平利的高速公路隧道施工过程的技术与管理的这一特征做出分析。

二、隧道施工技术管理解析

项目介绍。安康至平利高速公路是陕西省高速公路网规划中的一条重要线路，是构建陕西省"承东启西，连接南北，覆盖全省，通达四邻是"高速公路网的重要组成部分。

工程特点及重难点分析：

（1）工程特点：本标段桥隧比例大，占合同工程量的80%。地质条件极差，外部环境干扰大，这些因素的制约对工程进度控制和质量保证提出更高要求。

（2）重难点分析：施工地段为山区，交通不便利，施工场地窄小，进行场地布置较难，受受地质和洪水等自然因素影响极大。要进行施工的隧道是全线最长隧道（左线2268m，右线2281m），是合同段的核心工程，地质情况为强风化千枚状板岩，呈片状，基本无自稳能力，而且设计参数与实际严重不符，施工难度非常大。

高速公路隧道施工风险管理。在高速公路隧道施工过程中风险管理主要分为风险识别、风险评估、风险应对、风险监控四个层面，文章以安康至平利高速公路隧道施工为例，进行逐一解析。

（1）隧道施工风险识别。在高速公路隧道施工中的风险识别就是对施工目标进行明确的过程，从而预测出可能对项目造成损失的因素，是一种预判。只有对风险进行合理的识别，才能有效地管控，这也是风险评估的前提，风险识别包括风险识别报告的制定、潜在风险因素的识别、估计风险形势严重性、相关资料的采集、参与施工人员的确认以及风险目标的准确定位。例如当前的工程隧道较长，地质条件极差，自然环境恶劣，设计参数与实际不符，肯定会存在塌方和侵限的问题，这就是一种风险的识别。针对这一情况，把各类因素集中在一起，分层解析。

（2）隧道施工风险评估。风险评估就是对隧道施工的风险进行评价与估算，综合分析隧道施工的风险因素影响有多大，同时将各类风险可能造成的损失与情况进行评估，找出关键风险点，从而对整体风险情况进行衡量，保证风险处置合理。风险估算则是估算风险发生的可能时间、风险大小、影响范围、后果的严重性等方面。例如当前的隧道工程面临的风险问题有洞口段浅埋偏压，强风化、极破碎板岩隧道的掘进、洞内极软岩段的支护等，一旦出现事故就会致使停工换拱，对工期影响极大。

（3）隧道施工风险应对。风险应对就是风险预定措施的实施过程。通常来说，风险应对措施包括两方面的内容：①定位于发生风险之前，针对预测风险因素，制定并采取有效应对措施，从而使风险得到减轻或消除，可以采取风险的分解、缓发与规避等措施；②定位于风险发生之后，企业采取相应的财务措施减少损失。当前的工程对这两种措施均有涉猎，较为全面。

规避风险的新工艺和新方法。根据实际情况进行具体分析，制定施工方法和风险管理方案，做好施工前准备。隧道施工中新工艺、新措施的运用：

（1）洞口段浅埋偏压问题的解决。左线出口 ZK11+232-ZK11+110 洞口浅埋段石质松软破碎，且偏压严重，原设计参数已经无法抵御地层应力，如果按照设计参数进行施工，那么极易导致施工过程中的洞口坍塌。为保证洞口段施工安全，采用增加超前导管数量，施行短进尺开挖，然后增加钢支撑对荷载的承受强度，用注浆的方法进行洞壁周围的加固，未定支护断面，为后续正洞开挖创造条件，确保了洞口浅埋段的顺利掘进。

（2）强风化、极破碎板岩隧道快速掘进措施。根据地质超前预报进行分析，及时调整循环进尺，加强支护措施。责任到人，监管到位，奖罚分明，严格控制钻爆、出渣、支护的施工时间，有效调度，使各个施工环节衔接得当。隧道掘进深度不断增加，电力供应、通风排烟难度也在加大，安全风险越来越高，作业环境也越来越差，对掘金速度造成一定影响，因此要强化洞内通风排烟措施，增加送风次数和送风量，实行二次送风，即在洞口段各设置一台 2×110kW 轴流风机（风量 2912m3/min，风压 5000kPa），在隧道 1500m 位置再次增设一台 2×110kW 轴流风机，用于洞内纵深的通风排烟。与此同时要加强对通风排烟工作的管理，成立通风排烟管理小组，强化通风的日常管理，防止因为设备问题和人为因素导致通风排烟不畅引发安全事故，这样一来就能保证爆破后 20min 内隧道中空气质量满足要求。

（3）洞内极软岩段的支护工艺。左右线隧道在 K11+010-K10+750 段的开挖揭示地质为极破碎软岩，开挖的渣体如粉末状，毫无自稳能力。原设计开挖支护方案已经不能满足施工的安全需求，如果不科学的处理将造成大规模塌方甚至冒顶，支护面大面积拱架扭曲，断面侵限，对隧道施工的质量和安全带来极大隐患。针对这一情况，工程有关人员集体讨论，合理分析，决定在超前导管加强注浆稳定开挖面，洞壁用注浆导管代替系统锚杆，增加拱圈地层的自稳能力，同时在每榀拱架的接头部位左右各增加一根锁脚导管，牢牢控制主支护断面的变形极限。正洞在掘进过程中严格遵循"管超前、短进尺、弱爆破、强支护"原则，循环进尺控制范围在 0.6m 之内，加强围岩观测和地表变化，制定应急预案以应对突发事件。

（4）电缆槽施工新工艺。针对当前工程进行电缆槽施工时，创造性地采用了四轮行走整体式模板这一新的工艺，模板固定长度 11.9m。这种行走模板消除了传统的组合钢模板拼接带来的错台、漏浆、线型扭曲等外观质量病害，而且还大大加快了循环的时间，提升电缆槽施工的质量和速度。

（5）探索高填方路基碾压新方法。当前工程地质情况复杂，完全按照规范要求进行路基填筑施工无法保证施工质量。在实际施工过程中，根据自身条件采取了试验对比的施工方法，选择了 100m 的试验段，通过不同分层厚度、不同碾压工艺反复进行试验、比对。最后确定了在 30cm 松铺厚度的条件下，以 15t 羊角碾碾压 2 遍 +20t 光面压路机碾压 5 遍的组合碾压工艺，确保了行走速度和振动频率。每三层进行一次压实度的现场检验，采用这样的层厚和碾压工艺，保证了路堤压实度不小于 96，路床压实度不小于 98，从而最终保证高填方高填方路基的碾压质量。

　　新方法的总结。此种高速公路隧道施工技术与管理大大提升了工程的质量和进度，经测量核准贯通断面良好，误差控制在允许范围之内，人力与机械配置合理，这是高速公路隧道施工技术获得的又一重大进步。在整个施工过程中，科学的规避了的塌方、岩溶、岩爆和涌水等风险，对出现的问题进行了科学的处理，改善了传统施工方法的弊端，是隧道施工中的经典。

　　通过安康至平利高速公路隧道施工新方法、新工艺的使用，充分证明了开展高速公路隧道施工要结合实际，重视细节，敢于创新，加强施工技术与管理，清除隧道施工过程中的风险隐患，达到"科学施工、规范管理、创新技术、安全作业、优质高效"的隧道施工目的。

参考文献

[1] 丁志伟, 曹春荣. 分析高速公路隧道施工技术 [J]. 建材发展导向, 2016, 11 (10): 31-32.

[2] 郑俊杰, 包德勇, 龚彦峰, 资谊. 铁路隧道下穿既有高速公路隧道施工控制技术研究 [J]. 铁道工程学报, 2015, 11 (08): 80-84.

[3] 王祥秋, 杨林德, 高文华. 高速公路隧道施工安全信息化监控技术 [J]. 中国安全科学学报, 2015, 11 (08): 112-115.

[4] 吴铭芳. 高速公路隧道常见渗漏水病害及治理方案研究 [J]. 珠江水运, 2015 (11): 183.

[5] 张玉, 李小青, 申志军. 运营岩溶隧道结构水压长期监控及其特征分析 [J]. 公路, 2016 (3): 91.

[6] 李玉文, 唐协, 张兆杰. 公路隧道病害与防治对策 [J]. 西南公路, 2015 (7): 255.

[7] 丁浩. 公路隧道养护标准化探讨 [J]. 公路, 2016 (9): 242.

[8] 贾波. 高速公路隧道防排水施工技术 [J]. 交通世界, 2017(24): 100-101.

[9] 吕栋梁. 高速公路隧道防排水施工技术研究 [J]. 四川建材, 2018, 44(06): 99-100.

[10] 王少清. 高速公路隧道施工技术及控制要点分析 [J]. 居业, 2019 (4): 111-112.

[11] 刘鹏舟. 平凉至天水高速公路关山隧道工程施工风险管理研究 [D]. 西安: 长安大学, 2018.

[12] 唐前松, 韩伟威, 陈强. 对高速公路隧道施工安全管理水平多级可拓评价研究 [J]. 公路与汽运, 2014 (6): 199-203.

[13] 苏秦, 何跃华. 对高速公路施工技术及养护的探讨 [J]. 中国新技术新产品, 2015(1): 83.

[14] 李少方. 高速公路隧道施工技术与质量控制 [J]. 黑龙江交通科技, 2015 (02): 162.

[15] 张大钊, 吴红莉. 高速公路机电系统检测技术探讨 [J]. 中国新通信, 2018, 20(2): 236-237.

[16] 李卓. 浅谈高速公路机电系统的维护与管理 [J]. 中国新技术新产品, 2016 (10): 162-163.

[17] 李洁玮, 陈忠. 关于隧道机电系统设计问题分析与对策探讨 [J]. 科技创新与应用,

2016（20）：265.

[18] 曹德林 . 浅谈隧道机电检测技术 [J]. 北方交通，2018（2）：92-94.

[19] 孙钦凯 . 高速公路隧道工程中的机电系统施工分析 [J]. 中国新技术新产品，2017
（8）：84-85.

[20] 金玉明 . 高速公路机电工程运行管理和维护研究 [J]. 内燃机与配件，2017（17）：
96-97.

[21] 张月莹，余琳 . 高速公路机电系统检测技术应用研究 [J]. 公路交通技术，2016，
32（3）：112-116.

[22] 吴松 . 高速公路机电控制中的 PLC 技术 [J]. 低碳世界，2018（5）：237-238.

[23] 李卓 . 浅谈高速公路机电系统的维护与管理 [J]. 中国新技术新产品，2016（10）：
162-163.

[24] 唐晓梦 . 对深圳地区高速公路机电系统代理维护模式构建及管理的思考 [J]. 湖南
交通科技，2015，41（4）：68-71，97.

[25] 许铭生 . 长隧道机电一体化与安全 [J]. 通讯世界，2016（1）：200-201.